海上絲綢之路基本文獻叢書

南洋英屬海峽殖民地志略（下）

宋蘊璞 著

文物出版社

圖書在版編目（CIP）數據

南洋英屬海峽殖民地志略．下 / 宋蘊璞著．-- 北京：文物出版社，2022.7
（海上絲綢之路基本文獻叢書）
ISBN 978-7-5010-7695-6

Ⅰ．①南… Ⅱ．①宋… Ⅲ．①地理志－新加坡②地理志－檳榔嶼③地理志－馬六甲 Ⅳ．①K933.8 ②K933.9

中國版本圖書館 CIP 數據核字（2022）第 097828 號

海上絲綢之路基本文獻叢書

南洋英屬海峽殖民地志略（下）

著　　者：宋蘊璞
策　　劃：盛世博閱（北京）文化有限責任公司

封面設計：鞏榮彪
責任編輯：劉永海
責任印製：張道奇

出版發行：文物出版社
社　　址：北京市東城區東直門内北小街 2 號樓
郵　　編：100007
網　　址：http://www.wenwu.com
經　　銷：新華書店
印　　刷：北京旺都印務有限公司
開　　本：787mm×1092mm　1/16
印　　張：14.625
版　　次：2022 年 7 月第 1 版
印　　次：2022 年 7 月第 1 次印刷
書　　號：ISBN 978-7-5010-7695-6
定　　價：98.00 圓

總緒

海上絲綢之路，一般意義上是指從秦漢至鴉片戰争前中國與世界進行政治、經濟、文化交流的海上通道，主要分爲經由黄海、東海的海路最終抵達日本列島及朝鮮半島的東海航綫和以徐聞、合浦、廣州、泉州爲起點通往東南亞及印度洋地區的南海航綫。

在中國古代文獻中，最早、最詳細記載『海上絲綢之路』航綫的是東漢班固的《漢書·地理志》，詳細記載了西漢黄門譯長率領應募者入海『齎黄金雜繒而往』之事，書中所出現的地理記載與東南亞地區相關，并與實際的地理狀况基本相符。

東漢後，中國進入魏晉南北朝長達三百多年的分裂割據時期，絲路上的交往也走向低谷。這一時期的絲路交往，以法顯的西行最爲著名。法顯作爲從陸路西行到印度，再由海路回國的第一人，根據親身經歷所寫的《佛國記》（又稱《法顯傳》）一書，詳細介紹了古代中亞和印度、巴基斯坦、斯里蘭卡等地的歷史及風土人情，是瞭解和研究海陸絲綢之路的珍貴歷史資料。

隨着隋唐的統一，中國經濟重心的南移，中國與西方交通以海路爲主，海上絲綢之路進入大發展時期。廣州成爲唐朝最大的海外貿易中心，朝廷設立市舶司，專門管理海外貿易。唐代著名的地理學家賈耽（七三〇～八〇五年）的《皇華四達記》記載了從廣州通往阿拉伯地區的海上交通『廣州通夷道』，詳述了從廣州港出發，經越南、馬來半島、蘇門答臘半島至印度、錫蘭，直至波斯灣沿岸各國的航綫及沿途地區的方位、名稱、島礁、山川、民俗等。譯經大師義净西行求法，將沿途見聞寫成著作《大唐西域求法高僧傳》，詳細記載了海上絲綢之路的發展變化，是我們瞭解絲綢之路不可多得的第一手資料。

宋代的造船技術和航海技術顯著提高，指南針廣泛應用於航海，中國商船的遠航能力大大提升。北宋徐兢的《宣和奉使高麗圖經》詳細記述了船舶製造、海洋地理和往來航綫，是研究宋代海外交通史、中朝友好關係史、中朝經濟文化交流史的重要文獻。南宋趙汝適《諸蕃志》記載，南海有五十三個國家和地區與南宋通商貿易，形成了通往日本、高麗、東南亞、印度、波斯、阿拉伯等地的『海上絲綢之路』。宋代爲了加强商貿往來，於北宋神宗元豐三年（一〇八〇年）頒佈了中國歷史上第一部海洋貿易管理條例《廣州市舶條法》，并稱爲宋代貿易管理的制度範本。

元朝在經濟上採用重商主義政策，鼓勵海外貿易，中國與歐洲的聯繫與交往非常頻繁，其中馬可·波羅、伊本·白圖泰等歐洲旅行家來到中國，留下了大量的旅行記，記録元代海上絲綢之路的盛況。元代的汪大淵兩次出海，撰寫出《島夷志略》一書，記録了二百多個國名和地名，其中不少首次見於中國著録，涉及的地理範圍東至菲律賓群島，西至非洲。這些都反映了元朝時中西經濟文化交流的豐富内容。

明、清政府先後多次實施海禁政策，海上絲綢之路的貿易逐漸衰落。但是從明永樂三年至明宣德八年的二十八年裏，鄭和率船隊七下西洋，先後到達的國家多達三十多個，在進行經貿交流的同時，也極大地促進了中外文化的交流，這些都詳見於《西洋蕃國志》《星槎勝覽》《瀛涯勝覽》等典籍中。

關於海上絲綢之路的文獻記述，除上述官員、學者、求法或傳教高僧以及旅行者的著作外，自《漢書》之後，歷代正史大都列有《地理志》《四夷傳》《西域傳》《外國傳》《蠻夷傳》《屬國傳》等篇章，加上唐宋以來衆多的典制類文獻、地方史志文獻，集中反映了歷代王朝對於周邊部族、政權以及西方世界的認識，都是關於海上絲綢之路的原始史料性文獻。

海上絲綢之路概念的形成，經歷了一個演變的過程。十九世紀七十年代德國地理學家費迪南・馮・李希霍芬（Ferdinad Von Richthofen，一八三三～一九〇五），在其《中國：親身旅行和研究成果》第三卷中首次把輸出中國絲綢的東西陸路稱爲『絲綢之路』。有『歐洲漢學泰斗』之稱的法國漢學家沙畹（Édouard Chavannes，一八六五～一九一八），在其一九〇三年著作的《西突厥史料》中提出『絲路有海陸兩道』，蘊涵了海上絲綢之路最初提法。迄今發現最早正式提出『海上絲綢之路』一詞的是日本考古學家三杉隆敏，他在一九六七年出版《中國瓷器之旅：探索海上的絲綢之路》中首次使用『海上絲綢之路』一詞；一九七九年三杉隆敏又出版了《海上絲綢之路》一書，其立意和出發點局限在東西方之間的陶瓷貿易與交流史。

二十世紀八十年代以來，在海外交通史研究中，『海上絲綢之路』一詞逐漸成爲中外學術界廣泛接受的概念。根據姚楠等人研究，饒宗頤先生是華人中最早提出『海上絲綢之路』的人，他的《海道之絲路與昆侖舶》正式提出『海上絲路』的稱謂。選堂先生評價海上絲綢之路是外交、貿易和文化交流作用的通道。此後，大陸學者馮蔚然在一九七八年編寫的《航運史話》中，使用『海上絲綢之路』一詞，這是迄今學界查到的中國大陸最早使用『海上絲綢之路』的人，更多地限於航海活動領域的考察。一九八〇年北京大學陳炎教授提出『海上絲綢之路』研究，并於一九八一年發表《略論海上絲綢之路》一文。他對海上絲綢之路的理解超越以往，且帶有濃厚的愛國主義思想。陳炎教授之後，從事研究海上絲綢之路的學者越來越多，尤其沿海港口城市向聯合國申請海上絲綢之路非物質文化遺産活動，將海上絲綢之路研究推向新高潮。另外，國家把建設『絲綢之路經濟帶』和『二十一世紀海上絲綢之路』作爲對外發展方針，將這一學術課題提升爲國家願景的高度，使海上絲綢之路形成超越學術進入政經層面的熱潮。

與海上絲綢之路學的萬千氣象相對應，海上絲綢之路文獻的整理工作仍顯滯後，遠遠跟不上突飛猛進的研究進展。二〇一八年厦門大學、中山大學等單位聯合發起『海上絲綢之路文獻集成』專案，尚在醞釀當中。我們不揣淺陋，深入調查，廣泛搜集，將有關海上絲綢之路的原始史料文獻和研究文獻，分爲風俗物産、雜史筆記、海防海事、典章檔案等六個類别，彙編成《海上絲綢之路歷史文化叢書》，於二〇二〇年影印出版。此輯面市以來，深受各大圖書館及相關研究者好評。爲讓更多的讀者親近古籍文獻，我們遴選出前編中的菁華，彙編成《海上絲綢之路基本文獻叢書》，以單行本影印出版，以饗讀者，以期爲讀者展現出一幅幅中外經濟文化交流的精美畫卷，爲海上絲綢之路的研究提供歷史借鑒，爲『二十一世紀海上絲綢之路』倡議構想的實踐做好歷史的詮釋和注脚，從而達到『以史爲鑒』『古爲今用』的目的。

凡例

一、本編注重史料的珍稀性，從《海上絲綢之路歷史文化叢書》中遴選出菁華，擬出版百册單行本。

二、本編所選之文獻，其編纂的年代下限至一九四九年。

三、本編排序無嚴格定式，所選之文獻篇幅以二百餘頁爲宜，以便讀者閱讀使用。

四、本編所選文獻，每種前皆注明版本、著者。

五、本編文獻皆爲影印，原始文本掃描之後經過修復處理，仍存原式，少數文獻由於原始底本欠佳，略有模糊之處，不影響閱讀使用。

六、本編原始底本非一時一地之出版物，原書裝幀、開本多有不同，本書彙編之後，統一爲十六開右翻本。

目録

南洋英屬海峽殖民地志略（下）

第二部　宋蘊璞　著

南洋英屬海峽殖民地志略（下）

南洋英屬海峽殖民地志略（下）

第二部

宋蘊璞 著

民國十九年南洋蘊興商行鉛印本

第二編　檳榔嶼

第一章　概要

【歷史】　檳榔嶼當葡萄牙荷蘭時期、以現在之情勢論、馬來半島之大部分、已盡入英人之手、然英人固非最初之領有者、當紀元一五一一年時、葡萄牙航業、正在勃發時期、葡之航海家、遠渡而東、考察東方之形勢、發現馬六甲等處、遂佔居之、與土人間爲胡椒貿易甚盛、是爲西方東漸之始、厥後荷蘭人崛起、既略取馬六甲、復得蘇門答臘島爲久居之計、該島距馬來半島其最近處、約計二十一英里、

荷蘭人既佔有馬六甲蘇門答臘等處、遂於一若干時期內、得操貿易之霸權、然而荷人之野心、不僅在此、其最大目的、則欲使馬來半島與東印度羣島間之商權、永遠皆入其掌握中是已、

檳榔嶼官廳之一

英人崛起時期、　英人首先至馬來半島者、爲特克賴氏、氏此行、約在紀元一五七八年、以航海週遊世界著於時、回國後、以半島新奇見聞、介紹於衆、聞者心動、因有一五九一年二次之航行、船主爲倫卡司脫氏、意在研究半島貿易之方針也、據特賴氏之記述、當其初抵檳榔嶼時、實非預定航綫、且以爲不過一無人烟之荒島、附有一美麗之海港而已、厥後滿載胡椒離䜣處以所歸誘國人、於是馬來半島及東印度羣島間之貿易之利益、始大爲英人所注目、其結果乃發生一六〇〇年之東印度公司、所謂東印度公司者、由英女皇依麗捷彼士就倫敦商人中選任組織之、附以詔語、使其在東印度得享有貿易上獨一無二之特權、一六〇一年、復有商船若干艘、滿載胡椒回英、獲利甚厚、東印度公司有鑒於此、乃於一六〇二年、欣事於蘇門答臘及爪哇二地之移民、並確立該公司之基礎、（該公司設在印度）俾臻強固、然自一六〇〇年以來、至一六一三年

間、日孜孜於半島之貿易、初無侵略領土之野心、且當時商業大權、尚在荷人掌握中、荷人時懷破壞之念、紛爭屢起、幸該公司操縱有方、始得相安無事、厥後公司之基金及勢力、漸次雄厚、地位亦日鞏固、適英荷海上之戰爭起、鋒火連年未息、英人遂乘機而襲蘇門答臘、一六八四年、蘇門答臘乃轉入英人之手、白可林亦同時爲英人所佔領、及戰事告終、和議成立、英人由佔領或要求而得幾許之殖民地、自是以後一世紀間、（一六八四——一七八四）馬來半島之貿易權、遂漸移於東印度公司之手、白可林且儼然爲該公司重要之商港、貿易之範圍、遂不僅限於馬來半島與東印度羣島間、且擴充以至中國及遠東各地矣、惟自印度至中國之長途中、不能不謀一良好之海港、爲駐足之中心、白可林地位尚非適中、東印度公司乃轉派金洛克Kinlock 氏前往亞欽爲殖民事業之籌劃、不幸終歸失敗、後數年、遂有檳榔嶼之要求、其時東印度公司之領袖、爲瓦倫 Warren 海司丁士 Hastings 於此役實具有大力焉、

英人領有時期、檳榔嶼又名威爾司 Wales 太子島、於一七八六年七月十七日、爲甲必丹雷脫所命名、蓋由東印度公司與吉僬酋長訂立一七八六年七月九日之條約所取得者、及一七九一年、而此一角錦繡河山、遂長爲英人所佔有、一七九六年、英人將印度警察由痕特麥島 Andaman 遷至檳榔嶼、並委陸軍大尉福皮羅斯麥度奶 Forbesross Medonald 氏爲第一任陸軍大元帥、又以痕特麥氣候不良、並將犯罪者七百人、亦由法警送檳榔嶼安置、其時檳榔嶼人口已漸增至二萬以上、印度之司法警察至一八五七年始撤去、

檳榔嶼之地位、酷似吾國之香港、孤懸海外、頗難發展、英人既得檳榔嶼、在勢不能不與該島附近之大陸上、謀得一席地、以爲發展之計、亦猶既割吾國之香港、自不能不更謀與香港毗連之九龍、於是而復有一八〇〇年六月六日之割讓條約、此約係由檳榔嶼海軍大元帥喬治雷士 George Leith 氏與吉僬酋長所訂立者、以此條約之結果、英政府遂獲得一長三十五英里闊八英里之陸地、北起麻達河、南迄吉連河、即今之所謂威士利省是也、繼喬治雷士 George Leith 而起者、爲泛口喝Far Quhar氏、氏於一八〇三年指引航路、由長海峽以入此邑之第一人也、

英人自佔領檳榔嶼以來、至一八〇五年、尚未組織正式政府、惟設有工廠多座、由東印度委派監察若干人、以謀商務之發展而已、厥後地位日益繁盛、隱然握東方商業之重心、印度政府、（即東印度公司）知非變更舊日組織不可、乃另設政府、同時並增高其地位、

委總督以統治之、第一任總督爲度淡司 Dundas 氏、仍隸屬東印度公司治權之下者也、

當英人之初得檳榔嶼爲謀地位之穩固計、有提議放棄馬六甲而專致力於該島者、嗣以英荷戰爭、故荷蘭無力東顧、其在馬來半島所有之財產、盡被英人俘獲以去、東印度公司當時謀所以阻止荷人在馬來半島獨享覇權之目的既達、乃進而謀霹靂與新加坡二地、一八一九年、新加坡因拉斯弗之經營、其礎遂定、一八二四年、馬六甲亦完全爲英人所有、至一八二六年、以前得諸地與檳榔嶼合併、即今之所謂海峽殖民地是也、一八二六年、彭康 Pangkor 森皮蘭 Sembilan 二島、亦由霹靂讓歸英有、蓋以海盜爲患、霹靂酋長不能鎮攝故也、

新加坡地位適中、擅貿易上之形勝、自英佔有其地、竭力經營、進步異常迅速、至一八二九年、已駕檳榔嶼而上之、自是以後、檳榔嶼漸失其固有之地位、一八三七年、殖民地政府乃改駐新加坡焉、

檳城海邊風景

【地理】　檳榔嶼又名威爾斯太子島地臨威士利大陸之西部、當馬六甲海峽之北端、即海峽之進口處、是地當北緯五度二十四分、東經一百度十五分、與威士利省中隔一海峽、寬約一哩至四哩、使本島與大陸相分離、面積南北長十五哩、東西寬九哩、平面一百零七方哩、島周圍四十四哩、氣候溫度平均八十三度、最乾爲三月、最濕爲十一月、夜分八十度、風信有定期自六月至十一月、雨量最多、海上距離新加坡三九五哩、香港一八三二哩、上海二七一六里、橫濱三八五〇里、

海角、北有丹戎拍却麥略 Tanjong Puchat Muka 丹戎排吐 Tanjong Batu 丹戎湯肯 T, Tokong 三角、南有丹戎架泰賽

喬 T,Gertak Sanggul 丹戎推羅担撲賢 T,Telak Tempoyak 二角、東有丹戎拍奶掘 T, Penaga 丹戎巴都毛二角、西有丹戎捺寮利 T, Masari 丹戎達龐樓弌 T, Dama Lanti 二角、

河流、全島河流頗饒、北流者蘇其巴都弗利其 Sungei Batu Ferringi 河、蘇其麥弌 S, Mati 河、蘇其泰羅排斗 S,Telok Bahang 河、蘇其麥斯 S, Mas, 河、南流者、蘇其排賢利拍斯 S. Baygan Lepas 河、蘇其泰羅寇麥排 S, Telok Kumber 河、東流者、蘇其庇能 S, Penang 河、蘇其哥魯格 S, Gĺng'or 河、蘇其度亞 S,Dua 河、蘇其尼龐 S, Nibong 河、蘇其克露 S, Keluang 河、西流者、蘇其庇能 S,Penang 河、蘇其亞赤 S,Ayer 河、蘇其魯索 S, Rusa 河、蘇其掘倫排露 S,Jalom Bahın 河、蘇其拍倫排湯 S, Pulan Betong 河、以上諸河、皆不利航行、惟土人小舟可自由出入耳、

山脈、島之濱海處皆平原、惟中部北部多山、最高者曰皇家山 Cevernment Hill 逾二千七百呎以上、有政府病院及信號台等、植物多樹膠蔬果、山半茅舍三四相間、點綴頗饒風景、茲將其重要之山列下、

西山 Western Hill 二七三五呎、

皇家山 Cevernment Hill 二五五一呎、

蒲愷蘭坎賽麥奶 Bukitlaksamana 二四一三呎、

排都以泰 Batu Itam 二三六四呎、

芒挨利瓦蘭 Mount Elvera 二三五一呎、

烹弌其蘭丮 Pent'and Range 一八六八呎、

芒弌散克利特孩弌 Mount sacred Heart 一八〇〇呎、

跑馬場

芒忒汪利維亞 Mount Olivia 八三一呎、
蒲愷拍賽拍掘 Bukit Pasir Panjang 一八〇〇呎、
芒愛斯肯 Mount Erskine 七〇三呎、

天主教堂

屬島、檳榔嶼之北有多石島曰拍羅替寇司 Pulau Tikus 當海港之北境、有土人之廟宇在焉、年中參拜者踵相接、南有拍羅肯特 P,Kendi. 拍羅利芒 P, Riman. 二島、拍羅利芒以魚業着稱、島中有燈塔、特以示航行者、東有拍羅喀蘭 P, Kra 拍羅掘利極 P, Gerejak 二島、拍羅喀蘭島亦以魚業名、火藥局在焉、島中多青石、藉以供給威士利省築路之用、拍羅掘利極島有大痲瘋院、陸軍防疫院、陸軍病院等、防疫院內分十六所、陸軍病院另築病室三、以居普通人民之患疫者、院大可容三千餘人、島中又有小自來水池一、與檳榔嶼自來水池相接、以供給該島各病院之用水、拍羅怕通島 P. Betong 則在檳榔嶼之西也、

海灣、沿岸海灣紛錯、其重要者、北有泰羅排亭 Telok Bakang 泰羅涕口 T. Tikus 二灣、南有泰羅口排灣 T. Kumbar 東有泰羅攤泡耶灣 T, Tempoyok 每遇惡劣風信、土人船隻、多轉避於此、

燈塔、檳榔嶼有燈塔三、一曰檳榔嶼海港在康瓦利斯 Cornuallis 砲台高八十七呎、超出海洋水平線上、能見十五哩之遠、一曰毛喀黑特燈塔、Muks Head 高出大洋水平綫、能見三十哩之遠、一曰蒲樓利民燈塔、Pulan Rinan 在蒲樓利民燈塔之南端、能見十三哩之遠、

時差、檳榔嶼與新加坡時間之差度、為十四分、與倫敦格林威池 Grern Wich 之差度為六點四十一分、如檳榔嶼為上午十二點、則倫敦為上午五點十九分、殖民地時間、概以新加坡為標準、

【宗教】　檳榔嶼因種族關係、亦甚複雜、馬來人信回教、印度人多奉印度教回教次之、信佛教者頗鮮、中國人爲無宗教之民族、與其謂爲信孔教、毋寧謂爲敬天地鬼神及祖宗、此在僑居數代之土生、尙復如是、日落後、每見口道馬來語及身著馬來服之婦女、插香於門右、或於月之初一十五夜、燃天燈、固儼然國內風俗也、耶穌教、以羅馬舊教爲最得勢、東洋人之改宗者、亦頗有其人、次於羅馬舊教者、爲美以美教派、本教派在印度錫蘭最得勢、其盛於馬來者、蓋亦以印人及錫蘭人之關係也、此外土著民之石芒人及沙開人、無宗教、惟信有善神及魔鬼耳、

【金融】　檳城金融、非常流通、滙豐銀行等、皆設有分行、中國人經營之和豐華僑等行、亦設有分行、陳嘉庚公司及大信局皆通匯兌、至於政府財政概況、據一九二八年、檳榔嶼歲入共計六百五十二萬六千三百七十七元、歲出共計一百九十四萬八千五百七十四元、歲入以牌照費、地稅、印花稅、土地拍賣收入、碼頭稅、海關稅、法庭罰欵、及酬金等、爲大宗、歲出以工程建築費、及官吏之薪水恩俸、爲大宗、茲舉其重要者列表如下、

一九二八年、檳榔嶼歲入歲出表、（元爲單位）

	郵政	註冊費	警察	電報電話	土地局	森林	法庭	工部局	獸醫	測量
歲入	二七七、七三九	一三、四九六	一五九、五五六	一二一、七三七	二四七、一四七	一九、八二六	四九、六〇五	一、三七七	八、六五七	一一、九九一
歲出	二八四、三四二	六、七三八	三三三、一〇一	一五三、二五七	二四、四六四	一一、八八八	九二、一二六	三三一、七四九	一一、一五九	三九、四四八

	華民政務司	教育	海港	鄉村委員	印度移民	監獄	破產部	會所註冊	政府固定費
歲入	一八、七九八	七〇、七三	二三、四七〇	六六、三六八	五、八六九	七四七	三、七五〇	三、四三〇	三、七六九
歲出	一八、五〇七	二一〇、五三三	八四、四五五	一〇三、四五四	一九、一八三	四六、一三四	五、六六七		七、〇三四

上表醫藥費、包括威士利省在內、工部局費包括天定在內、天定一九二八年、道路橋梁之建築費、爲二萬五千元、威士利省道路橋梁房屋之建築費、爲三十萬九千六百六十六元云、

【氣候】　檳榔嶼氣候和平、雨量頗大、據一九二七年之報告、是年雨量爲二千五百九十米利、最乾爲三月、計五十三米利、最濕爲十一月、計四百五十三米利、平均溫度爲八十三度、夜分八十度、風信有定期、東北風與西南風之起、均在十一月至三月、五月至九月間、大雨以六月至十一月爲最多、故其地林木暢茂、穀產豐饒、而山水清秀、草木幽深、頗饒風景之勝也、

【人口】　檳榔嶼及附屬之威士利省天定州三處居民、合計約有三十萬人、其中中國人、馬來人、坦米爾 Tamils 人、強活坡克 jawi Pekans 人、歐洲人、歐亞混血人、以及其他各種族之人民、皆有之、馬來人怠惰性成、不喜工作、僅可雇爲警察及郵差等勞役、無競爭之心、吾國人於農業上貿易上皆占極大之勢力、且能勤奮耐勞、故較他國人爲優、前途實一至

火車站

有希望者也、

檳榔嶼市區人口十二萬三千名、村野人口三萬六千名、合共約十六萬二千名、內華僑占九萬八千五百〇二名、馬來人三萬六千四百九十二名、印度人二萬三千名、歐洲及混血人、二千六百九十六名、威士利省人口、約十三萬名、內華人占三萬三千九百八十三名、馬來人占六萬八千七百七十名、印度人占二萬六千四百五十九名、歐洲及混血人、六百六十一名、天定州人口、約一萬二千名、內華人亦占多數、各地人民來此經營者、仍絡繹不絕、吾國人每年至檳榔嶼者、平均計之、約二萬六千六百九十八人、印度約七萬五千一百九十六人、印人離境之數、年約五萬〇三百二十八人、吾國人離境之數、尙無確實報告、

【交通】　檳榔嶼及其附屬地威士利交通異常便利、電車摩托車俱備、往還無阻、馬路亦修整、其水陸交通頗便、往來各島、極其敏速、惟島內無鐵道、僅有一馬來聯邦車站、建築於佐治城、除如郵政電報電話、均能靈通、特分述如下、

馬路、其最重要者有三、一自喬治通 Georgetoun 經排利普蘭 P'ailiip'ulan 泰羅口排至根廷 Kenting 止、計二十二英里、一自喬治通經排利浦樓 Páiiip'lou 丹戎湯戎 Tanjungt'angjung 至排都弗林 Paitfulin 止、共計二十三英里、一自喬治通經排利浦樓亞賢以泰 Yasienitai 至魯維勞斯 Lowop'is 止、計十英里、喬治通爲三路總匯、來往之人、晝夜不絕、

碼頭

電車、一自掘忒 jetty 至亞逸淡 Ayer 止、一自回爾克 Weld quay 之求克兄 Junction 爲起點、經匡利亞聖黑忒 Chulia St. Ghant 而至掘露通 Jelutong 並有無軌電車、自關仔角往來各處、惟無鐵道、是其缺點、將來商業至最盛時、必能修築與各處聯絡、

水路、有小汽船、北航鷄打 Kedah 玻璃市 Perlis 南航邦咯 Pangkor 紅土坎 lumut 實吊遠 Sitiawan 其他航線、可參看新加坡編、

陸路、島內無鐵道、但有一極壯麗宏偉之馬來聯邦車站、建築於佐治城、以利便行旅、及轉運貨物、並備有汽船、專載搭客、往還兩岸、欲往搭聯邦火車、亦殊便利、至於島內南北縣屬、有摩托車路可通、市區內且設有無軌電車、闤闠櫛比、商業繁盛、亦有名之通商口岸也、

附屬地威士利之交通　鐵道、計長二十三英里、拍雷 Prai 車站與馬來聯邦線相接軌、其在拍雷與檳榔嶼間、有汽船交通、以便轉運旅客及貨物等、鐵道停車場、共拍雷蒲愷泰架 P'oktaichia 蒲愷麥泰絕 Pokmitaichueh 亞而麥 Alma 省派恩魄 Simpang Ampat 蘇其排客 Sutipik 泥龐泰排 Nepontaipi 七路、又有馬來聯邦鐵路、南連霹靂、北接鷄打、枝路自大山脚至新路頭、其道路屬於人工者、計一百六十四英里、屬於天然者、計三十二英里、以蒲忒活士 Butterworth 至霹靂邦之太平 Taipeng 一線、爲最重要、計長二十六英里、有浮橋、二橫渡拍雷河與吉連河間、其最大者、名極魯 juru 橋、極魯與尼龐泰排二地間之交通、藉此得與蒲忒活士至太平之幹路相聯絡、渡極魯河而蒲愷泰架附近之村落也、汽船則有排勒湯開慶 Pailonkchiug 河、拍雷河、蒲愷

泰排河、排勒亞强Bagau Ajam 河、泰羅亞耶坦活 Tailoyaehtanho 河、等其與檳榔嶼間、每日皆有小汽船來往、交通甚便、

郵政、郵政逐年發達、亦大有蒸蒸日上之勢、以一九二八年論、匯兌費計一萬二千六百〇一元、郵票收入一萬四千九百三十三元、包裹費一千二百二十一元、郵票一十二萬六千三百〇八元、其他七千四百七十四元、支出局員薪水、共八萬三千四百九十元、經常費及特別費、計二萬一千一百二十餘元、

電報、檳榔嶼與各地之電報交通、須經過東方電報局之海底電線、其與威士利省馬六甲天定新加坡馬來聯邦間、皆有政府專用之電線、茲將政府電報局一九二七年與一九二八年營業之狀況、比較如下、

年別	歲入	經常支出	特別支出	支出總計	私電號數	公電號數	無線電
一九二七	三七・七六〇	四三・一四〇	二・一九二	四五・三三一	一四三・〇四二	七・九八〇	
一九二八	四九・〇三八	四六・〇〇五	二四・四八九	七〇・四九四	一七二・七二六	八・一五六	三七一

電話、電話發達頗速、自一九二六年以來、添設掛空線、刻已增至七百一十五碼之多、

【敎育】檳榔嶼公立英文學校甚多、其成立最早者、爲檳榔嶼自由學校Penang Frel Schaol創辦於一八一六年、次聖嗜克活 St. xavier's學校一八二五年成立、次華美學校Anglo-chinese School一八九一年成立、皆此間之有聲譽者、女學校有爲敎會設立者、有爲政府設立者、有華英合辦者、以上各校除自由學校外、皆准寄宿、威士利省有馬來學校若干所、其課程均至第四級止、一概免費、其高等學校之課程、則至第七級止、蓋預備畢業後、可直入劍橋大學肄業、及應其他各項學位試驗、又有男女小學校三所、皆預備入劍橋分校而設者、其他低級學校課程、皆至四級止、蓋爲升入高等學校而設焉、

此地學校、以性質言、約可分爲二類、一官立學校、完全由政府撥欵維持、一補助學校、由敎會或政府補助、吾華僑所設立之學校、檳榔嶼威士利二處、共計二十三所、皆由僑商

中華學校

熱心捐助而成、茲將檳島各等學校、列表如下、

校名	校址	總副理	校長	教員數	學生數	學級數	創辦年月	學費	備考
鍾靈中學校	中路六十五號	林連登 陳民情	顧因明(教務長)	九人	一百八十二人	(甲)中一二三年級(乙)預科一二年級	民國十二年一月	中學四元預科二元五角免費率百分之十	經費由董事部負責籌措
中華學校	港仔墘	楊章安	林芳	十九人	五百九十人	中學二級高等三級初等九級	民國前七年	中學三元高等二元二角半初等三四年級一元七角半一二年級一元二角半	(一)基金孔聖廟項下計存一萬餘元(二)學校基金項下計三萬餘元存國民政府曾居留津貼洋三千六百元每月開支約計一千一百餘元
韓江學校	吉寧街	林任可 陳羅雄	王浩然	六人	一百四十餘人	高小與國民共七級	民國九年	一元五角或二元	基金充裕多由潮屬僑商捐助校舍新建規模宏大林連登先生捐欵最鉅
新江學校	新路	邱體仁 邱嘉齊	邱韶弁	六人	一百二十餘人	高小一級國民四級	民國前三年	免費	不收別姓學生經費由邱氏家廟產業項下撥息開支
時中學校	色仔乳巷	戴芷汀 梁應權	古堯賓	四人	一百十五人	高小二十餘人餘為國民班	民國前四年	高小二元國民一元	有女生十餘人同班受課

台山學校	大伯公街	林在田 黄立表	余芾棠	五人	一百四十五人	高小二級國民科四級	民國七年	高小每月一元五角國民科一元	免費率百分之二十
陳氏學校	打鐵街	陳清貴 陳石獅	湯玉聲（教務長）	五人	一百十人	四級（國民科）	民國六年二月	免費	基金由陳氏家廟產業項下撥息開支不收別姓學生畢業生家況貧寒者升學後得由家廟津貼學費
麗澤學校	沓田仔	陳民情 許金鐘	温吉成（教務長）	八人	二百八十人	國民五級八班	民國十二年	一二年一元三四年一元五角	基金無定額由麗澤社社友認捐
商務學校	牛干冬	陳山泉 伍輔庭	羅蔚南	七人	一百七十六人	高小與國民共五級	民國三年	每月一元五角或酌減或免費	附設夜學學生五十餘人
謝氏學校	本頭公巷	謝德泰 謝紫忠	榮潤生 殷傳德	三人	一百人	國民二級	民國八年	別姓學生三四年級一元五角一二年級一元本姓學生不收	
新民義學校	浮羅雙溪檳榔	陳其新 李榮光	劉福民	二人	八十八人（女生十八人）	國民四級	民國九年	免費	經費係由各熱心家負擔教員薪水及校用每月約一百三十元校舍宏敞空氣清鮮

華僑學校	四坎店	謝文波	丘丹心	二人	五十人	二級	民國十四年三月	每名月收一元半	校舍租賃店屋甚形狹小聞將籌欵建築新校舍全校開支除學生束修外隨時由總理設法籌措
中華商業學校	峇六拜	陳奕崟 羅戊才	張航聲	三人	六十八人（女生十六人）	高級二國民四	民國二年原爲商業與中華二校至民國十年乃聯合爲一	免費	經費由董事負責自本年起擴充學校基金並建築新校舍試辦農工商業科教科書用新學制商務教員臨時編發講義
養正學校	公吧	陳存笑 闞光根	張航聲（義務）	一教務長一教員	五十人	國民班共分一二三年級	民國十四年	不定	經費由董事部籌措
崇德學校	浮羅山背	林清輝 周宜昌	羅甚堂	三人	六十人	前期四級後期一級	民國元年	一元或一元五角	無基金經費由埠中熱心家捐助校舍雖不甚宏敞而空氣尚佳
育華義學校	篤鹿馬坑	梁成遴 盧潤來	鍾鑑衡	二人	三十八人	國民四級	未詳	免費	成績尚佳
介山學校	峇六拜山	徐文彩 林定當	林履紹	三人	四十餘人女生七人	高小一級餘爲國民班	民國十二年一月	一元或一元半	無基金常年經費由地方熱心家捐助
培南學校	日落洞	徐華霖 李興壽	陳觀雲	四人	九十人	國民四級高小一級	民國八年	一元或一元五角	常年經費由董事部設法籌措

公民學校	亞依淡	王森茂	王德賓	二人	二十八人	二級	民國十年	一元一元半或二元	校舍由地方捐款建築規模不甚大教室一可容學生六十人常年開支除學費外由總理設法籌措
益華學校	色仔汝巷（南華醫院街）	潘正昌 王謨仁	鄭仲權	三人	三十七人	三級	民國八年中經停辦一二次	一元一元半或二元	前年籌款一次修理校舍常年開支除學費外餘由董事部設法籌措附設夜學
共和學校	雙溪瀨	周百英 許元龍	沈臥明	二人	三十人	國民四級	民國十二年	一元或一元五角	無共今常年經費由董事部捐助之
慕義學校	日落洞	校長兼	黃耀藻	一人	十五人	一級四班	民國七年	一元或一元二角	私人創辦初有學生四五十人後受土產價落之影嚮停辦一次至民十二年再行續開辦
福建女學校	打石街	陳民情 黃迴瀾	楊和林	七人	二百二十三人	高小二級國民五級	民國九年九月五日	二元或一元半免費率百分之十	董事部通過明年附設師範科
中華女學校	柑仔園	林福全	林秀傑	三人	一百五十餘人	高小二級國民四級	民國十一年	一元半或二元免費亦有	校舍極闊光線充足無董事部校務完全由林福全先生負責平時收入之學費僅敷校舍租金及雜用

毓南女學校	鑒光內	無	李素芬	四人	一百三十餘人	五級	民國七年	高小二元國民一元五角	無基金除收學費開支外間有熱心家捐助校舍已舊允宜修理聞不久擬演戲籌款以便建築校舍
華僑公立女學校	南華醫院街		李金凌	四人	八十人	高小二級國民三級	民國十年	二元一元五角或一元	去年曾演劇籌款成績頗嘉日漸發達
南洋女子工商學校	南華醫院街	謝聚會黎琪欽	黎綬榮	五人	七十餘人	高小一級國民四級	民國十二年	一元一元半或二元免費率百分之十	私人創辦收學費以充開支湘繡極有成績十四年三月曾演劇籌款
坤儀女學校	大伯公街	無	利翰英	一人	二十餘人	高初兩級	民國十一年	二元免費三四人	私立常年開支專賴學費用廣州語教授功課依現行教育制成績極有可觀
坤德女學校	牛車水街	無	鮑坤鵬（教務長）	二人	十餘人	一級	民國十三年	一元五角	私立全校常年開支按照學費分配校長不定年俸額

檳榔嶼設視學員一人、專理教育行政事宜、直隸於海峽殖民地兼馬來聯邦教育司長之下、

【實業】　檳榔嶼自新加坡發達以來、已漸失其固有之地位、而貿易上之情形、仍甚可觀、據一千九百二十七年所調查、進口貨、自英國輸入者、如棉花鐵器等、自英吉利荷蘭法蘭西奧大利等國輸入者、如酒、酒精等、自美利堅瑞士輸入者、爲錫之製造品、自印度暹邏皮里 Pilee 輸入者、爲家畜、自蘇門答臘之冷客 Lengko 輸入者、爲火油、自中國錫蘭輸入者、爲茶葉、自爪哇亞喇伯及馬

來聯邦輸入者、為咖啡、自日本輸入者、為煤、自暹邏印度爪哇輸入者、為米、自爪哇及威士利省輸入者、為糖、自暹邏及鄰近各島輸入者、為木材、自婆羅洲輸入者、為西米、自印度輸入者、為鴉片、自小呂宋婆羅洲荷屬東印度輸入者、為煙草、自暹邏望加錫 Wonchasi 輸入者、為皮、自暹邏蘇門答臘輸入者、為胡椒、自西里伯 Celebes 輸入者、為檀香木、出口重要之物件、為糖、根粉、椰干、樹膠、荳蔻、丁香、西米、麥粉、甘密、架泰、拍却、椰子、錫、亞蘭喀乃 Yalanknai 等、其物產各地皆有大規模之種植場、農業工作、以吾國僑民占最大勢力、產物有荳蔻、可可、樹膠、椰子、庇能果、胡椒、丁香、波羅密、及其他植物果樹等、又有大宗椰干運銷各埠、其漁業、樹膠、椰子等外、首推漁業、統計每年所入在一百五十萬以上、取漁之法、類皆用獨木舟、或平底舟、以網深安水中、捕獲之、大足供本地之需要、其工廠、檳榔嶼有製革廠十餘所、西米廠二十餘所、樹膠廠十餘所、萬德美椰油公司、資本為四十萬元、總理為林德清、近來營業非常發達、其他造冰廠、汽水廠、華僑經理者、甚多、其鑛產現在從事開採者、為花崗石鑛、及紅土鑛等、鑛苗頗豐、出品甚大、

鐘樓街

公立女學校

【名勝】　檳榔嶼山水清明、草木暢茂、四圍又環以海水、故風景之佳、為馬來半島冠、其名勝之區、一曰亞逸淡在白鶴山下、最有名之山村也、一曰極樂寺在白鶴山間、華僑所建最大之梵刹也、一曰升旗山埠中最高之山、亦風景最美之地也、一曰丹戎英雅西人設有游泳會、海濱著名之區也、一曰關仔角有舊日砲台一座、亦海濱一名區也、一曰公共體育場、設在

海邊、寬暢平坦、綠草茵茵、每至夕陽、音樂亭中、音樂洋洋、各界士女、多在此處游玩、其他名勝尚多、不及備述、

【繁盛地點暨各大商店】　土庫街 Beach Street 各大出入口貨公司、各銀行、陳嘉庚公司售品所、均在焉、

中　街 Chungchiai 競競書局、進化書局、各信局、洋貨店、布店、雜貨鋪、照像館、多在焉、

新　街 Compbell Street 戲園、電影園、妓舘、飯舘、茶樓、旅店、多在焉、日夜聲歌喧樂異常、

打鐵街 Datiehchiai 魚乾海味店、藥酒店、土產店、椰乾店、多在焉、

公共體育場

第二章　物產

【鑛產】　檳榔嶼出口物品、除樹膠外、當以錫米為大宗、產錫區域以吉降叱叻為最富、余曾親履其地、為詳細之調查、於第二編馬來聯邦詳述之、茲先將錫礦開採法略述之、並將其他礦產、如鎢礦、金礦、鉛礦、銅礦、黃鐵礦、褐鐵礦、陶土礦、石礦、鑽鐵礦、煙煤礦、石英礦等、彙列於下、

馬來半島重要之鑛物、莫如錫、煉錫之鑛、普通人稱為錫之酸化物、即鑛物學中之錫石（Cassitlrtl）是也、產於花崗巖黏板巖中、而成鑛脈、常與花剛石石英、泥板石、千枚石、葉形石、及石灰石為伍、結晶作短柱、兩端尖銳、每呈雙晶而產出、或塊狀、或纖維狀、具強光澤、及母巖崩壞、則錫石成粒狀、據鑛物學家言、（凡錫鑛必發現於石英巖附近、）但在馬來半島有石英處、未必有錫石、然有錫石處、則必有石英也、其發現地、多所補綴、

土庫街

而其結果、則使馬來半島有多少限度之錫鑛發掘焉、在煆煉錫石之時、優良之水晶、並不常見、亦鳳毛麟角而已、在艮打地方之石灰石中、常有條紋管之錫石發現、與多量之金屬硫化物混合其中、以硫鑛及鐵沙爲最多、少數之錫石、亦曾發現於 (Stock-Works)、而常於無用石堆之石灰石中見之、霹靂埠美羅附近之謨羅塞村爲馬來半島之極好模範、在一九〇八年、有一極佳之錫石鑛、發現於金寶附近謨壞馬拉甲在奇馬曼之門提有一種極疏軟之密黃色土塊發現、其中雜有互抱針狀之錫石、然以上數處、皆爲普通之錫鑛、不足爲奇、在一九〇二年、霹靂埠有一非常之錫鑛發現、其名爲日和沙發、其所以名此之原因、則少有人知之、是鑛爲河水冲洗者、然其甚不普通、蓋其錫石、產諸石灰石山之裂罅中、而被方解石黏膠、成爲極硬之鑛巖、別有一奇怪之錫鑛、則在拉哈特、此鑛之錫石與石灰石爲伍、成管狀、深藏於溪底、其上有急流狂奔焉、是礦乃先以方解石藥水分解、然後酸化其硫化物、此鑛穴深至三百英尺以上、其旁尚有原始構造之地質可尋、及其溪水停止、此種錫石、被方解石膠住、成爲一種參差不齊之鐵紅色鑛塊、極豐富之錫石、曾發現於地面、或在石灰石上之泥中、此種錫石、只須稍加治理、即可售出、然此種機會、頗難得也、每一立方碼之錫鑛、乃以斤爲計量之單位、蓋此種錫鑛之輕重不等、其量重者、含錫石較多、否則較少、大概半斤重一立方碼之地面錫鑛、以極經濟之網取法採取之、可得錫百分之一〇五、在鑛脈中之錫鑛、非加以磨煉不可、其消費雖較重、其比例則爲百分之二、然苟不能有多數出產額之支持、則工作且不得其酬報矣、

錫礦中之工作

馬來半島亦有少數之鎢鑛發現於但肯及丁家奴數處、在歐戰之時、吉礁樟崙附近、亦有是鑛之開掘、晚近、聞南暹羅亦有此鑛之發現、在數年內、霹靂之打巴附近大量數之 Wolfram 鑛、乃採自電氣花剛石、尼宜山必蘭之堤堤亦產是鑛、此種鑛物、常與錫鑛爲伍、雪蘭莪及霹靂埠之石灰石鑛脈、產重石、是種鑛物、少數亦產於拉酉之金鑛脈中、結晶之鎢鑛、曾產於艮打地方之壖來鎢鑛、每與

錫鑛混合於一處、且二者皆採自花剛巖、至於重石、則不與錫鑛混合、若與錫鑛混合、則不能再分、乃售之以爲化學用品、當歐戰時、馬來半島之鎢鑛、頗有價值於自硬鋼之工業、

馬來半島之大數金礦、乃產於彭亨火山系石中、Pahang Volcanic Series 而其少數、乃產於酸素之花剛石、其鑛脈、儼然如一帶、時或與錫鑛爲伍、其起點在澳發山之旁、向北行、經彭亨、其一旁爲山脊、他一旁爲答汗及底剴之大石英聚塊之露出地面處、更北經南吉冷丹、至此始稍轉西向、達南暹之邦家賭㕍二地、及北霹靂之霹靂河發源地而止、然馬來半島之金鑛、產量並未見其豐富也、此種少量之產額、惟足以維持東方工人之生命、拉西澳大利亞公司之金鑛、即馬來半島之最大者、始稍有偉大之經營、金鑛有產於鑛中、及產於沙之冲積地二種、產於鑛中者、並未有可見之樣本、而於沙中者、則爲極美之金沙、

方鉛鑛、產於石灰鑛脈、如拉律之郎家歪島玻璃市之邊𡶶山上、及吉冷丹數處亦產之、然此種鑛物、在半島上、並不甚多、常與銀礦共產於礦脈中、其重量、大概由二十或三十噸至一噸、但未見有較多銀礦之樣本、白鉛鑛、產於艮打

銅鑛惟有微少之經營、艮打產有美麗之孔雀石、但其地之銅鑛、每雜有錫鑛而極純、

黃鐵鑛、散播於各處、然最著名之出產、而有各種形式者、莫如奇馬曇含砒鑛於石灰鑛脈、與錫鑛爲伍者甚多、半島上亦有褐鐵鑛、偉大規模之血石鑛、綿亙於柔佛之巴哈河流域、又有一同種之鑛、在怡保附近、如雲母之血石、常於大範圍之花剛石中得之、吉庶峯產磁鐵礦、據傳說丁家奴境內亦產之、

紅燐鍶鈦砂鑛、在馬來半島到處皆是、常與錫鑛混合、然可以分析出之、是鑛物之所以貴重者、乃因其含有鈦鑛、可以供製造汽管之用、此種礦、雖甚普通、然馬來島半至今尚未有標準之市價、

莪盆之陶土鑛之工作、亦漸有經驗、而供給陶器之用亦漸多、將來頗有成爲一種重要工業之希望、在艮打及郎家丕島二處、亦有小量數之錳鑛可尋、然出產極少、將來亦無大規模之希望、其結晶者、即爲軟錳鑛、產於地下石灰鑛之上、質軟、觸手有黑痕、鋼玉鑛發現於艮打河谷東之澄清鑛中之大圓石、在河谷之西、爲一石含有鋼玉之電氣石、或鋼玉之雲母石、有一部分之電氣、剛玉石而澄清之、剛玉於本地、則無大用處也、

馬來半島亦有角閃石及輝石鑛、其變種甚多、曰陽起石、曰石綿、即由陽起石分解而成者、曰硬玉、曰軟玉、纖維之蛇紋及石棉、產於尼宜山必蘭、片形之纖維角閃石產於艮打之埔來石灰礦中、螢石與重石同產於艮打河谷之東、其多數爲無色者、重晶石鑛、產於北霹靂之廳克

水中之採錫機船

錸與一種普通不清潔之錫鑛、名曰鐠鐵鑛者同產石榴石、嘗發現於數處、但未能加以充足之鍛煉、不足以供裝飾之價値、因其產額少、亦不能爲油擦劑之代用品也、小而無色之黃玉結晶、有一時爲靑泰連普通之鑛物、吉礁峯亦有小規模之雲母鑛、

石英鑛有極大之經營、在雪蘭莪及尼其山必蘭兩地、其用處甚大、既可爲透鏡、且可用以代油擦劑、拉酉石灰系之鑛中、亦有大理石之出產、色有澄白及烏黑二種、其石灰鑛乃用以製石灰及泥水膠者、燐土礦產於火成巖之空隙中、其最優產地爲玻璃市

【錫鑛】　自世界物價大跌之始、以至一千九百二十年歲暮、而馬來半島之錫業、漸覺困難、時海峽（三洲府）政府、出而維持之、決定由政府收買、每擔擬價一百一十五元、聲明如普通市價不達此數、政府不將所購得者、再行估出、以定市情、而息謠諑、至一千九百二十一年一月一日、將其定價降爲每擔叻銀一百元、厥後竟完全停止、由政府收買矣、是舉也、殆與荷國東印度政府通同合作、免錫鑛事業一蹶致于不振、復免數十百萬華工苦力、一旦失業流離失所也、蓋情形最困迫時、適近華人舊歷新年、各鑛主得政府購其錫、而有資以支給工資、安然度過年關、可以翌年照常營業、仍舊開採、工人有所依歸也、蓋錫鑛事業、多半爲華人操之、占全數百分之六十、若論錫鑛工人及苦人、則弗論其爲歐人資本、抑爲華人資本、盡爲中國籍民、故物價大跌、雖爲期頗長、而於一千九百二十一年之初期、必有政府此舉、各鑛務資本家、始足以度過難關、如常營業也、然至中華民國十四年時、已漸復舊觀、一如往昔、年前在爪哇萬隆地方、英荷兩國政府所訂互行收買錫苗之約、至此亦經取消焉、

開採錫鑛方法極多、最初要以華人所用人力發掘者爲最先、而最早直可稱華人爲馬來半島錫鑛之鼻祖焉、原以華人之遠離鄉井而南來半島日見其增者、實自發現錫鑛之時開始、斯亦爲華人南來原始引導力也、而歐人之投資於錫鑛事業者、迨至最近數年間、始見之耳、溯自歐人之投資開採錫鑛、而採鑛方法、因之改良進步、至今日、則泰西最新之採鑛機器、亦有用之者、是皆自歐洲與澳洲兩地購得之、以代彼東方古式之開採法者也、然此時、則白人中如英美荷意皆競投資於錫礦、組大公司、資本動輒集至百數十萬元、取錫之法不一、總以華人所皆用之鋤掘法、即俗稱之曰明湖者爲最多、此則無論其爲華人資本、抑爲歐人管業之錫鑛、皆多採用之也、其次則以用沙石、(水從下)(一種抽水而能兼抽沙石之機器)者、爲最普通、第三則爲用水割之法、此法內分三種、

(甲)用有壓力之水、即用機器抽水、至若干壓力、率爲每寸五十磅力者、以喉管向所欲發掘之地射之、則泥與沙石錫苗等同時爲水冲割、流至一處、然後用人工取其錫苗也、

(乙)用天然壓力之水、即擇其鑛場附近高山、築堤蓄水、引以水管、則水以居高臨下、自然而然、生有壓力、故曰天然壓力、此法亦如(甲)法、以喉管注射有錫可採之地、而取其錫也、

(丙)用無壓力之水、此法、如我國引水灌田無異、蓋以擇其鑛附近稍高處蓄水、或引自河流、或引自山中坑谷、水往下流、行經鑛場、即以人工開坑、引水通過、水過處、復以工人持鋤頻頻撥掘之、則沙泥錫苗、同時隨水流動、流至一定處所、另由別隊工人取起錫質、而任水與泥、流向大江也、

最近發明之新法、分爲二種、

(甲)乃以濬深河海之挖泥機器、裝置於特別製造之平底鐵船中、用此法者、其鑛場必爲低隰之地、而又必先挖深數尺以蓄水、以便船浮水面、逐段移動以取錫也、此法多爲歐人用之、於華人前經開採、謂爲錫苗已盡、因而棄之如遺之鑛場者、如太平一帶地方者是耳、

(乙)乃用天然及人造吸力、所謂　(Suction)　者是也、法以鐵爲管、管口置螺旋、形如輪船車頁狀之挖泥器、而以軟性之車心貫連之于發動機、機動、則螺旋形之器撥泥入管、泥與錫自管中吸上船後、取其錫、而仍棄其泥沙於水中、往復循環、日夜不輟、

總而言之、要以此法爲最省費、大有推翻前此所用各法之勢、蓋一則以其事半功倍、用人工少、省費用、可行可止、不如別法之有種種牽掣也、二則以其前此視爲不能發掘之地、及已拋棄之鑛場、皆可用之、以檢前人所棄之寶藏也、惜乎此法之經費、即購置機件時所需動輒十萬元八萬元之多耳、

此外堪可記者、爲吾華人所知之打龍、換言之、即挖洞、或謂之穿洞挖孔、蓋穿山直入水中者也、

錫價自去年、（即一千九百二十六年）已漸進步、復趨增漲、嘗有一次、其每噸價格、竟達英金三百鎊者、而其均計價格、總多在英金二百五十鎊左右也、一千九百二十六年二月三十一日之價格、爲英金三百七十鎊、而本年（即一千九百二十九年）五月四日之價格、則爲每噸需英金二百三十八鎊有半焉、

噴水採錫之機器

錫之輸入與輸出總額、馬來半島雖爲世界產錫最盛之區、然每年由荷屬東印度羣島各地輸入錫苗、（俗呼錫米）及錫磚、爲數亦不少也、

計開

一千九百二十五年、輸入錫苗、五十八萬七千零二十三担、價值叻銀四千一百五十四萬二千七百三十元、或稱四十一兆五十四萬二千七百三十元、

一千九百二十六年輸入者、計三萬七千九百零九噸、價值叻銀五千五百三十五萬八千六百九十元、

一千九百二十五年、自海峽殖民地輸出錫磚、計一百一十七萬三千八百四十二担、價值叻銀一百一十九兆六十八萬二千零三十元、

同時自馬來亞輸入錫磚、計一萬零三百一十六担、價值叻銀一百一十七萬三千八百四十二元、

一千九百二十六年、自海峽殖民地輸出錫磚、計八萬零六百七十噸、價值叻銀一萬萬六千九百一十四萬七千五百元、或稱一百六十九兆十四萬七千五百元、

同時輸入海峽殖民地錫磚計六千五百七十噸、價銀值叻二十萬零二千零七十元、

【海參】　海參之形狀、　海參屬棘皮動物、產於海、一名沙噀、亦名海鼠、外國人通號爲（直里邦）Trepang、學名爲Hoiothurian、狀如半圓筒形、下方稍平、皮如革質、軟滑、大者長尺餘、小者五六寸、前端爲口、口之周圍有觸手十對至十餘對、不等、構造似管足、但較大、其管足之分布在背面者、成塊磊狀、在腹面者、多三行縱列、其端有吸盤、以爲附着他物體而行之用、間有未照上述之定式者、如體過長、不能直立、則其匍行向下之一面、常爲管足之所集、而背上之管足則多變爲圓錐形、不復爲行動之用、體之下端爲肛門、近肛門處、有分歧之管狀如樹枝、係爲呼吸器、以營呼吸作用、與消化器通水、從此出入、其消化器管之腸管長於身約一倍餘、自口下行、紆屈如環、直達肛門、雌雄異體、其色因產地而異、有蒼黑黃赤等色、

海參之生活、　海參皆生活於淺水沙土中、最深者至二十尋、淺者僅一二尺、以沙爲糧、吸收其有機物、以爲營養、頗似蚯蚓之食土、

海參之種類、　海參種類繁多、名目又因其地而異、難以概舉、就本埠商人所通稱者言之、已有二十餘種、茲擇其要者、分別述之、

（1）禿參、　色黑、中有間以白赤者、皮滑而光澤、無刺、因其體之大小、及貨之優劣、分爲大禿中禿小禿等種、以出於勿里洞坤甸望加錫等地者爲佳、又有一種未經刮去其皮者、體較大、面現白灰色、不能食、

（2）肉參、　色褐、體有刺、略類四方刺參、而肉較肥厚、分大中小三種、出於龍芽仙丹鳳武鑾等地者爲佳、

（3）烏綢參、　色黑有光、以其皮似烏綢、故名、爲海參中之佳品、以產於望加錫者最有名、

（4）烏貝參、　色黑、體小、首尾尖而中央隆起、成橢圓形、以產於加勝巴地者爲佳、

（5）赤參、　色赤、體長約四五寸、肉肥厚、無刺、以產於仙丹鳳武鑾地者爲佳、

（6）四方刺參、　色赤褐、有刺、但不甚長、體小、約二寸餘、而形狀四方、故名、以出於仙丹鳳武鑾地者爲佳、

（7）梅花刺參、　色純黑有光、體長及尺、刺頗長、分歧遍全體、狀似梅花、故名、爲海參中最上品、產於望加錫仙丹鳳武鑾者爲佳、

（8）搭力參、　體小、約二三寸、長略扁、色赤、間以白點、無刺、各地均有出產、

（9）柚皮參、　體長圓形、約五六寸長、皮似柚皮、得名、色紫、無刺、以產於望加錫者爲佳、

（10）郎岳參、　體長成尺、肉厚色赤無刺、皮凹凸不齊、出於各地、

（11）石參、　體似圓形、約長四五寸、無刺、爲海參中最佳者、有黑白二種、黑者名烏石、白者名白石、產於望加錫者最佳、

（12）烏虫參、　體小約二三寸、色黑形扁、不可食、食之往往腹痛或霍亂、

（13）烏脚兎、　體約略三四寸之譜、扁身似烏員、其色赤而底白、背有曲節、各地皆有、

（14）白參、　長約七八寸之譜、其皮白色、身似柚皮、而肉甚厚、各地皆產之、

採取方法、　採取海參方法、約有三種、（1）用手、如在淺水之烏虫參中小肉參等、離水深不過幾尺、俯拾即得、不用機械、（2）用叉、叉作⩔形、穿在長竿上、凡離水有二三尋或五六尋深者用之、（3）用潛水衣、人穿其衣入水取之、多用之於深水之處、惟日本人用之、土人及華人、則多採用上述（1）及（2）之方法、

製造方法、　製造海參手續、尙不繁難、法將採取之海參剖開其腹、去其內臟、亦有無須剖腹者、用火煮之、其爐須特製、鼎亦須大者、煮熟取起晒曝、使之乾縮、便成、惟肉參易於稀爛、採取後、即須付煮、若經越宿、則其肉漸消、以至於稀爛成水、故採海參者、若海程稍遠、不能隨潮往返者、往往須帶爐鼎以行、或搭棚於海中、俾隨取隨製焉、

鑑別法、　鑑別海參之法、以品質齊整而乾燥、肉厚而色闊、且不帶鹽氣者爲良、

取儲法、　以藏於乾燥之處、始不易霉爛、若已霉爛、雖晒亦難返原、必重煮而晒之乃可、若晒曝時、非極乾極燥、遽行收藏、則其所含濕氣、即爲腐臭之媒介、不可不愼也、

裝寄法、　海參裝寄法有數種、有用木箱者、有用布袋者、有用籐籠竹籠者、本不一律、大抵須視其貨物及寄往商埠而定、

用途、　海參惟一用途爲食品、所用者又多爲華人、家常便餐、宴客設席、罔不用以佐菜、

銷路、　海參旣爲華人惟一之食品、則用銷之處、自爲中國地面進口之埠、以上海及香港厦門爲多、運往上海者、多爲上貨、如肉參、四方刺參、梅花刺參、烏員參等是、再由上海運銷長江上下游一帶、運往香港厦門者、多爲次貨、如禿參、赤參、等是、

產地、　世界出產海參最多之地、爲南洋羣島、次俄羅斯日本中國等地、而南洋羣島出產之最多者、則推望加錫勿里洞鳳武鑾文礁

老撾內江龍艦叻蘇鹿仙仔間坤甸新金山峇厘龍牙亞比三寶壠等埠、

產額、　海參產地已廣、輸出之地甚多、產額若干、向未有精確之調查、當難知其詳、然從需要之地輸入之數觀之、亦無難知其梗概、據我國農商部海參運入額之統計、民國元年爲一百七十一萬四千零四十六元、二年爲一百七十四萬八千六百三十二元、三年爲一百七十八萬三千六百零四元、四年爲二百五十萬零七千二百零一元、五年爲二百二十七萬一千八百二十二元、六年爲二百一十一萬零八百七十七元、七年爲二百五十二萬三千零三十三元、其輸出處有俄國日本及南洋等、然日俄爲數甚微、其大宗則皆由南洋運往、准此亦可見南洋產額之一斑矣、

本埠營海參業者之狀況、　本嶼之營海參者、多屬潮州僑商、俗謂之海嶼郊、而其貨並非直接往出產地採買、乃由出產地商家收採成數、寄交本埠九八行（多屬閩人）乃由九八行標賣於海嶼郊、海嶼郊乃再將購入之貨、雇工揀選、分別上下、或再加精製、始運輸於中國各地也、

【芭蕉】　南洋所產果品、以芭蕉爲最著、培植易而結果多、故其價頗廉、味甘美、食之芳香滿口、性清凉、有解熱潤腸之功、南洋居民、無不嗜食之、雖一日不可缺也、無論平原或山林之間、皆易於蕃殖、居民住屋之旁、亦無不植之、以其樹高葉巨、可蔽烈日熏灼也、花大如荷、作紫紅色、每落一瓣、其蕊即結爲果實、迨花瓣落盡、則果實漸次成熟、一蒂之上、纍纍數十枚、其種類頗繁、而以小者爲最貴、吾國雖亦產之、然種類之佳、不迨南洋遠甚、余居檳榔嶼時、頗嗜芭蕉、尤喜就其濃陰下納凉、眞有臥牽蕉葉題詩句之逸趣、間嘗調查芭蕉種類、列爲一譜如下、雖不免稍有遺漏、而大要不外此矣、

芭蕉之一種

花蕉、（Pisang Bunga）花蕉爲一種長蕉、長約六七寸、黃皮、肉爲紅色、嬌嫩而甜、

尅夫蕉、（Pisang Chcklk Laki）尅夫蕉果曲多生瘤、皮黃、淡肉白而堅結、

鱷指蕉、（Pisang Jarl Buaya）鱷指蕉、果長而狹、長約六寸、而寬直徑祇一英寸、脊明顯、皮綠、肉色淺紅、子常現出、此種香蕉、在馬來

幾個地方呼爲宜宜埋肉亞蕉、(Pisang cigi Buaya) 或踏鈴埋亞蕉、(Pisang Taling Buaya)

棉蕉、(Pisang Kapas or Pisang Putar) 棉蕉果色黃長五英寸、寬直徑二英寸、有顯明之脊三紋、肉白無味、

木棉蕉、(Pisang Kapok) 木棉蕉果大而綠、味苦、僅生於柔佛

火燒蕉、(Pisang Bakar) 火燒蕉、果實中大、熟時色發紅色、

栗子蕉、(Pisang Berangan) 栗子蕉、和王蕉 (Pisang Rajah) 相似、皮黃色、熟時皮上生無數黑點、長四英寸、肉淡紅色、嬌嫩而香、

番仔蕉、(Pisang Bayan) 番仔蕉、爲一種小香蕉、長約三英寸、寬之直徑一英寸、其脊幾不能辨別、惟果端則甚明晰、

暹羅蕉、(Pisang Siam) 暹羅蕉、果堅結作稜狀有時包含許多種子、皮作深黃色若被壓傷、即變爲紅肉白長四英寸、寬之直徑一英寸半、有幾處地方呼爲 (Pisang Awak)

鷄蕉、(Pisang Ayam) 鷄蕉、爲彎曲成三角形的小香蕉、有肋條、皮色黃、當蔬菜用、

石蕉、(Pisang Batu or Tambatu) 石蕉、亦名民加拉蕉、(Pisang Bengala) 爲一種大植物、其果實長四英寸、寬二英寸、其脊分別甚晰、肉纖、包含許多種子、

灰蕉、(Pisang Atu) 灰蕉、皮黃而厚、肉白色、長四英寸半、寬之直徑約二英寸、爲一種燒食之香蕉、有數種較小者、如灰白蕉、(Abu Puteh) 和灰黃蕉、(Abklig) 其分別、在視其成熟果實之花、所受花粉何種爲定、

蜂子蕉、(Pisang Anak Iebeh) 蜂子蕉、爲一種綠色而白肉的香蕉、長約三英寸半、

第三章　調查

【檳榔嶼異名考釋】　(一) 檳榔嶼以盛產檳榔得名、此名最通行、然今本嶼檳榔並不甚多、豈已凋零斬伐殆盡、致名不符實耶、(二) 亦稱檳城今關仔角駐兵之古堡、或即以城當之、未審然否、(三) 一作庇能此爲(Enadg) 之譯音、(四) 或更加(口) 其旁作庇嚨則以道咸以前書籍、凡涉及泰西人地之名輒加 (口)、以資識別、如英吉利法蘭西……等字樣、皆加 (口) 字、庇能

之有（口）、當亦源於此、（五）亦稱新埠夫本嶼之隸英在一七八六年、距今已百三十九年、何可言新、然此名之由來甚古、蓋在未爲英屬以前、華僑足跡已遍南洋目覩英人闢此荒島、遂相呼以新埠於斯益足證吾僑南來之早、遠在此島開闢之先、或謂此名爲當時粵僑所創、未審確否、（六）一作彼南此名出自日人、凡日人所書、皆用此名、蓋亦即（Fenang）之譯音、與庇能二字音頗相近也、（以上爲漢字之異名、）（六）馬來人呼本嶼爲丹絨（Tanjong）丹絨之音、用以稱地者甚多、如此間之丹絨武牙石叻之丹絨巴葛薜廳之丹絨馬林……皆是、（七）本嶼英文名今通行作（Penang）、而在昔亦作（Pinang.）、（在柑子園之紀念碑即寫（Penang.）、今已罕作此者、（牙塞西報即名Pinang. Cazzette）、（八）又其全稱爲（Pulau Penang.）、浮羅檳榔（Pulau）亦爲馬來音、其義爲島、故凡南洋各島之名、多有冠以（Pulau）者、如英屬之浮羅交夷（Pulau Lankawi）登爪島（Eulau Jengol ……及荷屬之（Pulau Rupa）浮羅汝八（Pulau Bengkalis）望加麗（Pulau Medang.）浮羅馬籠………皆是、如此者皆不勝枚舉、在漢字譯名中有（一）全譯者（浮羅交夷）（浮羅馬籠）是也、有（二）略去（浮羅）而不譯者、如只稱（望加麗）而不曰（浮羅望加麗）是也、（九）英文及英文地理書、常稱本嶼爲威而士太子島（Prince Wales Isladn）此中實有一段軼聞、爲斯名之起源、蓋當一七八六年、賴愛特與忒與吉打會長協商而得本嶼、英船入港、在是年之八月十一日、適爲英太子之誕辰、（英皇室成例、凡太子均先封爲威而士親王、即爲將來承繼大寶之劵、）乃建英之國徽于本嶼、而名以威而士太子島藉作入港樹幟佔領之紀念焉、（十）英人又稱本嶼爲（Pearl of the Orelnt）遠東之珍珠、（Oricn 之義爲 farelast）遠東、西人專以稱亞洲東部、（十一）又呼爲（The Cem of Eastern Sea）東方之環賓、（十二）又呼爲（The Eden of the Ehst）東方之極樂園、（Eden）之名、出耶教聖經剏世紀——神話、——或逕譯其音作（埃田）、義與（Paradise）正同、猶佛家所謂極樂世界也、（神話大意、述開闢伊始、天帝摶土成人、乃有始祖亞當夏哇夫婦居

鄉村風景

此圖、此今之人類皆其苗裔、語殊荒誕）今西人竟以本嶼比擬（埃田）、雖似不倫、而足證歐人實醉心此地之清幽蒨秀、信乎景物移情之深、有如是也、

【國內政治不良爲造成國人南來之原因】 予之赴南洋、固爲提倡國貨、但關於華僑事無巨細、莫不悉心調查、以期回國時、報告國人、使舉國咸知海外數百萬僑胞冒險精神之偉大、每歲使國內有二萬萬元之收入也、每考海外移居僑胞、所以有如此巨數者、非國內政府奬勵有以致之、亦非因國內經濟界起大恐慌有以致之、亦非南洋殖民地政府奬勵提倡有以致之、屢思其故、輒不可得、幸在檳城遇友人王君曾譚及此、王君對此頗有見地、所言確係熟知此種情形者、據王君言、近數十年來、南洋各地、國內人民南來者日增月盛、雖爲謀生起見、然遠因近因、尙不在此、要知國內政治之不良、適足造成國人自然的移殖於海外之機會者甚多也、即以最近三百年而論、已屬屢見不鮮、前淸入關、鄭成功遁入海島、擁唐王爲恢復明室之計、嘗進攻舟山及閩南諸府、後以兵敗、退據台灣、從者甚衆、至其子克塽、始爲清兵所破、從者不能安居、遂相率亡命於南洋羣島、此其一也、洪秀全舉兵廣西、閩粵人以地理上之關係、從者甚衆、及秀全兵敗、其黨或亡或降、或逃至海外以避禍、此其二也、中日戰後、台灣被割、台人不服、舉兵以抗、卒以孤立無援、不克遂其初志、而不甘受治於日人者、遂相率移於南洋羣島、此其三也、中日戰後、國勢日衰、有志者、目擊政府之窳敗、日陷中國於危境、而不能振拔、遂爲革命運動、以謀挽救、顧革命之舉、屢試屢敗、而政府之壓迫、亦日益加甚、革命同志、或與有關係者、更難安居國內、遂又相率避禍於海外、此其四也、辛亥革命後、國內政治、儼若羣雄割據、兵威所及、苛政隨之、其行爲、較君主專制爲尤甚、十餘年來、兵匪交加、其害無異於洪水猛獸、安分小民、無處托身、遂相率避居南洋羣島、此其五也、夫在海禁開放以前、私自出洋者論罪、然其勢猶不敵南洋寶庫之吸引力、今益以政治之壓迫、無怪國人羣視南洋爲世外桃源、而相將以赴之也、

【繭紬之失敗】 山東靑島附近各縣、人民習於航海、不畏遠行、距今二三十年前、有少數人泛海而南、由香港轉入南洋各埠、無以爲業、惟售賣山東土產之繭紬、因言語不通、又乏鉅大資本、不能設肆生理、則皆負重包、沿街叫賣、華僑及馬來人試購服之、質柔而體輕、涼爽異常、且顏色適宜、不必時常洗濯、於是大表歡迎、紛紛購用、而繭紬之銷路、一時大暢、靑島人南來者益衆、布商又以貨品供給之、營業既盛、每年獲利不貲、昔之携數匹繭紬來此謀衣食者、不數年皆儼然巨商、擁資十數萬矣、其後有不顧大體、妄圖厚利者、以

次貨廉價出售、初果銷路甚旺、獲利獨厚、同業受其影響、亦競以次貨求售、因是價日貶、而貨日低、購者乍視之、與曩日之貨無異、迨一經洗濯、頓即薄如蟬翼、遂以爲此輩奸商、直與詐騙無異、從此相戒不復購用、而繭紬之營業、乃一落千丈、今日各埠中雖尚有業此者、然視昔日之盛、不啻霄壤、豈不大可惜乎、聞新加坡業此者尤多、已組織團體、力謀挽救之策、檳城業此者寥寥無幾、各不相謀、日負重包、奔馳烈日中、所至無人過問、竟日所獲、常不足兩餐之用、其情可恨、其狀亦殊可憐也、

中華總商會

【檳城社團一覽表】

(1)平章會館　觀音亭前　(2)乃倉公所　牛車水　(3)中華商會　九間厝　(4)廣福居　北索路　(5)檳城閱書報社　中路　(6)閩南別墅　車水　(7)台山會館　大伯公　(8)麗澤社　港仔墘　(9)晉江會館　汕頭街　(10)明新社　台牛巷　(11)韓江公會　吉寧街　(12)輔友社　實仔呢巷　(13)清芳閣　中路　(14)安溪會館　色乳港　(15)南安會館　檳榔律　(16)燕閒別墅　大門樓　(17)建陽公會　加勝威　(18)友蘭亭　蔥蘭亞珍　(19)惠僑聯合會　火車路　(20)小蘭亭　蓮花河　(21)香山會館　大伯公街　(22)鴻雪盧　汕頭街　(23)蓮花閣　牛車水　(24)雙輪公所　汕頭街　(25)椰肉公所　海墘新路　(26)商業俱樂部　汕頭街　(27)樹乳公所　一各檳城路廣東街　(28)集商公所　一各檳城路　(29)清慶社　吉寧街　(30)嘉韓別墅　蔥蘭亞珍　(31)廣肇會館　未詳　(32)僑南公所　車水　(33)絲亞絲打球公館　三角田　(34)五福書院　牛干冬　(35)增城會館　未詳　(36)呂羅行　汕頭街　(37)魯班行　義福街　(38)興和行　義福街　(39)剪髮行　汕頭街　(40)機器行　牛干冬　(41)魯藝行　汕頭街橫街　(42)車衣行　日本街　(43)小鄉環　蓮花河　(44)檳城體育會泗水俱樂部　檳榔律　(45)永大會館　打鐵街巷　(46)增龍會館　未詳　(47)永春會館　未詳　(48)檳僑維善社　未詳　(49)華英聯合會

未詳　(50)西福堂　日本街　(51)邱氏文山堂　新打路　(52)謝氏公司　本頭公巷　(53)周氏公司　汕頭街　(54)張氏公司　畬田仔　(55)李氏公司　色子乳巷　(56)梁氏公司　色子乳巷　(57)陳氏公司　打鐵街　(58)林氏公司　中街　(59)楊氏公司　柴路頭　(60)王氏公司　檳榔律　(61)許氏公司　牛車水　(62)陳氏會館　大伯公街　(63)梅氏會館　廣東街　(64)胡氏公司　大街　(65)惠州會館　鹽魚埕　(66)吳氏公司　二條路　(67)黃氏會館　廣東街　(68)邱氏龍山堂　大銃巷　(69)黃氏宗和社　火車路　(70)黃氏紫燕堂　泍水港　(71)古城會館　吉寧街　(72)務德會　檳榔律　(73)存義社　義興街　(74)嘉應會館　大伯公街　(75)寧陽會館　大伯公街

霞陽植德堂

【最新之三社團】　檳城新式團體、有麗澤社明新社並輔友社三處、(一)麗澤社爲陳民情諸君所辦、社址爲港仔墘中一巨樓、前爲空地、樓之四圍爲院落、樓下一邊爲閱書報室、一邊爲美術室、樓上附設麗澤學校、有學生三四百人、校長溫君吉成熱心敎育、成績甚優、樓外空地、爲網球塲、該社有社員五六百人、皆通國語、時常舉行美術展覽足球比賽等會、其足球比賽、恒分已婚者與未婚者爲兩隊、藉以比較其體力之優劣、其結果未婚者多佔優勝、已婚者往往失敗、實一有趣之試驗也、余常至社中閱書報、極蒙社員招待、觀其各種美術品、莫不精妙異常、可謂南洋各埠中最講美術之團體也、(二)明新社社長謝君丕意、辦事員劉君寬生、社址台牛巷一樓一底、外無空院、樓下前爲書報社、後爲運動場、樓上爲新劇部、亦附設夜學校、社員不下千餘人、最注意體育音樂戲劇各端、門內懸油畫一巨幅、上繪巨獅、以示尚武之意、爲楊君曼生手筆、姿態生動、極能引人注目、余往閱書時、社員招待之亦甚至、(三)輔友社設於賽仔呢巷、其地距市稍遠、故樓房較寬大、花木甚多、總理爲連君、某日前往調查、適値舉行紀念會、會員及來賓到者甚衆、並有馬來婦女跳舞、以娛來賓、社員多不甚嫻國語、故於內容未能詳細調查也、

【精武體育會】南洋各埠地、當熱帶之下、居民身體多弱、又兼終日勤動、致力於工商職業、無運動之餘暇、故其身體尤不易達於强健、識者憂之、乃就學校中提倡體育、時常舉行運動會、冀助學生身體之發育、而使多數觀者、亦有以振其尙武之精神、法至善也、第運動之舉行、年中不過一二次、效果猶未能大著、且運動多近於劇烈、未免稍有流弊、乃進而提倡中國之武術、先於上海創設精武體育總會、繼設分會於汕頭廈門廣州香港等處、更推廣於南洋各埠、新加坡怡保太平吉隆坡以及荷屬各埠、皆有分會、而檳城分會亦成立有年、會所租借戴領事樓房一處、樓上前爲閱書室圖畫室音樂室後爲教職員宿舍、樓下前列各種武器、如刀槍棍棒之類、後爲乒乓球案、中爲閱報室風雨操場、旁爲飯廳及更衣室、更衣室中設多數木格、爲會員更衣之用、並有冲凉室、頗寬敞、樓旁有大操場一區、爲公共操練之地、房屋寬大、設備完整、檳城各會所、當以此爲最也、會中設總理及常川董事、庶務文牘各職員、總理不常到會、每月獨力捐助大宗款項、常川董事一爲黃君森榮、一爲郭君天麟、庶務員爲徐君又芬、教員爲劉君致祥、直隸人、武術極精、由上海總會特派者也、會員共數百人、月納會費一元、常日到會操練者、約百餘人、日分早晚操練二次、早操上午五時至七時、晚操下午七時至九時、初學者概由潭腿入門、後乃及於太極八卦少林形意諸門、凡在會練習者、無不精神滿足、身體强壯、具有尙武精神、詢强國之始基、衞生之要道也、又會中職教員以至會員、皆精熟國語、亦一特色、

明新社社長謝丕意先生

【報館】檳城現有報館三家、一爲光華日報、爲國民黨機關、有清之季、革命要人亡命時、多曾任其主筆、至今猶竭力鼓吹、曾不少懈、館設台牛巷十六號、其編輯則陳君宗山也、一爲檳城新報、成立最早、規模甚大、向屬康梁一派、並附出英文日刊、聘英人主筆、其經營至爲發達、館設港仔口五九號、經理爲林君成輝、編輯則湯君日垣陳君廷藩也、一爲南洋時報、亦國民黨之言論機關、規模營業、視前二報頗堪鼎足、其經理爲何君瑞書、編輯爲玄玄、館址則在本頭公巷子十八號也、

【光華日報】該報發行於一九一零年之十二月二十日、（清宣統二年歲次庚戌十一月初一日）前乎此而以「光華」名義創報失敗、半途而蹶、而再接再厲者屢矣、蓋自孫黃汪胡來檳榔嶼鼓吹時代、即思創一報館、股欵經已招足、定名光華、（是光華兩字之肇始）繼爲一九〇七年錫價暴落之影響、未能出版、乃將「光華」名義移轉於仰光同志所經營之報、主筆政者爲尹天民居正覺生楊秋鴻劉思復等、未幾經理編輯被放逐、光華遂停版、（後改進化報）仰光之光華報謀重整旗鼓、而以遭掣肘中止、乃謀恢復於檳城、幸克有成、即綿延至今之光華日報也、該報出版不逮一年而已窮於周轉、拮据萬分、經濟壓迫、勢將停辦、適其時諸同志以東京民報被日政府勒令停閉、銳意圖恢復、於本嶼四出募股、應者頗踴躍、集股萬餘元、乃定期出版、業經宣布於本報矣、而武漢起義之消息破空而來、同志大喜過望、羣思戮力以贊助光復之大業、其時原擬請主編輯民報之宋敎仁遯初、已由滬至漢馳驅國事、且義師既起、民報不特慮編輯之乏人、抑亦無出版之必要、於是仍由諸同志議決、以此股欵移併光華該報乃得藉以維持、年復一年、營業寖盛、基礎始獲鞏固、實重興民報之一舉、爲之續命湯、而該報所由以借屍還魂者也、各埠之與該報宗旨不謀而合、後先接踵以興者、固非少數也、姑就所知略舉之、如香港中國日報爲最早、東京民報（月刊）爲最著、巴黎新世紀報爲吾國英法留學諸君所合組、南洋方面如星洲張永福陳楚楠發起之圖南報及諸同志共組之中興日報仰光同志發起之光華進化緬甸三報、暹羅蕭佛成所辦之華暹日報又有周之貞郭漢圖林華舫與諸同志所辦之星洲晨報、黃吉辰與諸同志所辦之南僑日報、吉隆坡阮德三與同志所辦之僑聲報（非今之暹京之僑聲報）如雨後春笋怒茁、皆激於時代潮流之必要、而應運以生、與本報異地輝映、銅山洛鐘、東崩西應者也、凡茲各報與該報所同負之使命若何、在今日可以毋待繁言而默會於

光華日報十年前全體同人撮影

心、祇須舉先總理爲中報(最近五十年)所作「中國之革命」一文中之一節、便可了然、先總理之言曰、「余於乙未舉事廣州不幸而敗、後數年始命陳少白創中國日報於香港以鼓吹革命、庚子以後革命喧傳驟盛、東京則有戢元丞沈虬齋張溥泉等發起國民報上海則有章太炎吳稚暉鄒容等借蘇報以主張革命、鄒容之革命軍章太炎之駁康有爲書尤爲一時傳誦、同時國內外出版物爲革命鼓吹者、指不勝屈、人心士氣於以丕變、及同盟會成立、命胡漢民汪精衛陳文華等撰述民報、章太炎既出獄、亦復延入焉、民報成立、一方爲同盟會之喉舌、以宣傳正義、一方則力闢當時保皇黨勸告開明專制、要求立憲之謬說、使革命主義如日中天、由是各處支部、以同一目的發行雜誌日報書籍、且以秘密輸送於內地、以傳播思想、學校之內、市肆之間、爭相傳寫、清廷雖嚴禁、末如之何也、」上舉各報皆在辛亥以前、於中華民國之建立、或雄鷄呌旦、或吶喊助威、皆有靖獻之勞、然其或僅數月、或半載、或一年、或二三年、……或困於財力、或阨於強權、此仆彼起、起而又仆者相繼也、故自民國成立以還、迄于今歲、而各報中之留存於世者、僅該報與暹京之華暹新報(即上述之華暹日報)而已、迨今夏華暹新報又以被封閉聞、至是環顧海內外、在民國以前、以光復華夏爲職志而設之報社、猶得延綿其運命、以倖存於人間世者、亞東大陸、魯殿靈光、僅該報一家而已、

【書報社】　檳城書報社設於鍾靈中學校樓上、其成立甚早、蓋清季革命黨人之居南洋者、皆以書報社爲機關、檳城地方重要、黨人之踪跡尤頻、故書報社之成立、亦先於他埠、迨至最近始於樓下設立鍾靈中學校、而樓上則仍不改書報社之舊觀也、余居檳城時、曾至社中調查、所備書報至多、內容亦宏敞整潔、但因樓下設有學校、故每日閱書報者、殊寥寥無幾耳、茲將社中所備報紙名稱列下、亦足以覘該社辦理之完善矣、

報名	地址	報名	地址	報名	地址	報名	地址
南洋日報	蘇門答臘日里棉蘭	南鐸日報	新加坡	南洋商報	新加坡	南洋時報	檳榔嶼
民鐘報	廈門	民國日報	上海	民聲日報	汕頭	民號報	菲力檳
江聲報	廈門	大光報	香港	大嶺東日報	汕頭	天聲日報	巴城

新新日報	北京	新國民日報	新加坡	天聲日報	汕頭	新聞報	上海
中國晚報	上海	中華民報	暹羅	南圻華僑日報	安南	仰光日報	仰光
叻報	新加坡	益羣報	吉隆坡	三寶壟日報	三寶壟	緬甸新報	仰光
蘇門答臘日報	蘇門答臘	覺民日報	仰光	泗濱新報	泗水	工商日報	八達維亞
檳城新報	檳城	光華日報	檳城	眞言日報	汕頭	中報	上海
時事新報	上海	漳州新報	漳州	湘報	湖南	總匯新報	新加坡
時事新報	漢口	消閒鐘	新加坡	實業促報	上海	福建日報	福建省城
華字日報	香港	巴達維亞日報	爪哇	新報	爪哇	厦門週刊	厦門

【鍾靈中學改組之經過】 鍾靈中學校之發起、因本嶼中學停辦兩年、高小學生畢業後升學無門、教育前途、大爲缺點、學商界人士有鑒於此、爰於民國十一年十一月十一日、在校開大衆會議、是日到會者甚形踴躍、一致贊成就鍾靈學校舊址、組織中學、兼辦小學、定名鍾靈中學校、當時在場公舉籌辦員十二名、許生理、呂穀由、陳民情、林如德、劉惟德、林地基、韓文波、陳俊卿、林振成、林啟裕、王景成、謝不意、授以完全之責、積極進行、於是設立籌辦處、各籌辦員、籌謀經營、進行不懈、而該校因以成立、茲將該校籌辦情形、分爲三時期、詳其經過如下、(一)提倡組織時期、籌辦員等、負大會之重托、受專權之責任、當將原有之鍾靈學校全部組織、預定種種計劃、以爲實行之張本、於是校舍全部招工修理、掃刷灰水、氣象煥然一新、遂即編配各部、列明於下、(甲)辦事處、(乙)講演堂、(丙)圖書室、(丁)教授室、(戊)體操場、(巳)化學博物室、(庚)會食處、(辛)休息所、(壬)教員預備室及寢室、(癸)學生寄宿舍及學生商店、其餘練習體育器具、應有盡有、凡諸種種之組織、皆在籌劃之間、地址既已適中、各科略具規模、則預算經費、聘請教員、招生廣告、不容稍緩者也、於是定於每星期一日召集籌辦員會議、討論一切進行、冀收集思廣益之效、(二)實行籌辦時期、十一年十一月二十一日、開第一次籌辦員會議、公推許生理爲主席、籌備開辦經費、以爲後盾、當提議特請明新、麗澤兩社演劇籌款、表決專函於明新社、請於

一個月內、登台扮演、對於麗澤社、作同樣之請求、迨得明新社覆函贊成、即籌備演劇手續、一方面登報鼓吹、一方面選舉演劇職員、分頭辦理、並推舉內外坡各界熱心教育之士、為賣票員、担任賣票、召集演劇職員會議、訂定開演日期、即十二年一月六七日兩晚、假一景園為劇場、是為明新社第一次登台開演也、各籌辦員、於演劇前二日、沿街賣票、購票者甚形踴躍、結果所收之款、不下千元、座位幾有人滿之患、而台內助捐者、有致領事淑原及楊元紘林輝垕黃文棣楊振基謝楠田諸君、計收捐款七百二十元、合賣票之款、共收洋七千九百五十元、除一切用費外、實銀六千零三十七元二角八占正、更有葉清緗君特別捐助一百元、成績之佳、為從來所未有、又當前年華僑中學校之開辦也、購置圖書儀器博物化學試驗諸用器、所費不貲、迨停辦後、有寄存原址平章會館者、有搬於中華領事署者、亦有暫借於中華學校者、經幾次之遷移、不無散失之虞、況管理乏人、亦有被竊毀者、甚為可惜、當經籌辦員提議、選派許生理韓文波陳俊川陳民情四君為代表、向戴淑原領事作一度磋商、商借各種圖書儀器、幸蒙戴領事慨然允諾、遂派人往各處遷移於本校分科陳列、是中學開辦之速成、戴領事之為力不少矣、且教育之振興、端賴教育之良善、教長之得人、籌辦處因此對於教務長之物色、特別慎求、以期聘就相當之人才、執行教務、當有康伯鏘君介紹池君尚同擔任斯席、因池君曾任集美中學校長、品學兼優、富有經驗、如果聘就、甚為合格、即致電徵求同意、迨接覆電、謂池君他往別就、事遂不果、更由陳由義君紹介顧祥麟君担任之、顧君字因明、上海復且大學文科畢業、歷任上海浦東中學校學監、歷史地理英文教員、南洋中學地理英文教員、總務處辦事員、西區高等小學西區兩等小學校校長、現遊歷日本攷察東洋教育狀況、於是專電東京徵求同意、嗣接顧君來電表示願就、預備南來就任、教務既得人、各科教

鍾靈中學校

員遂亦分別選定、茲列芳名於下、（甲）教務長顧祥麟（乙）國文史地教員汪起予（丙）國文理科教員陳少蘇（丁）國文算術教員吳學敎（戊）國文圖書體操手工教員王寄鷗（己）英文教員梅英榮（庚）英文教員林世榮以上教職員既已選定、即專函聘請訂立關約、以十二年一月一日起實行任職、（三）正式成立期、民國十二年一月二十日、本校正式成立舉行始業式典禮、是日學生到者、九十七名、由主任汪起予君、率全體學生進禮堂、籌辦員教職員及來賓均蒞場行禮、秩序如儀、濟濟一堂、頗極一時之盛、輪流講演、咸以振興教育爲前提、時將薄暮、始全體攝影茶會而散、越日實行試驗、二十三日實行授課、先設三班、即中學一年級爲一班、高小二三年級爲一班、高小一年級爲一班、並備有宿舍、可以收容多數之寄宿生、適陳君維明介紹吉隆坡學生五名、要求寄宿、擬交膳費每月十元、以優待外埠有志求學之學生、更有報名而未到校者數人、於是提議擴充宿舍、將連接之後屋一座、從新整理、以求適合衛生、遂招工包辦修理、即日鳩工庀林、限三星期告竣、中經工部局之干涉開窗事、稍費時日、幸蒙批准、今已煥然一新矣、自開課以後、學生每月增加、由九十餘名而達百三十餘名、故課堂亟應添設一班、計四班、以符原定計劃、將來尚須增設補習一班、顧祥麟君遂編訂教授時間、詳查學生程度、參訂新學制以備下學期之實行、本月下旬舉行考試、藉悉學生之成績如何、而籌改良之方法、似此進行、該校前途大抱樂觀、開辦以後數月、合籌辦期內約及半載、對於教育種種進行、自無成績之可言、然規模初立、頗有可觀、將來合策羣力、共圖發展、成效自屬易見、查第十三次籌辦員會議時、提議召集大衆會議、選舉正式校董、經全體一致贊成、乃召開第一次大會、由籌辦員報告籌辦經過詳情、並選舉第一屆董事部職員、選舉結果甚佳、茲列於下、名譽總理戴淑原楊元純、正總理許生理、副總理林連登司理員韓文波財政員黎觀森查賬員劉惟明校董陳清貴（陳氏學校代表）許金鐘（麗澤學校代表）何建瑞（時中學校代表）林廷瑁（益華學校代表）謝聚會（育才學校代表）許瑞廷（明新社代表）莊文棟（麗澤社代表）蔡和合（椰肉貿易公所代表）邱德裕（集商公所代表）謝應瀛（萬錦公司代表）吳如蘭（葱頭公司代表）邱天丹（輔友社代表）曾萬青（齊商公所代表）尤福勝（檳榔律公市代表）陳民情李振和林輝煌戴子丹吳順清林如德王景成謝丕意林振成林啟裕朱仁裕何如梁陳由蔡王德清潘正昌伍隆學陳俊卿林地恭吳裕再黃文吉蔡六合顏金葉林福全黎健行鄒穎南謝敬章劉寬生等諸君子是也、該校設在嶼之中路門牌六十五號、東北右爲 Lorong. Susu、左則與華人義勇隊公所相隔、後爲Irving. Road校前及左右三面圍以鐵線、徧種花木、其內有一四方形之小操場、屋分三座、前座爲洋式樓、左右有梯、上室凡三、前爲列器室、內藏鑛植物標本、右爲中一教室、左爲高小三年教室、兩室多窗、以故光線極足、中央爲藏書室、亦爲學生之休息室、樓後有一小陽台、樓下右爲高小一年教室、左爲高二教室、兩室之中央爲禮堂、平時爲閱報處、兩室之前有車架、學生置脚踏車之處、後有走廊、內置椅桌、爲教職員休息處、第二座爲中國式樓、上有三室、即教師之寢室也、樓下亦分三室、右爲教師預備室、中爲辦事處、左爲校工室、校工室側、有小平屋三、左爲儲藏室、中爲浴所、右爲校工室、此室狹小、空氣不佳、光線太缺、於衞生上甚不適宜、第二座之旁、有一平屋、爲廚房、隔壁爲厠所、凡三所、廚房與厠所相連、於衞生上尤不適宜、第三座在第二座之後、屋亦中國式、樓上爲寄宿生之宿室、窗多空氣光線亦足、樓下爲寄宿生自修室、旁爲學生會食處、此則該校大概情形也、

【雨具】　南洋地居熱帶、海水又多、因之雨量甚大、大約間一二日必雨、故雨具尙焉、雨具初以橡皮雨衣爲最流行之品、皆歐美及日本所輸入、近來陳嘉庚公司仿製橡皮雨衣、物美而價廉、足以抵制外貨、大爲僑胞所歡迎、然稍優之品、每件尙需三四十元、價既匪輕、攜之亦殊不便、故普通勞動之人、皆舍雨衣、而以雨傘爲常用之物、於是雨傘之輸入大增、現雖無確實之統計、但總額價値之鉅、必有可觀、考雨傘輸入之來源、惟中國與日本、中國輸出雨傘之港口爲上海與福州、日本則爲神戶、此外並無其他之來源、因此南洋各市場上、中日兩國之雨傘、遂立於對抗之形勢、茲將日本商人對兩國雨傘之批評節譯如下、

小販以雨傘遮日光

(一)日本雨傘輸出時、紙上塗油不十分乾燥、致販賣時各骨節重疊、間不易張開、即十分留意、將其張開、而因油紙緊疊以致破裂、此種損失、遂由販賣者擔負之、中國雨傘、則無此種情形、即有之、亦較少、

(二)日本雨傘、塗油質地、容易改變、因改變而起破裂、中國雨傘則無此弊、

(三)日本雨傘竹柄製作不佳、開閉時皆甚困難、

(四)日本雨傘骨節轆轤製法不佳、時有脫落之弊、

(五)日本雨傘油紙厚薄不均、因之不得顧客之歡迎、中國雨傘體裁與形式雖不甚佳、但價値極低、又耐久力强、故土人均喜用之、

(六)日本雨傘亦有長處、其形式旣優美、並用紅色綠色等顏料、繪花鳥於油紙上、較中國雨傘形式及點綴之拙劣者爲佳、因此亦相當受一部分土人之歡迎、

(七)日本雨傘因花樣及點綴比中國雨傘爲高尙、故甚得居留歐人之歡迎、此後吾人應自覺日本雨傘之缺點、努力改革之、並專心研究及發揚已有之長處、如傘形之改良、及柄上之裝飾、(例如傘股之長十六寸以至十八寸、竹柄之長三十寸乃至三十二寸等各樣式之講求)及塗油紙之改良等、

觀日本人所言、似中國雨傘較日本雨傘製作尙優、但吾人平心而論、中國雨傘形式惡劣、竹柄及油紙上之點綴、尤不美觀、以視日本雨傘之形製花式、實難與之競爭、故日人之稱美中國雨傘、並非實情、乃藉以促進彼國製造雨傘者之自覺耳、日人對各種製造事業、無不精益求精、我國從事於製造雨傘者、若墨守成法、在工業藝術方面不求改良、則將來南洋市場上、必無我國雨傘之踪跡、甚望我國製造雨傘與販賣者、雙方猛醒、速謀改良之方法也、

【日本商店調査表】 南洋商業權操於華僑之手者、久矣、近則日本人起而與爭、各埠皆設商店、雖爲數不多、而駸駸乎有突飛進步之勢、至其遊歷者調查者、歸而著論、所以策勵其國人者、尤令吾人心爲之驚、而氣爲之奪焉、檳城非大埠也、日人經營其間、爲日亦非久也、而調査所設商店已有三十餘家、則其進步之速、能不令吾人望而生畏乎、茲調査日人商店種類、列表於下、以供我僑商之參考焉、

	店名	地址	營業
1	K. Matsus	Bishop Street	牙醫
2	Nakamura	Bishop Street	牙醫
3	Tanaka & Co.	Bishop Street	雜貨商

4	Takisatsu	Bishop Street	映相
5	Daibutsu	Bishop Street	雜貨；整錶；裁縫，洋鞋，刻圖章。
6	T. Nagato	Bishop Street	牙醫
7	Japan Bair	Bishop Street	理髮
8	Japanese Hyg	Bishop Street	理髮師
9	Asahi Hotel	Penang Road	旅館
10	大阪商店	Penang Road	玩具雜貨
11	彼南藥房	Penang Road	藥房
12	No. 55	Macalister Lane	私家旅館
13	No. 57	Macalister Lane	私家旅館
14	Daruma Hotel	Macalister Road	旅館
15	八千代旅館	Macalister Road	旅館
15	Penang Hotel	Chulia Street	旅館
17	日本牙醫院	Chulia Street	藥房
18	Fugiya Hotel	Chulia Street	旅館
19	稻渡商店	Chulia Street	大阪賣商
20	田中支店	Campbell Street	大阪賣商
21	T. K. Tailor	Transfer Road	裁縫
22	三巴那旅館	Transfer Road	旅館

碼頭

23	Slamat Hotel	Transfer Road	旅館
24	近藤理髮	Leith Street	理髮師
25	Nippon Hotel	Leith Street	旅館
26	Umeya Hotel	Campbell Street	旅館
27	三井洋行	China Street	樹膠棧房並辦事處
28	鶴田大藥房	China Street	化粧品幷仁丹等藥
29	T. K. Hotel	Madras Lane	旅館並染工
30	Perak Hotel	Hutton Lane	旅館
31	The Hygienic	Argyl Road	理髮師
32	Mikado Hotel	Chulia Street	旅館
33	Niko Studio	Northam Road	影相
34		Campong Malabra	鉛製玩具

【碼頭】檳城碼頭有二、第一碼頭對岸爲北海、距北海一里餘、即渡來車站也、碼頭伸入海中、上爲鐵棚、下設鐵軌、輕便小車、載貨物行李等、以人力推之、往來其上、極爲便利、其盡端處、則左右展開各數丈、以備渡船橫泊其旁、渡者由是上下、較便利也、渡船兩艘、一來一往、凡赴北海或渡來車站者、皆須乘以渡海、其開赴各埠之輪船、值潮長時、亦須泊於碼頭、又有小艇亦可乘之渡河、俗所謂划子船也、不過每遇風波、則顛播殊甚、不慣航海者、頗以爲危也、第二碼頭在關子角、亦有渡船往返、北海須先購票而後登船、其往來運貨划船、多就海濱支架木板上下、余每至晚間、常喜至碼頭乘涼、覩海面船舶往來如梭、燈火煌煌、如萬點明星映射水中、又見往來旅客、攜帶行李、僕僕其間、忙碌之狀可掬、觀其熙攘往來、無非爲名利二字所使、不覺爲之一嘆、

【公市】檳城有公市一處、內容組織與國內各地之市場同、當此公市未創辦之前、其地一片荒凉、僅有少數冷落汚穢之破屋、行

人過之、未有不掩鼻而趨者、迨歐戰後、樹膠市價暴落、失業者不計其數、欲營商業則無鉅大資本、即有資本、亦因商場冷落不敢出鉅資以營之、然而終日無所事事、亦殊覺無聊、於是置辦零星物品、就街頭路旁售賣、藉以度日、常共尋覓營業地點、時適有多人議論、謂有一處地方寬闊、距新街不遠、且在檳榔律之旁、將來商業必可發達云云、其地維何、即今公市之原址也、諸人聞之喜甚、競就其地設立陳列所、太平黃君務美其地之主人翁也、乃乘此時、就其間建一長方式之夏屋、內分若干室、即名之曰公市、使原在其間作小本營業者、皆遷入其中、每室日出租金六角、派管理員徵收之、黃君之意、一方可使營業者免風雨飄搖之苦、一方又可使毫無生產之空地、日收數十元地租、一舉兩得、何樂不爲、於是冷落汚穢之區、一變而爲繁華富庶之地、現在全市共有商店百數十家、遊其中者、但見貨品山屯、遊客雲集、豈知數年前固一片荒涼空地乎、事在人爲、此之謂矣、

升旗山上吉力旅館

【理髮館】　檳城理髮館、不如新加坡之多、其爲粵人所開者、僅兩三家、內容頗不完備、器物亦殊不清潔、吉寧人所開者雖不少、室內亦較清潔、然其人貌既黑醜、又赤其二足、兩耳上綴環、身上時作狐騷氣、令人覩之生厭、聞之欲嘔、故人多不樂就之、惟遮花河有日本人所開者一家、內容整潔、並有一女理髮師、其貌頗美、手藝亦甚精細、富商大賈、每樂就之、但其剃面時、用力失之稍重、往往令人作痛、余曾試之、後不復往、而一班資本家、悅其美不覺其痛、非其人理髮不快也、又有一日本理髮館、內附眷屬、一少女方讀書、兼執理髮業、所謂半工半讀者也、爲人剃面藝至精而手甚輕、但覺滿面輕鬆、毫不痛楚、故余每樂就之、每次約需一元上下、以此較彼亦不爲昂也、

【旅館狀況】　檳城規模較大旅館、皆廣東人所營、多設於市中繁盛之區、與妓館接近、余雅不欲居之、乃住城南旅館中、館址係就資本家住宅租用者、中爲宏大樓房、上有望台、四圍皆有空院、室內本甚寬大、因不適用、而以木板隔之、劃爲小屋、不特旅客往來、足音雜沓、即彼此言笑、亦隔壁可聞、余爲所擾、往往終夜不能成寐、且不備飯、早晚須令飯館專送、尤感不便、至日本人旅館、多携有眷屬、

窺其情景、似近不正當營業、余亦不肯移往、歐人旅館、內容雖甚完美、而旅資太昂、日需一二十元之譜、余更不能移往、因是種種困難、萬不得已、始移至日惹洞居焉、此檳城旅館之大略情形也、

【各種車輛】　檳城土地不廣、交通尤極便利、火車總站、設於北海、一線直達暹羅、一線車至海峽、改乘渡船踰峽、復乘車而至新加坡、電車亦分兩線、一由海邊碼頭至亞逸淡、一由五枝燈往返日惹洞、更有無軌膠輪電車、由海邊經市中、通行於附近各小埠、此皆政府經營者也、各資本家及大商店公司皆有自用汽車、共約數千輛、又有羅利汽車、可隨時乘之、往各小埠遊行、最爲便利、全島亦不下數百輛、馬車不多、以南洋產馬絕少也、至載運重大器物、往來船港車站、皆用雙套牛車、其數亦甚多、若夫人力車、則爲數不過二三千輛、視新加坡僅十之一二、蓋檳城地本不大、而市廛所布亦不甚廣、各種車輛往來頻數、交通已極便利、即無人力車、亦無行路難之感、然而華人爲此牛馬生活、各資本家及有力人士、熟視無睹、不知引爲華僑之恥、而亟思所以廢止之、亦可異也、考檳鑛地膠園及大工場皆不少、如提倡廢止人力車、使車夫改入鑛場膠園等處工作、以二三千人之少數、絕無失所之虞、一反手間、而僑胞之牛馬生活可以免、僑胞之奇恥大辱可以洗、況菲律濱及荷屬各埠、早已實行禁絕、以新加坡人力車之多、而其間有力人士、並各報紙、亦已起爲廢止之運動、諺曰、當仁不讓、檳城有力人士、復何憚而不迅起圖之耶、

吸煙者

【烟館】　南洋英屬各埠、對於吸食鴉片、絕不禁止、不唯不禁止、且於中謀大利、徵重稅、以爲行政之常費、斯亦英人對於殖民地特別設施之一端也、吸烟既無禁令、人亦何憚而不嗜之、故以檳城地面之小、而烟館已不下數百家、其他大埠可知矣、烟館之設、率在樓下、室中左右設長木榻、上置煙具及磁枕甚多、烟燈皆爲廣東高罩燈、煙槍爲極粗之竹槍、兩榻共可臥四五十人之譜、每至日昃、則烟客駢集、至則祖其上體、赤其兩足、橫臥榻上、殆滿、後至者幾無隙地、吸時燒極小烟泡、塞入斗門內吸之、數吸而盡、則又燒之、噴雲吐霧、繚繞室中、其樂雖南面王不易也、烟館不售烟膏烟泡、亦無從購買煙土、吸者須在皇家公煙

局賭之、皇家公烟局者、政府所設之煙膏專賣處也、全島分區設立若干處、稍大村鎮皆有之、檳城市中則有數處、其售煙有定時、上午約在十時至十二時、下午約在四時至七時、煙炮以紙包之作三角形、每一元可購數包、每日早晚尚未至售煙時、在門外候之者已甚多、既畏人見、又不忍舍去、徘徊想望、愁苦之狀可掬、更有煙癮大發、涕淚交流、欠申不已者、尤令人可憐可笑也、比時間已至、開門售煙、皆雀躍而前、鵠立以俟、局人以煙包授之、則置掌上頻頻顛之、蓋量其重輕也、聞每年政府所收煙餉稅、不下數百萬、售烟所得餘利、當更過之、在英人只圖收稅、固不惜行此惡政以誘人民於陷阱、而在人民則何若以可貴之身命、有用之金錢、嗜此萬惡之毒物、甘自趨於陷阱而不知覺悟耶、

【鴉片專賣收入之將來】海峽殖民地以鴉片專賣收入、爲歲入之大宗、但自一九二五年、國際聯盟召集之國際禁烟會議之協定成立後、此重要財源、已不能維持其永久、查禁煙協定關係條項云、一俟各種煙國證明已有效之方法、禁止鴉片出口時、各簽約國、即當以必要之手段、減少鴉片之消費、期於下欵所定之日起、十五年內、將吸煙完全禁絕、其下欵又云、國際聯盟理事會、當於適當之時期、任命一委員會、使決定上欵所舉之減少鴉片消費之日期、委員會之決定、即爲最後之決定、簽約國爲英帝國(印度在內)中國日本荷蘭葡萄牙暹羅等、是英屬馬來之鴉片、勢在必禁、明矣、海峽殖民地政府、爲補充此項重要歲入計、遂組織一委員會、擬定設鴉片收入補充準備金、爲三千萬元、一九二五年八月立法會開會時、政府即將委員建議案提出議會、要求通過此計劃、於海峽殖民地財政前途、關係異常重大、故立法會議、雖照政府原案予以通過、而民團體、則頗有議論、皆一致激烈反對、所持重要理由有三、(一)爲後人竊利、而課現代之人民於租稅、政策爲不當、世界各國財政、無其先例、(二)禁煙之期尚遠、三千萬元之補充準備金、已無不足之虞、蓋簽約國中、與禁烟有重大關係者、厥爲中國、而中國之能以有效手段禁止鴉片出口、非內亂平定、難於實現、是關於國際聯盟理事會之任命委員會、使決定實行減少鴉片消費日期之舉、則尚遠也、又查禁煙步驟、自實行之日起、至完全禁絕止、假定爲十五年、是鴉片專賣財源、完全涸渴之期、乃在十五年後、以三千三百萬元基金、按四釐複利計算、二十五年後、可達八千萬五百萬元、以之補充鴉片專賣收入、已屬綽然有餘、(三)難保政府不於補充準備金超過必要限度時、以此欵流爲別用也、當一九二六年末、政府提出第二次自普通歲入項下支出十分之一以加入補充準備金時、(即一九二六年之支出)議員之間、雖亦有持反對論者、然有官

吏議員支配其間、故政府原案、仍得通過云、

第四章　名人

【戴領事】戴領事培元、字淑原、學之大埔人、父爲檳城巨商、兼官新加坡總領事、君性敏慧、喜讀書、稍長益奮勉、經史百家、靡不瀏覽、尤好爲古文詞、時西學甫萌芽、君請於父、聘中外通人、教授諸科學、於英文習之最精、自是博覽西籍、研究政治經濟、融以舊學而貫通之、學識益卓絕異常人、歲丙午、清廷辦賑務、當道薦君担任、卒著勤勞、奏獎員外郎、籤分法部、嗣以父年益高、久缺定省、乃辭職返

戴領事培元

檳城、並迎母就養焉、君居恒以國事自任、每念興國宜先培養人才、因請於父、捐鉅資興辦學校、馳電祖國、聘教員南來、以樹僑學之模範、今檳城彈丸地、而學舍林立、學子如雲、實君之力爲多、民國成立、某星使素稔君名、請於政府、任爲檳城正領事、蒞任後、宣慰僑民、勉以致力實業、無忘祖國、至其興學之熱誠、尤能始終不懈、檳城中小學校十餘所、胥賴其力建設而整理之、此外英荷屬及暹羅各處、凡以校捐請者、莫不捐資補助、卒使將開辦者、得以成立、將停閉者、得以維持、僑界莫不稱頌之、他如修築道路、賑恤水旱兵災、慷慨捐輸、動以萬計、八年夏、檳城米價數增、人心驚惶、因而罷市、貧民無所得食、乘機刼掠、英政府迫以兵力、僑衆益危、君聞警、即函平章會館召集僑商會議、挽救方法、平章會館者、華僑公共議事之所也、是時埠中富商巨賈、見事機危迫、恐爲貧民所嫉、皆避匿不出、羣情洶洶、其象愈危、君深以爲慮、屢與英政府會商、照舊平沽、不復加値、政府堅執不可、君遂提議由僑商自辦平糶、即倡捐五萬元、並向各大商奔走捐募、僑衆聞之、知將有解決方法、羣情少安、英政府感君之誠、經民政長蒞檳會議後、遂不加價、彌巨患於無形、君之力也、余遊檳城時、僑新報主筆湯君日垣往訪之、君謂吾國欲圖富强、興學而外、尤以提倡國貨爲急務、國貨不興、實業不振、民貧而國病、欲期富强、豈可得乎、故君近來對於發達國貨尤熱心

提倡之、君現在雖任領事職、而領館經費無出、所需皆由君墊、已不下數萬元、領館即附設住宅中、君之力任國事、不避艱難、於此可見、

【吳世榮君】　吳君世榮、閩之海澄人、父賈南洋、創瑞福號商店於檳榔嶼、君生長於檳、幼穎悟、好讀書、未冠能文、具儉德、每讀漢書至破觚爲圜斲彫爲樸句、輒嬉然語其家人曰、善治國者、不當如是耶、惟治家又何獨不然、夫爲國不儉、終難富强、爲人不儉、尤恐破產、漢文爲一代君主、猶不忍費百金庀露台、况吾儕小民、日入微息、胥從胼胝血汗中來乎、吾家欲興、當於觚圜彫樸四字浣染焉、年未三十、以素封之家、而食不重肉、衣惡錦繡、故檳中長老交口稱之、同吳家有烏布褲子、家道之興未艾乎、蓋君恒服烏布、以節省浣費也、然君自奉雖儉、而於公益事業、則慷慨逾常人、觀於華僑所辦慈善團體、類能捐鉅金、以助其成立可知矣、君頭腦頗新、民國前數年、檳城組織革命機關、實爲發起人之一、君既醉心革命、不遑兼顧瑞福商號營業、遂日形頽敗、辛亥冬、南京臨時政府成立、孫中山電幗北歸、既至、中山率百官以迎、從者樹旂旄羅弓矢、武夫前呵、觀者塞途、人謂自來南僑歸國之榮顯者、君一人而已、未幾腿罹病、不良於行、養疴檳城、所業益不振、居恒撫髀太息、自傷所生之不辰也、余遊檳城時、曾偕陳宗山訪之、君謂我國鑛產甲天下、國民不能集資開採、棄利於地、殊爲可惜、倘我腿疾全愈、必實踐此言云云、於以見君之抱負矣、君之腿疾、余曾勸其將始末病源、登諸報端、廣徵中西醫學專家、以便療治、君頗以爲然、聞君近感經濟壓迫、政府暨老同志多資助之、

【伍連德君】　伍君連德、粵之台山人、父商於檳榔嶼、君即生於斯、幼肄業於本嶼大英義學、畢業後、留學於英國金橋之奄文紐路大學、習醫科及格物科、一八九九年得醫學士銜、一九零一年得醫學博士銜、畢業後、復遊學於德國荷理大學及法京普士礎大學、一九〇二年回嶼、在吉隆坡醫藥研究社任職一年、迨一九〇四年、在本嶼懸壺問世、醫道大明、人皆視爲今之和緩也、星洲醫學博士林君文慶之妻、與君之妻兄弟也、林君因薦君回國濟世、清政府委君爲東三省考查鼠疫專員、是時東省鼠疫流行、賴君竭力設法防止、疫勢始漸消滅、東人又視君爲今之盧扁焉、君重友誼、孔君天增邃於英文、君薦爲總統府西文秘書、病卒於京、君爲之治其喪、恤其孤、人以是益重之、民國十二年、星洲開萬國熱症研究會、君奉派赴星洲列席、順道環遊馬來半島、所至開會歡迎、觀聽一傾、君曾爲世界華人學生聯合會本嶼分會主席、爲海峽殖民華僑雜誌主筆、爲本嶼戒煙會副會長、其醫學上著述亦多、又常投稿於英國醫藥雜誌、極爲中外醫學界所重視焉、余居南洋時、屢聞君演說、其最切要之語、謂醫藥無論如何精深、只可爲防病之用、如已有病、則非在調

養上勤加注意、不可若罰營藥可以却病、因而恃之、不復以調養爲事、則醫藥之效力、亦甚微矣、其言頗篤實可信、吾國俗有三分醫藥、七分調養之說、即此意也、

【張振勳君】 張弼士太僕名振勳、世居廣東大埔、年十四能文、弱冠出洋遊歷、首至荷屬爲加拉巴某商號經紀、以勤儉自克、久之積有資本、乃購地墾植、歲比大有、家漸豐饒、未幾在怡里植胡椒、又設張裕興公司經營一切商業、所獲益鉅、在日里則創有植樹膠椰子茄菲茶等之笠旺公司及日麗銀行、在英屬文冬則有錫鑛之東興公司、在檳榔嶼則有應接匯兌貨財之萬裕興總公司、他如張裕釀酒公司、汕頭鐵路公司、所需資本類數十百萬、規模皆甚恢弘、又若新加坡、爪哇、蘇門答臘、香港及國內各大埠、皆置有不動產、計值千萬金、此誠我國一大實業家、亦一大資本家也、君既富、每與人道其致富之術曰、商不可無術、然必以正心術爲基礎、不然、心術既壞、徒恃商術、亦不能自立也、或曰、君以一人管數十事業、又何其多能、君曰易耳、昔屠牛坦一朝解十二牛、而芒刃不頓者、所排擊剝割、皆衆理解也、吾之能管多業、不外此理耳、雖然、其始也、必勤必儉、否則小康且難、遑論大富耶、君性好善、汕頭大埔等處房屋甚多、凡能自成一街者、其名必以善字爲之冠、意在將以所收子息、作善擧也、歲甲午、天津一帶多災、開順直賑災捐、君首捐銀三萬兩爲倡、檳城至清末猶未有學校、以敎華僑子弟、君捐資八萬元、創設中華學校於港仔墘、校舍與西學校比鄰、而宏麗殆猶過之、此擧其犖犖大者、他如星洲、吧城各埠、及國內各地、凡關於興學賑災恤貧諸善擧、莫不捐以鉅資、雖無從確查其數、然就報紙所載、亦可知其大略矣、君於清季曾任檳榔嶼副領事、遷新加坡總領事、以辦學有功、晉授太僕寺正卿、兼南洋管學大臣、民國肇造、工商部聘爲高等顧問、僑界榮之、五年八月疾卒於吧城、踰十年、余至檳榔嶼、參觀中華學校、校中供君泥塑遺像、高二尺許、著長衫馬褂、狀貌凝重、足以表現其明幹有爲之才也、

【朱和暢君】 朱君和暢、粤之台山人、字進惠、別字自成、年十六、赴檳榔嶼習商於悅興布店、踰三年回鄉省親、已乃辦土產雜貨至馬來海峽各埠發售之、又購南洋物產回國貿易、如是者數年、所獲甚豐、始開永利源商號、自立門戶、以展其鴻圖、雖年方冠、而商業知識之充足、商界翕然推之、於是投資者、皆信君而不疑、古林新源當、魯乃新興當、吉礁興源當等十餘家、並擧君爲總司理、現仍任古打華源當、班茶宏源當、日落洞兆源當四間店總司理、綜核精密、人不能欺、又自設永裕源估衣店、在吧東色海置樹膠園百五十餘朗、

外理公司、內顧商業、隨宜措置、裕如也、民國七年、庇能寧陽會館舉爲主席、即以會館倡辦爲台山學校、又倡辦台山衛生所、君令聞日廣、中華總商會台山學校商務學校鍾靈學校皆推爲董事、南華醫院歷舉爲總協理、其見重於商學界也如此、若原籍辦學校、辦書報社、辦鄉團、君尤盡力捐助、以示其愛國愛鄉之本、自奉甚儉、而於公共事業則不稍吝、排難解紛、扶危濟困、皆視爲分內事、君年方四十有三、盛德日新、烏能窮其所至耶、

【鄭雲亭君】　鄭君雲亭字慶年、閩侯人也、父秉祥宦勞政界、頗負時望、君篤學能文、壯歲遊南洋檳榔嶼、歷任大商號書記、凡二十年、其後忽有感於秦韜玉爲他人作嫁衣裳之句、始與友合資開張普通公司、躬理庶事、具此壯志雄心、前途殊未可量也、君性豪俠、交友披腹心示情愫、人以是推重之、檳城社團、如商業俱樂部閩南別墅明新社三山公所維善社檳僑公所等、皆嘗任重要職務、因之遇有賑災恤難事、出而號召、無難得羣力促成之、君素有周郎癖、演崑曲尤佳、少年時偶值社會經濟發生困難事、即粉墨登場、引商刻羽、聞者咸爲之擊節、君誠雅人哉、

【林振成君】　林君振成字松齡、原籍閩同安濠泥社、而誕生於南洋日里埠者也、幼年家貧甚、幾不能生活、倚其叔父爲生、君年十三來嶼、讀於平章義學約二年半、隨其三叔返里、十九歲復來嶼、初到任開成號洋貨攤（該號排列中街忠源店口、南洋人以攤爲杯子店）雜役、東主以君勤慎、陞任源成攤號事、乃薪水紅利積聚於東主處、未數年東主染病、攤號不支而倒歇、君之存積悉歸烏有、年二十二娶妻、二十三歲與友人合資、仍營洋貨業於寶發號內、旋以屢不利、傭於錦泰興號、至二十四歲移任謝某君洋貨業司事職、君是年頗多積蓄、無何與林文敍林啟裕二君合開張裕號、仍業洋貨、十年來頗有盈餘、然以施濟事揮霍不已、故未能以素封聞、君素慕陳嘉庚之爲人、於檳城林氏九龍堂學校、深欲有所擴充、故民三民四與林君有汜林君淑益等、共至過港一帶勸募、基金既足二萬元有奇、忽生阻力、事中止、現惟致力於福建女學校、被推董事、又發起鍾靈中學、而麗澤社聞君名、推爲協理、明新社更推爲社長、平民工廠亦爲協理、以上三社團、爲本埠卓卓之教育機關、自非熱心如君者、不能當此重職也、君於辛亥改革國體之役、雖非爲同盟會員、而傳播革命先鋒、及東京民報各處革命報紙、深資得力、以春秋誅心論、亦堪稱爲贊成共和者、

【陳民情君】　陳君民情福建思明禾山人、幼隨父商於檳城、最後與其兄新政民志等、開有寶成商舖、巨號也、得志後、對於國家

社會事、捐資出力、懇懇款款、大有樂此不疲之概、尤著者、辛亥前數年、則入會同盟、與同志誓除滿清、計前後革命數次、無次不與其事、慨捐金錢、民國後、與衆倡辦鍾靈中學及福建女校、厥功尤偉、余初至檳城、人地生疏、經君特別優遇、到處指示、對於各社團各學校多為君所介紹、熱心慷慨、令人感之、

【戴子丹君】　戴君子丹、字紱能、廣東大埔汶上人、年二十二、始南渡、時同族忻然公、執南洋商界之牛耳、且知人善任、一見君、大相期許、以爲可大受也、遂委掌管鑰、稽出入、多勝任愉快、凡商務家務、兼宗條貫、纖悉靡遺、君司理杏春公司、尚有餘力、自樹一幟、經營布衣金銀器及布疋藥材各店、措施罔不裕如、性尤平和、與人交從、無疾言遽色、更熱心社會慈善事業、常盡心力、不憚其勞、名望於是大著、故本嶼韓江學校南華醫院太平廣東會館、皆舉君爲總理、廣東暨汀州舉君爲會長、鍾靈中學商務學校檳城華僑女學俱舉君爲學董、又以君善理財也、時中學校及大平修齊學校茶陽會館俱舉君爲財政、現年僅四十六歲、已負重望如此、人無不祝君大業富有、盛德日新也、君事親孝、視弟友、人多欽敬之、

陳民情君

【汪起予君】　君名昌期、字起予、別字鳳來、其先居皖之休甯、徙江蘇家太倉縣、又移居上海、幼入上海龍門師範、思國勢淩夷、非教育末由救濟、欲從事救國、非研究學術不爲功、故居校時、所有普通科學、契不窮其底綌、卒業後、歷應無錫東林竢實崑山高小甲種師範諸校之聘、民國紀元、羣島華僑競以興學爲急務、君乃任教檳城中華學校、嗣轉星洲道南學校、以善教蜚聲半島間、故峇叻甲培風林明中華柔佛寬柔諸校、先後禮聘、以長其校、檳城鍾靈中學校之成立、君時適主光華日報筆政、襄贊籌畫、不辭勞瘁、遂爲中學主任教員、並代理教務長、今日中學生之蒸蒸日上、君之力爲不少矣、君南處十餘年、不倦之誠、有如一日、列門墻者如王景成陳由義陳育崧王盛治廖南星陳深炎輩、皆一時豪俊也、

【王金榜君】　王君金榜、字皖清、閩之安溪五里埔人、徙家三都、年二十、遂決計隻身南渡、至英屬檳榔嶼、初傭於某商店、沉毅有

爲、店東甚倚重之、二十四歲、回國省親、翌年復來、方謀獨樹一幟、開創洋貨布疋商業於本嶼中街、建號曰雙美、十餘年來、營業蒸蒸日上、獲利頗豐、由是商界之信用卓著、投資於某店某公司者、爲數不少、處境既順、不改常度、自奉甚薄、賑施獨厚、對於公益慈善事業、量力輸助、不稍吝嗇、每謂教育之振興、尤期普及、故年來各學因經費問題、輒倡演戲劇籌欵以補助之、檳中著名各團體、如明新社者、乃青年辈組織爲維新社團之一、君力爲之助、衆舉君爲總理、如中華商會如安溪會館如萬錦公司如太原堂之三槐堂等、均任重職、誠以君之熱心社會、見義勇爲、足以令人欽佩也、

【曾兩寬君】　曾君兩寬、字炳宏、福建海澄永太鄉人、生於檳城、十四歲即在春興商店練習商事、至十八歲時、陞爲經理、未幾自立瑞春號、貿易大宗仰白米胡椒、及暹杏厦等處貨物、年方二十四、市場稱之爲少練、蓋老練之對也、時更分支店於籠沙、曰瑞春棧、營糖油米胡椒及諸土產業、亦頗振作、乃以時機有阻、復謀創崇春號、營米穀土產、及輸運出水貨物之商業、最近自張琦益棧、營業略似舊號、計二十年來、起躓不常、非人謀之不臧、實時運使然也、爲人善詞令、多智謀、於檳城法定團體、如南華醫院、任總協理至數年、同善堂任總協理至數年、竹氏三省堂任總董至數十年、該堂建置祠宇、君之擘劃力尤多、至於內地諸災、外洋恤濟、無不盡力捐助、其輕財好義有如此者、

【黃無驕君】　君粵之惠陽人、字天真、父伍商人、母曾氏、現家於檳城屬之雙溪檳榔、業專種植、家稱富有、賦性忠厚有餘、機警不足、但貧時未嘗諂、富時未見驕、蓋顧名思義者也、初君之來雙溪檳榔也、居百工之肆、薄有積蓄、即買棹歸家省親、未幾復來霹靂一帶、經營錫礦、盈餘甚多、所謂地不藏寶、利有攸歸、君此來真收納寶利之適時也、君既多獲礦利、恐得而復失、計惟有再回雙埠、闢荒種植耳、果也熟路輕車、事半功倍、數年間種植物又告成功、自是之後、家益富、聞人演說革命爲救國之良策、愛國乃愛家之先鋒、遂變宗旨、移愛家爲愛國、會孫中山派人南來銷國債票、即出鉅資買之、他項捐題、凡屬國事、亦無不努力、雙坡新民義學校出現、君爲原動力之一人、至今該校舍方建築、君尤捐財出力不已、又檳城惠州會館之改造、君不但爲發起、又助其千金焉、近年北五省水潦大旱諸災、及檳城南洋時報之組織、皆無不量力捜囊、爲人天量海涵、屢被族惡欺凌、君則一毫不較、誠難得者也、

【潘奕源君】　君閩永春人、少好維新、而任俠不羈、素以孔子親親爲褊隘、而稱耶氏博愛之大公、遂皈衣於耶教、當共和政體未

立、滿清未去、每謂清代無上君權、蚩蚩者氓、日在深水烈火中焉、不共趨博愛自由之弘道、聊作楚逃秦避之津梁乎、君之崇耶在此也、君有三好惡、其一、好維新惡守舊、其二、好動惡靜、其三、好民治惡帝制、有三讐敵、滿清一也、鬼神二也、守財虜三也、有三樂、樂交友、樂圖體、樂書報、然所謂好惡、所謂讐敵、所謂樂、胥歸納於民治二字、惟其渴望此二字之實現也、故生出好惡讐敵樂來、觀於十年來、犧牲財力、奔走革命、尤足以證明爲民治充類盡義之舉動、君革命最早、當民國前七八年、檳城組織同盟會、首次入盟只十餘人、君其一也、孫逸仙首次來嶼、一切供給、月在百金、僅同志六七人合力擔任、君又其一也、君蓄積非豐、遇義舉、雖貸重息以敷應、弗恤也、輕財重義如此、其擁護民治、可謂悃悃款款矣、君又在蘇門答臘一帶與林靑山君等倡辦蘇島日報、奔走募股、不遺餘力、現已出版、時論尙之、配杜氏、子男二、長通英文、現任棉蘭某土庫書記、月薪甚豐、次方入學肄業、

【黃維德君】　黃君維德、字四明、閩省鷺江人、國民黨黨員也、任俠好交游、敏實其才幹、深長其世務、年十八、任金門金溪輪船主、至二十一歲辭去之、仡然思浮海而圖南、初至檳城任承東發號書記、嗣擢查賬員、薪水雖豐、終以籬下寄人爲鬱鬱、於是自營鏡興鏡華與鏡興德記諸酒店、最近開張復興煙酒公司、及置樹膠園若干畝、遂豪於財而降其望焉、黃氏紫燕堂以其令聞、推之爲現任協理、黃氏宗相社推爲總理、現又擢爲副社長、他如萃英書室閩南別墅明新社等、胥任以艱巨、君亦富有責任心、凡事皆可對人對己、故高潔之士、益爭歸之、好調停人之紛難、父焉不慈、出一言以勸之慈、子焉不孝、出一言以勸之孝、至若兄弟、若朋友、若夫婦、以至於宗族鄉黨、一言偶乖、遂生齟齬、一事不合、輙相鬩鬩、君一有見聞、立以仲裁自負、略施片言、兩造無不滿意而息事、其言行見重於當時如此、君現年三十六歲、春秋方富、前途遠大、將來對於國計民瘼、其所敷施、寧有窮哉、

【趙上瓚君】　趙君上瓚、福建同安縣人、父少勳、以儒世其家、母汪氏、生五男二女、君行三、獨能孝父母友兄弟、少肄業於福州英華書院、聰穎異常、度亦豁達、專研中西文學、畢業後、即游小呂宋、應岷政府之聘、任爲審判廳繙譯員、君受職後、以爲木訥重厚長者之吏、曹參之所擇也、時以日知不離刑曹、此囚終無死法爲心、故岷中僑胞訟事、君無不平恕待之、力爲斡旋、有被異族欺侮、更抱不平鳴、莫不爲之申理也、君在岷時、革命黨員正在海外秘設機關、君由胡漢民君介紹入同盟會爲會員、即抱定宗旨、奔走國事、滿清既倒、口不言功、其愛國又如此、駐廈英領事都耶氏雅重君行誼、適檳政府函囑駐廈領事物色通事人才、英領即首薦君可勝任而愉快、君由

是應檳城臬署聘職司繙譯、任事數載、其愛種愛國、與在岷時無少異、君又精幻術、凡賑災荒籌學欵、君即慨然出演其技、巨欵藉以立集、各團體因以銀盃金牌紀念君之勞者、屢見不鮮、其樂善不倦、蓋出於天性也、

【張占本君】　張君占本字英顏、福建崇安縣北鄉人、旅居南洋英屬之檳城、以商爲業、君天性和樂、慷慨豪邁、家世爲紙商、至君之際、嫌其利薄、素具遠游之志、嘗有不到遠方心不休之慨嘆、時年三十三、遂隻身浮海而來南洋之檳城、初則賣酒爲業、以用度撙節、銖積寸累、家漸裕昌、遂高其希望、向暹政府購鑛地三千六百畝、招工數百、現巳開採錫鑛、取之不竭、用之無窮、必於該鑛是卜、富於種族思想、每惡滿人入關以來、奴隸漢族、禽畜庶民、嘗欲排除之、而苦不得機會、孫中山來檳演說、遂得林海生君之介紹而揷盟焉、旣而抱定三民主義、百折不回、當辛亥光復、搜囊傾篋、以助餉糈、不稍吝嗇、功亦稱偉、至若社會之匡襄、尤多可紀、檳城建陽會館之發起、一也、暹羅通扣商務公所之組織、二也、怡保善後局之列名、三也、檳城孔聖廟組織之始、力爲助欵、四也、嶼叻二處古城會館列爲贊成、五也、然此僅畧其梗概、更有逕京李懷寬女士倡辦之護育善會及產科女學校、以及他項慈善公益事業、亦嘗捐助其成、當仁不讓、見義勇爲、君可不愧此二語矣、

【劉俊仟君】　劉君俊仟瓊州文昌縣人、現年五十四歲、初由暹而叻、歷任各號財庫、後入檳榔嶼、自經營生理、在五枝燈開設怡昌號、歷十餘年、獲貲不少、民國元年、擔任本鄉昌德學校勸捐員、捐題二百餘兩、六年復担任南洋益智書報社副經理、七年發起益華通俗夜學、壘任財政員、未光復時期、黃金慶君邀其入同盟會、三年同盟會組織中華革命黨、九年又改組革命黨爲中國國民黨、皆爲會員、在庇能支部歷任副財政員、報效不鮮、檳城南洋時報及華僑日報均認股至五百元之多、至于內地瓊崖旬報海口青年會、尤盡力伙助、不遺餘力、九年在石叻創設保源堂公司藥材生意、及中國匯兌、十二年因事返國、入廣州大本營面謁孫大元帥、請旌表其母、蒙奬以高操勵俗四字、爲子表揚親行、可謂孝矣、

【胡日初君】　胡君日初字升九、福建永定縣忠坑人、父才、其母黃氏生四子、君其仲也、幼有大志、年甫十六、即遣往南洋、轉徙霹靂、終日勞勞、半年無所獲、復出檳島、旋與族人往日里、傭于某商號、工讀交勉、由此頗通中外文、主人重視之、任爲會計、二十一歲回國省親、翌年重抵日里、仍膺舊職、有殷商潮人聞君名、倍其薪延聘、君任職幾年、迨二十六歲始辭以遊蘇門答臘全島、調查土產、攷察商

情、欲自樹一幟、以大展鴻圖、適親諭召返、越年南渡至霹靂同族胡子春君有知人鑑、一見亟賞識、委君理支店、獨當一方面、君既入寶山精硏鑛務、別有心得、二十八歲即創設英豐號於朱毛埠採買錫米、及日升號專辦鑛務、三十一歲、丁父憂、嘗以子欲養而親不在爲憾、念母劬勞、幸尙强健、時時寄資以奉甘旨、所以慰母心者、無微不至、性孝友而好施、四十歲回家省母、遵命自建日濟石橋於太平鄉水口、自造凉亭於平和蘆溪鄉之嶺表、汀漳潮嘉人之來往莫不稱爲便利、庚申挈眷奔母喪、治喪畢、更刋榮哀錄以誌不忘、飾終之典、人稱其盛、待諸弟無愧如手足、自奉甚儉約、獨善舉揮巨金無稍吝、溯其捐五百金於原籍、與辦學校時、君尙未自置產業、其熱誠即此可見、自後購置祭田、及施藥施棺、修路平糶、無不竭力行之、邑宰知君賢、以急公好義區旌君之善、三年、京政府獎君三等愛國徽章、中外各校、多賴君資助、霹靂中華總商會歷選舉爲名譽會長、怡保公立育才學校、星洲永定會舘均舉君爲名譽總理、各學校社團多舉君爲董事、其見重社會也如此、

【陳傳統君】

陳君傳統、粵之文昌人、謙冲仁厚、氣象偲然、幼讀書於鄉塾、年十七作客檳城、習學商務、會計餘閒則瀏覽古籍新聞、未嘗或輟、年二十四、開設泉達汽水廠、嗣又創設碩莪廠、今人以汽水能止渴祛煩熱、碩莪尤爲歐美人視之爲重要食品、皆投機商業也、以故獲利甚溥、年來又增號泰利、買賣大宗椰實橡皮、及各種土產、設帆船運載貨物、以便流通、橡皮園且闢數百畝、成富家翁矣、顧恒人以富爲樂、而君乃以富爲憂、蓋國際地位未降、而民生主義未達也、民國十一年以來、歷任廣東暨汀州會董、南華醫院總理、益華學校副總理、嗣改任財政、廣東公立商務學校董事、檳城閱書報社、益智書報社、俱爲社員、光華日報、瓊州日報、俱爲股東份子、瓊州日報、益華學校尤爲發起者、民國未成立、曾入同盟會、辛亥之役、捐欵助國頗多、至於賑災濟困之事、實難罄誌、

林博愛君

【林博愛君】

林君博愛、閩人也、性嗜學、於古今中外書籍、無所不讀、尤擅古文辭、所爲文、兼有八家之長、直欲上窺左史之堂奧、南洋人士、莫不崇而敬之、每有重要文辭、輒出諸其手、居檳城之日惹洞、屋外多椰林、暇則讀書嘯詠其間、蕭然自樂、未嘗以富貴縈念也、余至檳城初訪君於日惹洞、一見如舊識、暢談極洽、院中多荷花池、繞室徧植茉莉、時方盛開、芬芳四射、並蓄珍禽靈犬、性皆馴善解

人意、荷池旁構一茅亭、內設竹製桌椅、書籍紙筆、羅列殆滿、蓋君方續撰南洋名人集傳、此即其纂修所也、余乃叩以編纂名人集傳之經過情形、君即詳以告之曰、民國八年秋、余（林君自稱）方經理檳城光華日報、適成都成可運君亦主筆其間、遂以纂修民史事商之成君、曰、此吾素志也、顧國史本多門、民史尤不一其類、誠欲纂修之、當以何者爲先、余曰列傳、又問始自何地、余曰南洋、成君曰吾人所引以爲憾者、積行修業之平民、不能揚名後世耳、主纂列傳宜也、我國爲省二十二、爲縣一二千、益以蒙藏諸藩之遼闊、僑民散處五洲者之衆多、欲普及調查、則大海茫茫、將從何處著手、然則縮小範圍、先由南洋發軔、以收速效、又其宜也、議竟、遂定名曰南洋民史纂修所、推成君主任纂修、至總其事、考其成、則余負責焉、已而纂修所成立矣、章程宣布矣、諮訪員派出矣、不料成君忽覯疾返滬、未幾噩耗傳來、竟爾逝世、成君素願未償、齎志以沒、余何賴焉、然成君遺缺、既猝難覓得替人、余雖不肖、敢不勉力兼任、與諸弘才碩學者、僇力作去耶、由是披藁載筆、慘淡經營迄十一年、而第一集始告成、書出版之後、頗得南洋人士之歡迎、同人亦竊自欣幸、乃益加策勵、繼續爲第二集之編纂、至十三年而第二集又出版矣、今方從事第三集之編輯、此即其各項草稿也、余聞之、極服其所見之遠大、而尤欽其志趣之久而彌堅、乃勉以益加琢磨、期與古之作者相頡頏、君亦頗爲動容、稱善不已、

【丘金經君】　丘君金經、閩海澄新安鄉人、旅居檳榔嶼五十餘年、檳人稱爲贊襄華僑慈善事業、爲最老資格者、君於成童之年、遂來檳城、初任成利號庶務、後開增張成德及成利興仰米郊、蓄南洋以米郊爲最大營業、非數十萬不能辦也、身爲平章公所南華醫院廣福宮龍山堂福建公塚等董事、數十年、嶼人但有稱頌、而莫非議、至於中華學校鍾靈中學同善學堂、尤爲職員若干年、助資不少、辛亥民國成立、助民軍餉資五百、第二次袁氏竊國、又助民軍千元、廈門漳州治安捐、及潮汕水災、華北水災、及一切善事、或提倡、或捐資、君平生見義勇爲、爲社會所稱道云、

【梅子占君】　梅君子占、廣東台山人、才幹敏實、長於世務、家清貧、弱冠客檳城、屬之高淵埠建商號曰成豐、君交友守信義、貿易惟公平、故商業日益發達、惟性亢強、入同盟會後、主張急進、嘗勉勵青年、宜雄飛、勿雌伏、辛亥民軍既起、益攘臂奮呼、衆爲感動、爭相捐資、助餉、至高坡書報社及學堂、又能隨衆發起、不斬巨捐、任書報社財政員久至七年、每當經濟支絀、無不立時出資彌縫、其翌亮國家、敢佑同皋有如此者、

【洪景南君】洪君景南名醫也、世居揭陽縣之港口鄉年二十五旅星洲居數載、徙檳城廣盛光內街一號、懸壺濟世、大受僑衆歡迎、蓋君素服自由平等博愛三大主義、信道篤、而濟衆之心乃日富、非藉其術以自私自利者比也、有清晚季、國勢不振、漢族處於水深火熱之中、君椎心泣血、思有以救之、於隸籍同盟、將得當以報國、時海外同志寥寥、君不畏艱辛、日與黃金慶君努力進行、應者漸多、雖內地義軍屢起屢仆、而君贊助策應之力、卒不稍衰、此君之善於醫國者也、檳城中華韓江各校之成立、君應捐資之責、或任發起之勞、綜其所行、率以利國家益社會爲鵠的、宜其聲譽日隆、不徒以醫術擅長、見稱於世而已也、

【李彩臣君】李君彩臣廣東梅縣人、字琪琅、幼即能文、至十五歲、便往饒埔新墟爲商、二十三歲、自敢和合昌疋頭雜貨號、以家鄉蹈跡、非發展地、直南來檳榔嶼、纔二易寒暑、開廣合昌成衣店、旋又開廣合興廣華昌萬榮生等商號、於思南馬鉛里等處、亦開有成衣店磁器店、居林則有映相館、加影有開礦公司、長袖善舞、多財善賈、信然、君爲同盟會會員、耿耿熱血、爲國宣勞、改革國體之役、尤多奔走、葉君省參贈其詩、有僑中偉士獨推君句、好結團體、嘉應會館時中學校新華學校汕頭賑災團龍岡義倉宏育學校皆爲職員、尤概捐多資也云、

【潘宜桂君】潘君宜桂廣東瓊東福衆鄉人、幼學勤敏、十七歲工文、於是棄書、同文治布店業、然志在遠方、冠年遂來檳城、任同裕駁貨職員、以勤愼見知於其東、旋得升爲買辦、凡十二年、賓主無間言、初君之在同裕也、另自營有源裕昌號、至是本號乏人管顧、乃辭同裕職、而理自業、數易寒暑、已積有巨資、以輪運暹厦香叻等處大宗貨物、性靈爽、社會公益、能知急所當急、瓊州會館益華學校益華夜學校等組織、所當急也、力助之資、衆舉之爲董事、祖國告災、所當急也、力賑之資、其他周急事項、亦多能與衆成之云、

【王龍美君】王君龍美字振飛、籍閩惠安、世居長坂鄉、稱望族、幼學勤敏、而有遠志、年十七、渡海南來、旅居檳榔嶼、習造船業、纔四年、返國結婚、翌年南渡、仍操故業、中間旋里、二十六歲復南來、已乃謀自立、建議長發船廠於嶼之日落洞海邊、輕車熟路、利尤倍蓰、復建集隆號交易樹膠、兼築薰膠房、傭工不下二百餘人、大有一日千里之勢、爲人豪邁篤情感、尤富於祖國觀念、革命之役、捐資不少、居嘗歎國民團體不堅、故凡有慈善公益事業、皆慷慨解囊相助、嶼中著名團體、如中華總商會太原堂三槐堂惠僑聯合會友和社等、均被舉爲職員、以其熱心好義爲衆所重也、現年四十餘、春秋方盛、異日社會事業之依倚、正未有艾也、

【吳順清君】吳君順清籍福建永定而生長於南洋檳榔嶼君自幼聰明、深通英文、承父業、慷慨任恤、公益事業一揮輒萬金、在所不惜、自設順清學校及女子職業學校於檳城年費皆在萬元、檳城各學校各團體、皆有職員名、民國八年、米價大增、民不聊生、直立戶前施米贈錢、當時民多所苦、而上官不得達、君屢代達之、雖多墊費、默如也、居嘗語曾瑞舫曰、人言吾有錢有業產、此誤會矣、蓋錢物何嘗爲吾有也、乃天下之所有、更何嘗爲天下人所有也、乃太空之所有、要知金錢也、產業也、無論誰家誰手、皆太空暫時交管物、推而極之、以至於吾之一身、亦須自知決非吾所有、日也、月也、地球也、與無量數行星、及一切有形無形物、終有淨盡消滅之一日、興念及此、恨不得作鄧超一日中散盡家財之爲爽快耳、蓋深有所得於佛學者也、

【盧振勝君】盧君振勝粵之惠陽平山人也、父名醴、早歲南渡、寄君於檳榔嶼之雙溪檳榔、操耒耜以爲活、然命數奇、所謀輒不遂、[illegible]疾臥莫繼、夙興夜寐、勞瘁自甘、卒能手創家業、富至巨萬、現在所有樹膠園檳榔園椰園等、均君披荆斬棘、親手所栽植、賦性和平、慷慨好義、家裕、公益慈善事爲之盡力、雙溪檳榔新民義學校曾捐款千元、該校推之爲名譽總理、惟君雅不慕虛名、嘗言公益慈善事業、本人生應爲之義務、有何名譽之足稱云、

宋哲生君

【游龍偕君】游君龍偕別字添桂、福建永定縣金豐里泰區鄉人、父潤裕業鐵匠、母巫氏、君賦性伉直、見義無不勇爲、少時在鄰鄉商店習商、即慨然以信義自任、後往漳州習藥材業、辨別土宜之道地、研究泡製之精微、三年有成、返鄉開萬生堂藥材舖、暇則攻岐黃術、在鄉四年、遂抱遠大志願、乃南渡來檳而停足於檳榔嶼之北海、君既知醫知藥、因設來安堂號、以藥藥人、以醫醫人、遇貧不計值、且贈醫兼贈藥焉、人以是多君之德、無不嘆北海有良醫以濟世、更有良藥以利病也、君嘗謂上醫醫國、學校即醫國之師也、仁傑藥籠無所不有、學子即仁傑藥籠之物也、於是倡北海育僑學校、歷任校董、以達其教育醫國之素志、其熱誠有如此、商務公所同人慕君公正無私、亦舉君理財政、其盡力振興商務又如此、

【李斯桃君】李君斯桃字法蟠、福建泉州南安縣內翁鄉人、君家代以醫名、君雖善醫、尤善貨殖、當其挾醫術至大霹靂金寶埠

未幾即創福綿源福綿成兩號、經營雜貨、招徠有術、不數年利市三倍、君性甚孝、雖逐什一、不忘孺慕、慨念菽水尚可承歡、況今可供甘旨乎、因捆載以歸、反哺雙親以盡子職、數年後見高堂尙健、復南來至檳榔嶼之甲抛峇底埠設建安藥店並懸壺濟世、貧病之人、多沾君惠、無不嘆君之醫德爲不可及也、同埠巨商洪君有商才、君與之合創協源協裕兩公司、經營雜貨、由是獲利無算、兼業種植樹膠園椰園、爲之役者成羣矣、君既富、獨好行其德、慈善事、不分畛域、如壬戌香港之賑災、上海果仁善堂之募捐、無不量力爲助、曾任詩山共和實進會職員、興學心尤熱、任北海育僑學校協理、十三年又倡甲埠育華學校、爲該校名譽總理、首捐巨欵、任財政而不辭其勞、君在僑界中誠難得者也、

【宋鷺生君】 宋君鷺生又名務生字翹鶴、閩侯人、父仲驥商於檳榔嶼、因奉母南渡、無何回鄉就學、畢業於閩師範學校、性伉直、質樸口訥、而雅有心思、爲文彷彿乖崖、無雕章琢句態、書法宗右軍、精妙神彩、胥迫肖之、工繪事、嫻音樂、尤善鼓琴、偶作一曲、聞者爲之爽然、心淸穆然神往、蓋寢饋其中者深矣、年二十、在檳城倡辦培南學校、踰年又在居鑾倡辦培英學校、皆躬任校長、力圖內容之完美、繼又與居鑾同志倡辦書報社、成績亦斐然可觀、余始至南洋、遇君於新加坡、一見而兩心契合、如多年故交、殆俗所謂有前世緣者耶、余於南洋各埠情形多茫然、且知友甚少、君爲之詳細指導、凡各埠情形、道里遠近、以及旅居之狀況、皆一一舉以見告、又爲函介紹各埠要人、比至檳城過從尤密、余病臥逆旅中、旣爲之介紹培南學校膳餐、且假以鉅金爲藥餌之資、暇則導遊嶼中重要之地、名勝之區、俾消其鬱積之思、故余於檳城得君之助力最多、嗚呼、君交友熱誠固可欽、其用心周密、則尤可感也、

【本忠禪師】 本忠禪師、號道南、檳城白鶴山極樂寺二代祖也、俗姓羅、年二十五、受具戒於鼓山湧泉寺、精修淨業、妙蓮上人奇其才、邀之南來、助創極樂梵剎、閱十餘年、始竣工、其後迭主怡山鼓山諸寺講席、兼領怡山鼓山及建郡光孝寺住持、自出鉢資、爲光孝寺建天王堂、以及修築蘭若、捐助孤兒院、倡辦佛教會等、投金累鉅萬、民國初元、毀教之謠甚熾、沙門岌岌、朝不保夕、師聞之、飛告滬濱請諸山長老、與寄禪上人入京請願、開佛教總會、以內禦外、佛教之不亡、殆千鈞一髮耳、總會旣成立、推師長財政、復舉師組設閩省南洋兩支部、而長之、師以國體改建、佛教重創、非廣儲人才、充裕經濟、不足以抗潮流、爰從善慶禪師農禪制度之策、集資數十萬、創設暹羅佛教實業公司、衆舉師爲總理、善慶爲督辦、種植與學校以次推行、成效大著、而南洋佛教之聲光、曄然矣、師嘗謂成已成物、爲孔門

之大用、亦佛敎之正法、故有情世間、即是正覺世間、但爲善而不著善相、一心迴向於正覺、便爲二諦交融之旨、故自北京歸來、即大倡念佛法門、南洋之有蓮社、師始爲之、又於檳城之車水街建觀音禪寺、即以爲蓮社之基焉、師每遇人、隨宜說法、融會羣經、辯才無礙、嘗有人問何謂佛法、時師方執念珠、即舉以示之曰、念佛即是法、珠所以表法、其數百八、一爲始數、十爲滿數、乃表始本合覺、半滿同、如十法界殊途同歸義、又一爲無量之始、十十成百、則十爲有量之終、乃表本末兼賅、即華嚴大經十玄偏攝義、又百爲多數、八爲少數、乃表一多相容、大小貫通義、又世間以一爲天之陽數、八爲地之陰數、乃表包羅天地、眞俗交融義、至於珠之爲物、圓淨朗潤、普照十方、乃表佛德無邊、廣覆沙界義、珠體堅凝、其包玄亮、乃表禪玄深廣、莫測邊際義、珠以淺貫、粗細相連、乃表法性圓通、自他兼利、亦德無流轉義、又若密密行持、念念相續、是爲轉識成智、妙用如環、乃表普賢菩薩度生大願、所謂衆生無盡、我願亦無盡義、此則念佛人最當承學者也、其隨情顯義、大都類此、余素喜參究佛理、遊檳城時、慕師之德慧、特赴極樂寺謁之、未値、其後晤於觀音寺、師爲開陳法要、而以念佛爲不二法門、當此正敎陵夷、羣魔猖獗之世、能以淨土妙諦、誘掖末劫衆生、如師者、亦可謂大善知識矣、

極樂寺外之風景

【戴芷汀君】　戴君培基、字芷汀、粵之大埔人、父春榮、任檳榔嶼領事官、代理新加坡總領事、君幼而穎異、讀書過目不忘、旣冠、補博士弟子員、蜚聲庠序、益留心實學、經史之外、尤好紀氏嘉言及西釃集五種遺規、以爲持身涉世之具、丙午代理泉州知府、釐弱率物、力除秕政、雖在任未久、而泉人莫不稱頌之、已酉署龍巖知州、勤於聽訟、有案必訊、獄無寃民、案無留牘、州有無賴、混名水老鼠、與其鄰因毆鬭互控、君廉知其罪惡多端、非嚴懲無以安善良、遂置於獄、詳情大吏、監禁、於時觀者如堵、莫不頌君之神明焉、在任一年、助學費、設警署、造橋梁、恤貧寒孤寡、州人父老兄弟、到今稱之、甲辰署寧洋知縣、其除弊懲惡、一如在泉州龍巖時、故在任

未期年、政聲大著、如申理余姓冤獄、懲辦豪猾某、平反民教攔米交涉案、其尤著者也、是時奸民藉入教爲護符、狹制官長、魚肉鄉民、咸爲風氣、州縣官遇有民教案、莫不袒教以抑民、此義和團之禍所由起也、君未蒞寧洋之先、有因禁販糶、而發生截攔米運之事、已經寢息、旋有天主教民謝某出而包攬詞訟、以建築教堂、採辦米石、運至某被匪搶掠、捏請拘辦、林前令惶恐無措、飭差拘民、以圖塞責、及君蒞任、教民迭請拘究、君以案有可疑、批駁不准、教民見計不得逞、上控於州、札行到縣、迅飭嚴辦、教民亦來署投案、君照案訊問、教民不服盤詰、竟自碎聖珠、咆哮公堂、君以奸民恃教橫行、實爲地方大害、立笞之、置於獄、闔邑喧傳、稱爲快事、西洋教士、安武郎請州提案不可、親來縣謁見、見君強項、知不可屈、惟懇求從寬發落、領回約束而已、奸民由是斂迹、寧民稱頌尤至、君自任郡守、歷州縣、所至稱循吏、雖古之龔黃、不是過也、庚戌知天下將亂、請假歸里、奉太夫人南來、隱於檳榔嶼、不復以進取爲意、辛亥冬、粵中紛擾、君招練鄉團、聯絡埔人僑於南洋者、與張太僕籌備進行、以衛鄉里、壬子補公署、因餉糧不能徵收、政費無所出、商之於君、由榮祿公捐存維持地方項下支用、詩曰、惟桑與梓、必恭敬止、君誠有焉、介弟淑原君、久任檳城正領事、辛酉入京覲見、外部因委君代理領事職、非君願也、不得已承乏、父子兄弟俱任此官、人多榮之、君淡於榮利、篤於孝友、而持身恭儉、尤爲人所不及、陳子勵學使、曾集大小戴記贈君云、一舉足、一出言、敢忘父母、其僻恭、其欲儉、祿及子孫、觀此聯、可以覘君之風度矣、余夙慕君之爲人、借遊檳城時、未及往謁、其後舍弟興武携大批字畫文玩求君爲之品評、以期銷售、君即購留大半、用示提倡之意、此事雖微、而君之熱誠待人、亦可概見、

【林少峰君】

林君少峯、福建閩侯人、幼攻書、極聰敏、稍長、即棄文就武、投入營伍、渡台灣充隨營書記、數年後、回里完婚、因思株守鄉里、不如出外求財、乃遠遊粵東粵西、嗣任廣州善後局書記、未幾妻亡回里、治喪畢、又復赴粵入廣州東華醫院肄業、悉心研究、醫術大精、乃挾其素習岐黃之術、效乘長風破萬里浪、南渡抵英屬之檳城、懸壺濟世、對於貧者、贈醫施藥、性豁達豪氣、小節不拘、大經是守、且善排難解紛、遇有口角訴訟事、無大小、一經片言、無不和解、於社會公益、尤爲熱心、辛亥前入同盟會、於國事亦多盡力、同僑稱之先生、而不名、其爲人倚重也、概可知矣、居留政府欽其才品、授爲太平局紳、卒年六十有七、人多惋惜、遺九男三女、次衍蕃現任嘉娘士庫重要職員、再次欽藩喜藩均任輪船書記矣、

【林福全君】

君閩之海澄人、自幼隨父賈南洋之檳榔嶼、先佣於某商號、潛心練習、揣摩既精、旋得某貨店聘爲司事、又一年店

東某見其能、邀與合股、至是商名始顯、君重種植業、十年前嘗與某君論南洋樹膠業之得失、君曰、天生樹膠、以衣食我南僑、我南僑不業此、是天與不取也、時某君深以出產過盛爲憂、君曰、樹膠產生、須熱帶爲合、熱帶可植此者、首推馬來半島、試思馬來半島在地圖中只占一蠅點地位耳、況復不盡種膠、何患之有、已而君置十餘衣葛、尋賣出、獲利萬元、俄又購三十衣葛、旋賣去之、獲利四萬餘元、益以年來正大商店之奇贏、今成富家矣、其料事如神、億則屢中、有如此者、君存心匡國、立志救民、十餘年如一日、檳中國盟會之成立、閱書報社及光華日報之創設、君胥爲發起之一人、先覺之早、可以想見、至辛亥前後屢次革命、輸將金錢、努力翊贊、君尤視爲常事、故不詳書也、君爲光華國民二報總理、凡數年、督率有方、竭力整飭刷新、該二報得以垂業至今、君允爲中興之健者、君尙墨子兼愛交利主義、親朋戚里、多所提掖、貧苦顚危、尤常賙恤、更注重教育、與同志提倡組織鍾靈學校及福建女學校、觀此可知君之爲人矣、

【謝聚會君】君閩之海澄人、久客檳城、於實興棧土產郊買賣職、嗣在萬興美椰油較爲司事、凡九年、以儉朴積貲、於民國十一年始自建遜記號交易大宗椰肉、及諸土產、頗獲利、君精神活潑、意氣倜然、好交結士類、復潛心儒術、商事得間、則觀書閱報、嘗將所懷著文刊報、然滑稽玩世、至老不衰、嘉賓式燕時、得君列席、闔座爲歡、一日與人評四子書、至子張問善人、子曰不踐迹亦不入於室也一章、（注善人質美而未學者也、）忽拍案疾聲曰、他章曾云善人不得而見、此章乃謂不踐迹不入室、又說什麼質美未學、既未之見、何以知其質美而未學、夫善人既不得而見矣、則其稀貴等於至人眞人聖人矣、然則至人眞人聖人等、亦皆未學乎、以善譏未學、則今學者皆惡人而已云云、其善借題以調侃世人也如此、君爲明新社首席、該社爲嶼中社會教育之卓卓者、遇有施濟及諸公益事、嘗演戲籌貲數應一切、曾一日演某戲、衆以君豐頰曲眉、儀容俊偉、宜扮某公爵、君既登臺、舉動威棱、益以清聲便體、具有大家風度矣、君爲同盟會會員、辛亥革命、犇馳運動、功亦誠偉、晚近最重教育、有某團體者、頗守舊、儲款雖多、終不知教育爲何事、君毅然與族人四端君等、觝排羣議、倡設兩等小學校、羣推之爲該校總理、至於一生仁民愛物之事、亦多可紀、然在君視爲細行、故略之、

【顏金葉君】君閩海澄人、中年壯志浮海南來、棲身嶼島、初爲商傭、嗣自販走、無何開張奇成號、於是握勝算操奇贏、益以勤儉粒積、十年之間、累累黃白成富家矣、君臨財廉、賑施義、稍有未當、則咨嗟累日、居嘗語其兒曹曰、爲人算盡錙銖、一文不舍、體而弗存、此但做了家、不曾做得人、藐視金錢、揮霍無度、以要虛名、此但做了人、不曾做得家、胥兩失而無當、必如余然、取既以廉、與必思義、才爲中

庸、君早入同盟會待會友如手足、內地同志有來嶼者、多受君惠、辛亥前後數次革命、各有奔走輸資、清室既倒、民國肇興、未幾、袁氏自帝、奉孫中山命、合吉礁同志、改組國民黨爲中華革命黨、委君任吉支部外交科副科長、李協和君過嶼、深以稱職爲贊許、江蘇護國軍司令吳操華時在南洋籌餉、更委君爲南洋籌餉局局員、其愛國眞誠、悃悃款款、有如此者、君喜公益務報施、檳中團體、如南華醫院同善學堂閱書報社鍾靈學校福建女學校等、皆捐金任巨、祖國災害、尤能賑恤無吝、眞義士也、

【黎健行君】

君姓黎名國强、健行其字也、粤東三水豐岸鄉人、父伯超、邑通儒、任彭雪琴幕職、著有翊贊功、君之生也、頭角嶷然、天資穎悟、童時亟讀、執箕膺揭、進止安雅、師嘗以大器期許、益培植之、年未弱冠、能文、獻清廷以八股時文取士、遂棄儒從商、時纔舞象之年、而朋輩有勸求仕進者、君曰、居官爲國也、服賈何獨不然哉、觀歐美列强、以商養兵、而以兵衛商、國乃富强、官商固一體也、會香港馮鏡湖號徵書記、君意在練習、就之、約數年、東主以其才可大用、陞任庇能馮利興總經理、君既至、爲整規齊物、使賢任能、於是瓌貨鱗萃、商客如雲、三十年間、獲息不貲、君自亦置舖於峇眼色海、曰建昌、於華鈴曰行昌、以己字拆而爲商號也、所營業、略仿母舖、益以亞世亞公司火水十餘埠銷路、畀其售兌權、利源之溥、眞用無窮、而取不竭矣、爲人篤信謹守、行事居心、悉合乎理義、一生無爭無訟、無疾言劇色、不賭不嫖、無一切嗜好、惟略飲酒、然祇飲於作詩寫字時助奮興而已、且綦有撙節、故未嘗酗沈也、精於對偶聲律、每登高臨淵、有所感觸、無不題詠之、南洋報界嘗徵詩文、庇能光華日報曾以國家二字爲題、徵對聯、君獲首選、聯云「時事不堪談故國、天才奚論起貧家」洵傑作也、君善書、草法宗懷素、眞楷宗松雪道人、胥逼肖之、僑人士求書者接踵、得一畫一鉤、皆作什襲珍藏、有以儀物爲酬者、輒還之、素愛國、衣食器皿、須本國無者方用外貨、民八六月、僑界志士倡用國貨、派人到君舖調查、君曰、祇要合四百兆人爲一心、何須調查耶、語至簡賅、情尤迫切、辛亥國體改革之役、民軍乏餉、君輸將不貲、至檳中各項公益事業、尤無不量力爲助、最親鄰樂羣、當三十年前、豐平鄉無有客檳者、君既捷足、戚里宗族來就君居者、無慮數百人、昔田子泰入徐無山、百姓歸者五千家、君殆今之田子乎、

【陳鋋藩君】

陳君鋋藩、字幼珊、閩福州人、任俠揮霍、簡默寡言、幼肄業於普通學校師範體操專科、革命巨子黃乃棠氏倡設文泉學校、聘君任教職、與黃翙麐款凡數載、久交由是密、辛亥之役、投入民軍、著有勞績、光復後、由黨總部派往連江分部部長、宗旨堅持、辦事僻脫黨務日形發達、會陳燦燦歸自粵、握手於陳璞庵、燦亦謂粵事之棘手、一如棣垣、君見其誠款、即引爲同志、秘密組織謀閩社

於蒼前山數月間、社員達數千、共推燧燦爲社長、君爲參謀長、社員之衆、軍政界爲尤夥、共約除夕起事、乃孫買社員謝殿元出首、於是機關破、同志被捕數十人、陳燧燦錢大聖二君皆遇害焉、君幸早見機得脫險逃滬、事後發生大橋頭炸張元奇洋中亭刺謝殿元、君亦主張者之一人、蓋謀報復也、時捕急、由滬轉避粵漁珠砲台長楊慶淦薦任幕職、適粵軍謀北伐、雁募於魚雷隊、亡何、粵軍敗、而龍濟光入索殺黨人不已、既不可久留、遂與林少波之香港、未幾、林得管駕於南琛戰艦、堅邀君同事、君嘆曰、大厦將傾、決非一木能支、於是僂身渡南洋檳城新報總編輯鈍君聞君名、介紹爲該報編輯、對於救國論調、時發偉論、人多疑與民黨宗旨不同、然宋熙寧元祐各自爲政、後世以爲當時各有得失法之約各俏黨與黨爾等之革命也、主張亦各不同也、君主筆政報久、至十二年、于檳城紳商各界、莫不納交、社會教育之機關、如維善社如閩南別墅如椰僑公所中華校友會星洲教育總會皆經列名會員、更多推之爲職員、維善社近又舉之爲正總理云云、

陳廷壽君

【楊碧達君】　楊君碧達原籍福建省海澄縣三都霞陽社人、父眞龍商於檳榔嶼、遂家焉、年十六、即任西商輕典川士康書記、凡十年、經驗已久、商才商學、商誠、盡知之矣、遂辭職與林有道君合資設長利公司、經營洋貨土產、又二十年而信義大著、近自創碧達公司商業益形發達、性尤急公好義、凡賑貧弱、贍窮困、抑强扶弱、必義形於色、不辭勞怨、盡其心力而後已、居嘗慣商情之渙散、于是創中華總商會僑商之團體始固、慨華僑于工部局無代議士、于是鬮舉楊元緞君爲議紳、僑胞之疾苦、始得上聞、傷僑工之流離失所、組平民工廠、四年中收納千八百餘人、籌資遣同國之老幼、更不能悉數、嗣英政府知君正直、歐戰時委君爲紅十會籌捐員、執事部部員、限制米糧時期、委君爲檢查出口報告之協理員、委君爲本嶼入息稅之顧問、委君爲太平局紳、委君爲大英義學董事、其爲英官所重乃如此、君遇事一秉至公、最惡挾私見、宗祠屋租不公、請益不聽、雖訟亦不恤、卒判君得直、君乃編訂祠規、福利合族、是君公以待同宗也、街前店前小販時被警察拘拿、君見市政不公、銳身往見華民政務司、每求釋放、小販常免於拘罰、是君公以愛同種也、惟君之公、故嶼中法定團體無不舉

君爲領袖、中華總商會平章會館廣福宮福建公司寶珠社寶福社四知堂君皆主席爲董事、而相慶得人、即僑商商業告終、政府委君爲管理收盤人、其見重中外如此、若華北賑饑、君爲主席、十六萬餘元、咄嗟籌滙、賑汕災、籌學款、贊襄奔走、黽勉從事、見義勇爲之士也、

【楊錦泉君】　楊君祝字錦泉、廣東揭陽縣棉湖鄉人、以義俠著聞、年二十二、始到南洋、初至檳城經商、善居積、富于國家思想、辛亥前痛異族之君臨吾民、屢欲謀所以傾覆之、而苦不得機會、黃金慶吳世榮諸君設庇能革命機關于得昌樓、君聞之即隸名其中、嗣親到雙谿杯埠、說動埠衆、組織同盟會分部、衆於是推君爲盟主、辛亥光復、君喜而不寐、見義軍需餉甚亘、除自己傾囊倒篋外、復四出奔走、勸人輸粮助餉、曾一度充粵漢鐵路及廣東大信銀行等招股員、成績卓著、喜互助、埠中社團各事業、什之五六、非其發起、即其贊成、徵之檳城閱書報社平章會館中華學校商務總會韓江家廟韓江學校戒烟社南華醫院或爲總理、或爲財政、或爲董事可知矣、如納交愛國志士、內地名人、如湯壽潛孫中山黃克强李烈鈞林隱青汪精衛等、凡到嶼者、貲珠非所願、但願識楊君焉云、

【林晉三君】　林君晉三福建海澄三都人、十歲隨父南來檳榔嶼、十八歲任興利士庫書記、以儉樸蓄貲、遂開張晉興號、交易仰光雜貨、時君已二十三歲矣、至二十五歲、又與友連財開興美士產公司、二十六歲任倫登士庫經理、約十年、該士庫停業、轉任香泉大釀酒局經理、又十年、最後乃自管理諸商業、及橡樹園諸不動產、成資本家矣、然社會之事頗多參與、檳城同慶社推爲信理員、鳳田社雙桂堂均爲總理、滋溢公所爲協理、壽終社爲社長、其濟施事、嘗量力爲之云、

【陳深炎君】　陳君深炎字燧初、籍閩金門、氣節自持、超然遠俗、父鉦鏵、僑檳久、經營同益號商業、君年二十六、同益號早已收盤、父母相繼逝世、君已畢業、而中西文大通、爲華僑銀行司會計矣、且嘗將利民福國大學、翻譯文登諸報端、在在條分縷析、撰述之、君又嘗任中華學校教員三年、並任麗澤社副經理、中華校友會正會長、援助僑工會平民工廠總理、福建女學校華僑女學校麗澤學校等校董、人格高尚、爲華僑中難得者也、

【顏月圓君】　顏君月圓字文騰、籍福建南安、生於南洋之檳城者也、稍長遍游暹屬一帶地方、後在檳城權煙酒公司掌總櫃、凡二十餘年、頗多儲蓄、與友人合建商號於檳城之義興街、曰振隆公司、入息殊豐、爲人精神活潑、善滑稽、以是檳城華僑人士有不識面者、當無不聞名矣、晚近重公益、敬闔體、檳城鳳山社鳳田社滋溢公所寶福社同學善堂中華商務總會華新公所顏姓公司憐義社等、

或爲董事、或爲協理、滋益公所曾推之爲會長、顏姓公司亦舉之爲財政員、其見重於社會也如此、孔聖會組織之始、君爲募捐出力之一人、謂風化所關、理應盡其力也、

【薛木本君】薛君木本字春榮、福建海滄三都鼇尾鄉人、幼旅居檳榔嶼、初經商於馬來半島之浮盧江沙、時革命方起、與江沙丘能言吳永井廖南畝等組織同盟會及書報社、極熱心、後移任星洲國民日報經理、約二年、復任檳城光華日報經理、性柔和溫婉、素位而行、而於孫中山三民主義五權憲法、則崇奉如圭臬、不敢須臾忽、晚近喜爲團體盡力、鍾靈中學福建女學校及閱書報社等皆任要職、蓋出之衆推焉、亦社會不可多得者也、

【郭泰山君】郭君泰山福建晉江杏宅人、九齡失怙、家寒不能爲學、遂爲農植、年十二、抵廈門爲傭保於金象紅烟號、凡七年、將冠時、買舟南來新加坡、從事航海業、年二十八、轉檳城、爲水客商、出入于高巴斧廊間、以誠信見重于僑人、貸資取贏、漸積漸多、越二載、遂得附股于綿昌公司、與股友陳子昂柯子榮郭景義莊運玉諸人同心、易所謂其利斷金、至民國十四年、以時勢所趨、退股讓友、而與其兄景義合資開設義泰公司、經營大宗糖米汕粉、並爲鄰埠代辦貨品、遂起家、近又附巨股於源昌公司、並經營樹植業焉、爲人謹誠謙直、具大志願、尤不忘故國、每思回籍、從事實業、格於兵匪交亂而止、交友以道義、於社會善舉、尤輸多資、發起郭氏宗祠、歷任財政、發起晉江會館、歷任職董、發起學陶公所、歷任社長、爲明新社職員、得鴻雪廬會員云、

【許生理君】許君生理字隱山、福建惠安人、性謙謹、靜氣迎人、弱冠客檳榔嶼、與伯兄文疎共創設金聯成金銀舖、以勤儉積巨資、新加坡暹京各設金聯盛支店、又在吉礁設金聯德米較、民國三年、於里中購新式機、設織布廠、多財善賈、無億不中、其才有足多焉、君爲民黨分子、辛亥革命、牲犧金錢頗多、凡檳中社團有黨派色彩者、如麗澤如明新如惠僑聯合會南華醫院鍾靈學校中華學校等、或任發起、或任贊成、皆助以鉅欵、華僑老病失業者、多贈以川資使回國、其慷慨好義如此、自國內大亂、官僚土匪、率以百姓爲魚肉、所以侵擾之者無不至、君有所聞、輒投稿報館、痛斥其非、又豪俠、好爲人鳴不平、有陳某者因國貨事罹禍、君助之川資數十元、使越境以免、而其最足令人景仰者、爲提倡改組鍾靈小學爲中學一事、初檳城有中學曰檳城華僑中學校、頗著成效、及民國十年土產跌價、經費因以支絀、不得已暫停課、君愁然憂之、嘗與同志謀恢復之、而同志方以鍾靈小學乏欵爲苦、遲疑莫決、乃復謀就鍾靈小學改爲中

學、附設高級小學班、約增歲費五千元、議定、遂損益舊章、附以預算表、呈大衆議決、推君總理其事、君旣荷重責、深庻隕越、京京然竭力以圖、更得麗澤明新兩社同人、两次演劇助資、經費充裕、校務於以發達、檳城中學校之倖存、君之功也、

【戴恩谷君】 戴君恩谷字貽三南安詩山十一都大庭鄉人、少讀書三年、即往日本神戶省親、蓋父金樹開有復泰九八號于神戶、到即佐理之、嗣歷任天津上海復泰棧事、會日俄戰爭、米糧奇乏、因往緬甸仰光辦米回日、獲巨息焉、旋遊馬來半島之霹靂屬在太平埠、曾購地種樹膠、凡十餘年、因起躓不常、終無所獲、移居檳榔嶼、開張業成號、營日本及中國雜貨、遂安之焉、爲人急公好義、在太平時、曾加入民黨、購國債票數百金、於社會事業、尤能與衆肆力提倡、在檳發起續辦南安會舘、歷任副會長、捐巨資、爲繽辦費、其他施貸周給、視力所能及者爲之焉、

許生理君

【陳清貴君】 陳君清貴福建海澄浮宮倹美三角社人、檳城實業家進長之第四哲嗣也、產于檳城公巴十歲失恃、十三歲失怙、性義俠中正、富有理想、幼會英皇加冕、檳人組賽跑慶祝會、君與角逐、獲奪首標、英皇贈以最優獎章、殊榮也、淸末被送回國留學、進福州商業專門學校未幾、以民國光復、省中大亂、因南歸、越年、戒復北上、漫遊于廣東上海南京山東寧波天津等處、以領略祖國諸名勝、卒進上海南洋大學、後又就學于福州華僑公學、民國三年、南旋檳城、爲興美公司店夥、以磨礪其商術、旋升任買辦重職、兼理該公司實業要職、凡四年、卒得以儉積之資、邀股合開通成商號、貿易大宗土產、及爲英庻郊配寄錫帛于印度、近者收買外股、獨自經營、以君商才天縱、能行德義於社會、今所建業有椰膠田數百畝、及諸不動產業、華僑銀行等、以豪富聞矣、時演講教育之救國於僑衆、衆以其爲社會國家之中堅人材、故共推之爲椰肉公司主席、至鍾靈麗澤福建南洋工商陳氏養正諸中小男女學校、亦爲董事、福建公司穎川堂信理員、十年來之輸貲於敎育公益者、歲計輒數千金、至出貲以息人事、施棺木、惠孤寡、抱不平、急友急、起公衆之難者、猶指不勝屈也云、

【柯孟淇君】　柯君孟淇原籍福建同安鼎尾后柯社自其先人作客南洋君遂生長于英領之檳榔嶼在檳城市廛業商賈、三十年來、鑿輪船帆船川行各隣埠開土庫交易歐亞各國貨又久任東方輪船有限公司董事、兼總經理、最近業種植、兼代理輪船出入及保險公司諸商業、爲人讓不失禮、富而無驕、檳城上而英政府、下而華僑各善團咸敬重之曾任禮申局局員數載、又檳城華人參事局局員、四州府政府米較董事、檳城港務局局員、檳城保良局局員、及義務財政員、英國義學學生會副會長、檳城工部局局員、太平局紳、歐戰發生時、又任檳城英政府管理船務部總經理、三州府議政局非官吏議員、檳城華人義勇隊顧問、以上係英政府方面之信托、至于華人各善團、中華總商會任董事、平章公館任信理員、小蘭亭俱樂部任協理、檳城音樂體育會名譽會長、輔友社名譽會長、檳城佛教研究社名與會長、點石齋有限公司董事部主席、檳城英籍華人會會長等、往年經英政府特擢升實得力三州府定例總局議員、兼按察司銜、欽賜ＯＢＥ勳章、君於西歷一千九百十九年至一千九百二十一年、檳城米荒時、居民亂甚、英政府特委君爲米糧支配代理人、以是有功、勳章之賜、蓋在此也、

【吳錫照君】　吳君錫照廣東台山藍田村人、爲民黨要人、冠前二年、輟學放洋、南渡檳城學爲鍛於某金店、明銳機警、才數年學、便靜名手、既而以汗積在大山脚開滙源金舖、有弟錫煦亦謹愿多能、在舖爲佐貳、更購地數畝、滋者掘池養魚、燥者爲畦種菓、起家眞不限一途也、辛亥國體改革、捐貲出力殊多、與朱步雲等共倡日新學校及書報社、一爲學校教育、一爲社會教育、該處十年來、文明日進、人才輩出、君與有力焉、歷任學校書報社協理員、台山會館打金行俱爲要職云、

【翁碧齋君】　翁君碧齋字惠鐘福建龍巖城內人、父志颿久商於南洋檳榔嶼、君年十五、受父命學商於協發號、踰三年、始令南渡檳城在父所附股之志成公司佐理店務、亡何、升任總司理、蓋有見君之優於懋遷術也、前後十餘載、既極其綣綣奉職、於己亦由是而著善商之令名焉、旋自開金麗昌亞齊土產郊、並爲樹膠之貿易、幸以自號營業蓬蓬勃勃、不能兼顧志成、遂以志成交其弟總理之、近者又設支店外埠、在暹羅董理什埕埠則有志和若荷屬亞齊埠則有麗昌棧、其他加央埠則有附股於某錫礦公司、萬里鵬搏、前程遠大、正未可限、爲國民黨黨員、學陶公所青年公所檳城閱書報社中華總商會亦均爲會員、於慈善事業、及教育等、多頗踴躍輸貲、至籍鄉之模範公民振桂等校之助爲尤力、計其所捐、凡千金、近又將與嶼中鄉人、發起龍巖會館、爲人率直誠謹、處事以穩健爲主義云、

【丘明昶君】 君閩省海澄縣三都新安鄉人、性沈重淵懿、讀書雖未造乎奧衍閎深、然凡商事尺牘簿書算術等、皆能了了於懷、故壯年來嶼初到即能任某商號書記、服役數年、則自張吉昌號油棠行嗣又分支行於峇眼亞比及新加坡等處、近復購地闢種植場數百畝、更與族人合股開米郊樹膠較、十年經營、業至數十萬、不可謂非商中之雄矣、爲人慷慨、交友直諒、求無宿諾、有同志某甲落魄星洲寄居君店、每乏資用、嘗不待其開口而即助之、一日君欲回嶼、恐某甲窮困無告、乃密囑掌櫃某曰、甲君子也、吾離叻後、仍時看顧之、無使乏絕、其交友直摯慷慨如此、君操業勤、執事敬、居嘗戒其子姪輩曰、吾少貧、爾曹知之、今得在南洋占一席地、積幾文錢、無他恪守一勤字耳、古人製字勤從力、力之所到、則富基之、昔楚莊作箴以訓其民曰、民生在勤、勤則不匱、至言哉、爾曹勉之、君維新最早、剪辮易服、亦在民國前之三年、知報館爲創造維新之機杼、故檳城光華日報及石叻國民日報等、均贍巨股、平素注重維新、破除迷信、至家中拜神祀鬼、廢除尤淨盡、謂國亡聽神、經書早有垂訓矣、君革命組爲先河、當嶼中成立同盟會機關時、會員僅一二十人、君已居其一、已而、辛亥前後革命凡三次、首先輸巨資、忙奔走、略無倦態、革命功成、民國成立、臨時政府孫大總統暨諸同志來書勸歸、並咨詢建設方略者甚多、君謙謙謝無謀焉、其無伐善無施勞又如此、君有弟曰四國、亦革命中人、篤信謹守、人甚敬之、現方佐君治商業、深滋得力、子男五、各授藝業、尤多具有朱頓才者、大可賀也、

【陳西祥女士】 女士閩籍、檳產、爲檳城已故林寧綽君妻、現三州府太平局紳林耀煌林耀椿二君母、性慈和、念經奉佛甚謹、然施濟之事、則不分僧俗、力所能及者、無不爲之、如檳城鶴山極樂寺之永遠施茶、如逐年助某善堂施棺、如祖國災祲之振濟等、皆動輒千百金、無或稍吝、女士好善、出於天性、嘗有某婦人、其夫因訟收縲絏、將成獄、證人某索巨賄許平反、婦貧無以應、轉求助於女士、女士爲之憮然、適無便資、亟脫簪質錢與之、婦見狀慘然淚下曰、太夫人雖甚好善、但如此、不已傷惠乎、女士曰、吾與雖傷惠、爾取無傷廉、且所謂傷惠、亦祗傷吾一人之惠、要知不與、則傷爾夫、或至傷一家之性命矣、故吾兩害相權、寧取其輕者耳、亡何、果釋放、夫婦感泣、匍匐謝二天焉、檳城十年前無女學校、婦女界風俗、漸次用夷變夏、女士憂之、遂獨立創辦檳榔嶼女學校、凡入校者、悉不收修脯、現教員已有四人、學生亦百餘人、其好善興學、有如此者、女士教子、悉以義方、子耀煌耀椿侍之甚謹、修身行德、皆母教也、林家德量、多有可紀、尤著者、有賃林家屋某、租金已積欠八九個月、收租人欲請裁判廳令封閉、拍賣其家私、以抵賃資、女士母子、皆阻不可、令搬遷了事、檳中

屋價、年來飛漲不已、賃金亦然、林家之屋、租值較他家低數倍、獨不升高、識者有以知其家興未艾也、

【黃金慶君】 君祖籍閩省同安縣、其先世旅居南洋暹屬各埠、父爲檳城鑛商、建得昌號商業、君故生長檳城、父歿、繼掌其遺業、循途守轍、父規子守、凡十餘年、能商之名遂振、甲午我國戰敗於日、割臺灣賠巨欵、喪師辱國、爲自有史以來所僅見、當惡耗傳來、僑人咸瞋目裂眥、大罵當軸昏庸不置、君獨嘆曰、是當樂觀、不當悲觀也、中國人不經是役之挫折、必不覺悟、我民既不覺悟、寧有自强之日哉、歲乙巳、孫逸仙先生南來運動革命、到檳後、人皆不敢納交、君獨與三五同志歡迎焉、更爲置舘駐旌、餉米役資、供給不時、無或稍吝、已而孫知君爲卓犖可靠、遂委以南洋一帶同盟會主盟、君性仁慈、而有膽識、宅心復醇粹、以是同志悉歸心焉、內地革命每一起義、必函電交馳、報告鄰坡、冀得衆助、而尤以辛亥元旦粵中新軍反正、及三月二十九日、八月十九日粵湖諸役爲尤忙、民國肇建、臨時政府褒以特別旌義狀、滇督唐蓂賡、粵督胡展堂等、亦各賜徽章及諸獎品、然非君素志也、君中年處境甚豐、而晚年反悴者、是皆分心於國事、不及庀整商業之故耳、民國四年、跋涉星洲、任中華國貨公司經理、越年疾作、卒於旅寓、幸星之怡和軒俱樂部諸同志、出爲治理一切喪事、至將運柩回嶼日、星人士送葬者、達三百人、船甫入嶼港、各界立於烈日之碼頭以待、執紼者不下二千人、可以觀君之得人矣、

【詹修崗君】 詹君修崗字常五、廣東瓊州文昌下屯村人、少年作客南洋之檳榔嶼、數年爲傭、事瑣利微、甚難進步、年二十四、因得友助、自開榮裕號、交易布疋洋貨、嗣又增開美酒號、爲人伉俠、素服膺孫中山先生三民主義、辛亥前入同盟會、義軍既起、捐己捐人、以助經濟、益華學校、益智書報社、均爲發起人、助款亦多、瓊州會館一任爲副總理、君愛國愛種、爲社會所共欽佩云、

【楊國深君】 楊君國深、廣東惠州海豐籍、西歷一千八百九十二年、生於南洋英領之檳榔嶼、幼攻書、且精英文、日里五公司聞君名、聘爲主簿書、在事未嘗隕越、越四年、倦於外遊、因辭歸、受任於興美號東主吳成春、以其賢、甚禮之、殷商盧文義尤嘉其才器、以女妻之、並邀與合資開張順宜棧九八商業、經營數年、初尚獲利、後膠價大跌、影響所及、遂難於維持、因收業焉、已而復毅焉起、與友王綿遠合資、開創人和樹膠公司、數年以來、業頗發達、溢息至巨、因由公司名義、購置樹膠園若干畝於吉庶、並自置有不動產、爲人伉直任俠、既豪富、尤輕財樂善、於社會公益、及辛亥革命、嘗輸數百金而不吝、於是蜚聲闤闠矣、歷被推爲惠州舘財政、輔友社總理、樹膠發行公所、麗澤社、鍾靈中學校、麗澤學校、檳城閱書報社等處董事、爲中華總商會及廣東暨汀州會館會員、亦南洋慈善家之一也、

【林地基君】林君地基字建堂、福建同安人、世居城西十餘里之亭塗社、君隨親居太平佐父治商、亡何、父與之微貲、出自開鴻發號於檳城、業板柴架屋料、旬年之間、獲盈鉅萬、天性孝友、謙遜廣交、尤忘家憂國、革命之役、在同盟會策畫大端、盡量輸貲、甚至勞而不矜其功、怨則裴辭罪己、其愛國忝公、有如此者、晚近與呂毓甫君等倡辦同安會館於檳城、手自撰序、募貲同僑、疲役不辭、至福建女校檳城閱書報社鍾靈中學等、或爲總理、或爲職司、要無不竭忠贊助焉、

【郭天麟君】郭君天麟、福建惠安人、幼隨父母客南洋檳城、讀書於中華學校、能文善書、及長、佐父治木材業、尋常視之、一商人而已、但夷考其舉動所懷抱、絕不相侔、嘗於冠前回國、投廣東某師、隨營幹部教練所、爲教習、方以才藝見知於上官、忽奉母書、趣其回檳、於是匆匆歸焉、時其父已沒、母氏在堂、定昏省晨、正須有人、故君不能不爲暫時居嶼也、爲人性格澄清、胸懷空洞、鷄鳴而起、或商或讀、或在精武體育會練習拳棒、一身數役、尤珍惜光陰、嘗曰日月其邁、人生幾何、玩歲愒日、奈年已蹉跎、何眞足爲青年界之鍼砭、當余之遊檳臥病逆旅、蒙君倍常照拂、至今感之不已云、

【杜壬癸君】杜君壬癸字有隴、福建同安馬鑑山後張人、以西歷一千八百七十五年、生於馬來半島英屬之檳城、父錫助爲綿蘭名商、君年十八、初被聘任某洋行事、已而就德和商號總司理職於太平、惟日孜孜、無敢逸豫、才名以顯、旋集貲自開錦裕春公司於檳城、亡何、歇業、而自啟寶仇汽水公司於太平、除製造上等之各種汽水、銷行於馬來一帶外、近者爲土產樹膠之貿易、膠樹之墾植、並與壻王康恩合資、共創寶康公司、經營變多加料及車油鐵器等業、家貲益豐贍矣、天性率直、嗜學、在家出外、手不停披、尤喜瀏閱報章、關心祖國時局、至於社會公益事業、尤樂輸貲、以促其成、爲太平僑商別墅總理、樹膠公所職董、GRA俱樂部及論文閣董事云、

王景成君

【王景成君】王君景成、祖籍福建同安白礁鄉、而生長於檳城、幼讀書於檳城中華學校、未畢業、而父見背、家本寒素、學業因是

中輟、得友人介紹、傭於興美號、而所入太微、俯仰莫贍、民國八年、始與友醵合創橡皮店、敢號振權公司、諸股友、以君是業多閱歷、推爲總司事、三四年來、歲計有盈無絀、君年方二十五、少年得志、殆天授也、又與數同志組織麗澤社於檳城、命名取義、明交友不比匪而麗澤也、社既成、君爲總理、社友數百人、內容甚齊整、如設閱報觀書也、如建設學校也、如演戲助賑助學也、在在有益青年、範型社會者、該社既多成績、君名隨之而聲芳、嶼之華僑女學校鍾靈中學校麗澤學校檳城援助僑工會同善學校中華校友會閱書報社輔友社精武體育會等、均鬨名推爲義務職員矣、樹膠公所尤爲義務總理、少年英華、我國前途正賴此也云、

【陳其新君】　陳君其新、廣東合浦縣人、字傑中、居南洋英屬庇能之雙溪檳榔坝、現年四十八、幼年家貧、困於生計、不得已隻身南走、直抵檳榔初至、求爲逐什一者傭、旋得友人助、自張商肆、乃運未享衢、晦氣尚在、三張三罷、一蹶十衰、幸妻之賢、一家經濟、胥出其纖纖手、然天不負才、未幾得他項利路、遂以財豪、君居恒每言革命爲正當事業、時有熊就先者、固革命中人、介紹與同盟會長黃金慶君入會、遂與插盟而歸、既而見雙埠風氣閉塞、時請志士演說以開通之、一面維持黨事、一面倡辦浮坡公益書報社、社成連任議員三年、朱君伴平至雙、論及教育之必要、君首先引爲同調、遂發起新民義學校、衆以君能任勞怨、舉爲庶務員、適是年樹膠價降、學校經濟大受影響、君苦心孤詣、力任維持、此君對於社會公益之大略也、至於爲人謙退如馮異、義俠如郭解、故人皆樂與周旋、遇有訟獄口角、多願邀斷於君、人望之歸、如此、君慷慨輕財、嘗與某君合股爲商、因過談國事、爲某君厭、時生齟齬、遂與割席、犧牲甚夥、不惜也云云、

【張延木君】　張君延木、同安後湖人、西歷一千八百九十七年、生於南洋檳城、畢業於中華學校、少具大志、出學後、父命之任成利公司掌櫃、該公司乃其父與丘金經君所合營者、凡六年、在職勤慎、遊刃有餘、但爾時市面恐慌、因被影響停業、於是再邀林爾銘丘毛獅等君四五友人、合開成通公司、經營庶貨業、十年勤苦、頗獲奇贏、民國十三年、復附股於福祥棧、該號營大宗土產及索絡業、歷任財政重職、與股友合智並力、故其營業有進無退、性仁慈和藹、交友赤誠、於社會多行德義、喜輸資於慈善公益事業、故時流多稱之云、

【劉霓生君】　劉君霓生、一名宗德、字若旱、福建崇安縣人、十五歲肄業於上海澄衷學校、三兄皆投身於辛亥革命、癸丑袁氏竊國之第二次革命、君亦與焉、然廣東湘南民軍失敗、時君已畢業上海高等警察學校及商學體育會、因遂返崇安創辦警察、以衛鄉里、會一度任禁烟調查委員、一度任學校教職員、又一度辦鑛於湘省、鑒於國事蜩螗、莫可爲力、爰於民國九年、南來檳城初任香泉酒廊

書記、嗣任上海第一商店經理、爲人斂事愼言、樂羣愛國、檳城明新社麗澤社鍾靈中學華僑女學校等之成立也、皆與有力焉、余旅檳城、一切事宜、多承指導、至今思之、尤感念不置也、

【呂俊典君】　呂君俊典福建同安后安鄉人、爲檳城商業家呂毓甫君之猶子、父早世、讀書數年、毓甫君便命之南來檳榔嶼佐商、未幾、毓甫君以其才可獨當一面也、遂爲備資本開設俊美號、業海錯及諸土產貨殖流通、趨利如水、爲人情趣孤高、持躬平恕、不爲孤恩負德之事、居嘗語人曰、生我者父母、成我者叔父也、生平愛國如家、爲檳城同盟會一份子、對於辛亥前後革命、時見捐資出力、曾爲吉礁國民黨支部員、辛亥年曾在嶼丘有美山園一會孫中山先生焉、

【李榮壽君】　李君榮壽少年有志於商業、籍閩海澄而生於檳城、十歲出就於同善小學校、十六歲輟學、君父開設有合興號商店、爲父理會計、如老商宿賈、市人奇之、民國十一年、隸名麗澤社、又一年入精武體育會、麗澤與精武爲檳城三育之二大機關、青年會到此如躍禹門、其變化眞有一日千里之勢、故年來爲介山學校財政員、爲培南學校總理、追源其始、皆麗澤精武有以啟迪之也、爲人輕財重義、博施濟衆、受其拯濟者頗不乏人、家居檳之日落洞、隣近貧者、皆視爲福星冬日焉、

【朱仁育君】　朱君仁育字長吾、廣東文昌道巷鄉人、君性溫和謙恭、待人接物、皆極誠敬、壯年南來檳榔嶼、大資本家謝增煜君、見其才器、任之爲某項重職、自是家以小康、現年六旬餘、矍鑠如四十許人、尤樂爲慈善、於教育方面、捐資頗多、檳城益華爲所提倡、檳城閱書報社益智書報社及各學校各團體、或提倡、或贊助、頗難勝舉、至於親戚故舊、遇有凶吉、飢溺恤濟而外、必躬親慰問、近年祖國多災患、君嘗邀同志四出捐資、以成其事、人以爲難能、故爲社會所欽重云、

【符大同君】　符君大同字業初、廣東瓊州文昌大𡉕鄉人、冠前二年、與其族叔南渡暹屬之通扣埠爲商、以其地非可久居者、爰移來檳榔嶼、開創食品店、號萬豐、時君年二十一、近來又與友人某共創汽水廠於暹屬之童頌、更置樹膠園多畝、入息皆豐、家由是富、君愛國、具與休戚之心、民國成立、任國民黨財政員、黨事進行、佐謀府、擘畫頗周備、自亦助資不少、檳城益智書報社益華學校瓊州會館等、皆曾任職董、國內災祲、捐資亦多、其尤著者、族中子弟、有志於學者、而苦於經濟、嘗能助以學費、族中以是多頌之云、

【陳怡英君】　陳君怡英福建惠安洛陽人、十四歲南來檳榔嶼、其始也、爲傭於恒茂號、留神工作、在事精勤、東家林文琴提拔之、

爲總買賣手、重職也、後以林文琴病故、恆茂號亦倒閉、乃自出謀創商肆、號集源、業九八土產、內又附設陳怡英一商號、業樹膠土產、均巨號也、爲人寡言辭、而多德智、於朋友寡交而多親友、偶有急難、嘗傾身營救、有所借貸、無宿諾、辛亥年、在檳城入同盟會、對於國事、頗多謀慮、當癸丑江西都督李協和來檳城、君與同志、一度會李、李悅其熱心、書贈數聯、中有兩肩兒挑盡國事家句、一時傳爲美譚、爲商會會員、樹乳發行所及樹乳貿易公所俱爲職員、麗澤中學鍾靈中學福建女校俱捐多資、被舉爲董事云、

【朱步雲君】　朱君步雲、籍廣東揭縣、弱冠之年、南來商於庇能屬之大山脚、該埠聖教會多所贊助、蓋君基督徒也、故會友推之爲義務會長、時君已張商號、置實業於該埠矣、時孫氏來自內地、以革命方略相商、詢謀僉同、相見恨晚、於是亟組織閱書報社、爲機關、設華文學校、以造就人才、內地數次革命、君胥與謀、辛亥既告成功、君雖在南洋、未能執戈從戎、然而身爲該埠盟主、轉給饋餉、軍無乏絕、尤可敬者、當軍興之際、黨首索糧電到、適君子死未葬、恝然勿恤、直到機關召衆開議、同志或以爲不情、君曰、國重於家、子死私事耳、吾不敢以私廢公、聞者壯之、款亦立集、君賦性豪邁慷慨、友有所求、重然諾、鄰有鬩毆、君一出爲調停、無不冰釋、其正誼感人如此、性復慈善、埠中書報社學校及各團體皆君所倡、爲學校書報社董事十餘年、無非之者、故孫中山及諸大吏等、皆贈徽章旌義狀以榮之云、

【葉漢臣君】　葉君漢臣、粵之梅縣梅屏堡鹿鳴鄉人、幼讀書穎異、所學務得、於醫書一門、尤講求有素、年十八、始到南洋大吡叻之萬里望縣壺、七年遷庇能過港之大山脚尖烏穆埠、創設藥材店、名曰仁濟堂、並懸壺濟世、貧寒之家、不惟贈醫、且常贈藥、當辛亥清社將墟、曾在大吡叻萬里望倡組智羣閱書報社、更任義務書記員、鼓吹革命、不遺餘力、復奔走籌餉以助義軍、光復後、該埠組織中國國民黨及國民捐籌辦處、君力任義務勸捐員兼書記員、及四年袁世凱竊國、孫中山命組中華革命黨以討袁氏、君亦與事、五年再任怡保國民黨支部評議員、九年組織中國國民黨分部、經孫總理委爲黨務主任、於民國賢勞如此云云、

【何漢彪君】　何君漢彪、字訪廬、廣東茶陽南坑鄉人、好學工詩、倜儻有義俠名、最喜講求醫學、嘗謂朋輩曰、人生於世、如蜉蝣、能享百春秋者千不獲一、是故衣食住三者、既無虧欠、則宜從事於濟人、年既二十八、遂棄儒售醫於南洋之庇能、復自張藥肆于雙溪馬及埠曰仁和堂、君醫德最足可稱、凡貧病者、不惟贈醫、更常贈葯、人多以生佛加其徽號、紀元前三年、由謝君逸橋介紹入同盟會、後又入中華革命黨、內地孫中山及諸偉人、皆器重之、委爲革命籌款員、並得主盟權、高淵閣書報社成立、及大山脚書報社成立、俱曾舉爲

評議長、性復仁慈、每量己力之所及、濟人之急、扶人之危、故埠人士、復稱之爲慈善家云、

【呂銃甫君】　呂君銃甫福建同安人、性厚重、好讀書、爲文不拘法、能詩、不喜吟詠、惟孜孜講求商務實業、旣北遊檳城任某商店書傭、月糈只三十元、終歲碌碌、未有寸進、嗣自設商號曰同豐專辦土產、配寄香港滬厦、又購帆船數艘、往來鄰埠運貨、十年之間、獲利累巨萬矣、君處境旣豐、乃從事施濟、年來振廢滯、恤鰥寡、匡困乏、救諸災、所施不下萬金無吝也、復以巨資倡建同安會館、且不好名、偶有義舉、輒囑報館勿宣布、其不矜誇務實際有如此者、君好討論學術、得間、恒就光華日報社兢兢書局集諸記者及同志、談空說有、論經評史、有人叩作文之法、君謂文不宜拘法、拘法則無異八股時文矣、又有人問以對各宗敎之贊否、君曰凡爲宗敎、各有好處、否則必不能存在到今、惟各敎皆含有迷信事、敎條旣立、門戶顯分、入主出奴、在所不免、益以爲敎主者咸有獨尊無偶之槪、際此科學昌明、誰能忍此、觀於十五世紀日耳曼路德之役、殺人盈野、可爲寒心、至回敎殺戮尤甚、釋道等敎之競爭、亦不能免、余故未敢附和耳、其他議論尤新穎、人以其談諧恣肆、咸樂聞之、

呂銃甫君

【張北勝君】　張君北勝廣東恩平人、字星輝、現旅居南洋庇能屬之雙溪檳榔、君南來之故、蓋少時新寧邑土客械鬬、波及恩平、遂隨父母家人避亂到庇能屬之雙溪檳榔、焉然一家數口、旅況蕭條、自非各操一業、難備三餐、旣而或耕種、或經商、或傭工、相勉以勤、年復一年、漸有餘蓄、無何、父病故、臨終遺訓、（克勤克儉、維耕維讀）君固以孝聞、至是益自奮勵、乃業一二年間、遂以財豪矣、君旣富、而益行仁、雙埠公益慈善、量力次第俱舉、其尤著者、與熱心家倡辦新民義學校、自捐巨款外、並獻地一大段、建築校舍、不收分文、現已興工、衆更推君爲總理、其次雙埠有巨溪以阻行人、君求英政府准予獨力築橋、英政府准許、未幾橋成、衆以君名北勝、遂以北勝二字名北勝橋、此百世之降譽也、又其次近人組織南洋時報、君首認巨股、且列名發起、至本歲五省旱潦爲災、尤自捐捐人以賑濟之、至若濟困扶危、排難解紛、不可勝記矣、

【劉頌堯君】劉君頌堯字俊德又字克明廣東豐順潘田社人、久居南洋庇能轄之雙溪檳榔開張德和商號溯君八歲就外傅、十五之年、遂失怙恃、學亦輟、偕親友南來庇能西北山曰浮羅山背爲苦力傭、沐雨櫛風、披星戴月者七八載、伶然獨存身無長物、徙居馬來島採錫、又三年失利至再、遂返寓雙溪檳榔坡乃天理循環無剝不復、得同鄉某邀與合股、咄嗟間開創土產雜貨二商業號曰寶興時雙坡市披斬荊刺、驅遠狐嘷、華僑土著居此尙尠商肆尤稀入雜貨出土產所營利皆倍蓰眞非意料所及時君年三十一、富而好善、對於慈善事業、前後揮金巨萬、聲隆名重、由是始焉、後又耕地播種橡椰丁香等物、按時收獲、其利益不可勝算、君愛國逈異常人、辛亥前見滿廷綦斂通國無一廉吏、以爲不革命國必亡、遂入同盟會復與同志組織浮埠書報社崇德學校及雙埠新民家學校近復贊成南洋時報認股不少、至各埠團體、凡與君有關係、則捐財出力、不辭勞怨、當孫中山圖光復及反對袁陸時、買公債票、以濟軍需君購頗多、雙埠新民學校現將建築校舍、君除自己捐三百元外、復向衆鼓吹捐題不已、至十餘年來、爲人排解糾紛、墊補欵項尤多、不可勝紀、爲人如此、亦可風矣、

【朱保平君】朱君保平字渡迷廣東紫金縣柏埔人、旋居南洋英屬檳城之雙溪檳榔年二十一、即浮海而南、初到庇能不遇、遂走霹靂金寶一帶、間採錫苗稍獲利、于是回家省親、時滿清國事搶攘海內外賢豪昌言革命、君固具蘇民救國之誠心、見有機可乘、到處鼓吹、迨清兵即運動之先是君欲回國也、途經星洲得鄧子瑜君介紹入同盟會紫金柏埔區時未有此會、遂與同志劉壽麒君共組織之、會員雲集、同時提倡柏埔兩等小學、然建築校舍、及經常等費、皆缺、衆推君如吉隆坡怡保等處勸捐、功成復回、適武漢首難、乃就地號召民軍、遙爲犄角、未幾克復惠州龍州東江第二路司令官歐陽俊見其能、聘任爲軍需長、清室退位、民國成立、又任民團局局長、五年龍粵將助袁氏盜國、地方益亂、又倡組護路巡防團更聯諸民軍爲一大團、君又爲團長、袁氏既誅、黎公繼爲總統、地方稍靖、仔肩得卸、始復出洋從商、此來乃居嶼之雙溪檳榔時年已四十一、因其地僑胞雖多、民智閉塞、童幼失學、行將數典忘祖、心焉耿耿、邀埠中同志組新民義學校既任副經理、又兼義務教員、其愛國愛種之言行、令人欽敬、無怪僑胞稱頌之也云云、

【法空禪師】檳城鶴山極樂寺有下院曰觀音寺住持僧法空閩人也、本姓陳、幼剃髮於楓亭會元寺、年十七、偕其師南來、居觀音寺二十餘年矣、通國語、英語、習少林拳術、能舉石鼎作旋風舞、光宣間、遊丹芝埠適該埠慶祝英皇加冕、開競賽會、英日美各籍民競

出所長以爭勝、華僑有知師之技者、請獻所長、師曰、茍可以光吾族者、敢不唯命、是日登台炫技者數十輩、台下觀者數千人、而師從容出、雙鉞高下進退如逐電追風、任意所擲、無一失墜、台下鼓掌雷動、嘆爲絕技、華僑大爲之生色、檳城有平民僑工會者、爲濟工人之團體而籌款、師允該會長之請、登台獻技者再、故該會長致頌詞云、以少林之絕技、行菩薩之仁慈、蓋師非好炫所長、實具救濟婆心、不肯自秘耳、此外以技助善舉者、若吉礁之歐戰紅十字會若廣東之水災、若本埠福建女學校以及各團體、有請無不立應、皆本如來慈悲之旨而出、非炫長也、師又善書畫、清太傅陳公寶琛來檳遊觀音寺、詡寺中題句碑額、字多類己、詢知出自師手、叩以所學、始知師亦深得力於山谷者、所作斗大字尤工、爲稱羨者久之、因贈詩勉以力學、而後去、君於奕尤精、自謂南來數十年、未嘗遇一敵手、其造詣之深可知、更有絕技、最善調犬、犬入其手、非惟馴善、並習技能、曾叅澳洲種一大犬、赴英國博覽會比賽、得一等金獎章、爲華人破天荒事、富豪陸懷運見而愛之、以三千元易之去、今又調數犬、備再賽、他如猿猴鼯鼪之屬、亦並蓄之、皆婉轉聽其指揮、且發明猿口袋所藏食物、可醫兒童肝積之症、因以得愈者甚多、斯眞可謂奇人矣、余既至檳城即往訪之、適師方爲人書輓聯、瀟洒揮毫、直入山谷之室、書畢、相與暢談、語多精奧、壁間懸對聯頗多、皆師自撰、詞意尤玄妙、足以發人深省、已而留余吃齋、齋後、引余觀其所蓄諸獸、中一犬、大與牛等、師口語手揮、無不聽命、似甚解人意者、吾聞古之大德有能降龍者、有能伏虎者、師豈其流亞與、

【陳玉壺君】 陳君玉壺閩人也、短小精悍、才識過人、居南洋甚久、現任檳城陳嘉庚公司總司理、檳城爲南洋樹膠輸出歐洲之樞紐、每年營業總數、不下數千萬元、而陳嘉庚公司所製造販鬻之貨品、實居其最大部分、陳君經營擘畫其間、其地位之重要可知、其才力之宏大尤可知也、陳嘉庚公司各埠皆有分行、陳君多曾爲之司理、國內之上海亦有分行、陳君則爲其創辦人也、故陳君爲陳嘉庚公司重要人物、即不啻爲南洋商界重要人物也、君質直好義、不輕然諾、與人交竭力助之、偶有需求、雖千金不吝也、余既至檳即往訪之、蒙其介紹陳君民情及各學校社團之總

觀音寺

副理、又囑陳嘉庚公司交際員趙君爲之指導一切、財政主任白君鍚鈞亦君所介紹、對余尤熱心、所携各種國貨、經其竭力吹噓、銷售甚速、關於各埠往來匯款、亦經其詳爲指導、始得周轉靈活、余患病時、又爲之介紹醫士、尤令人銘感無已也、

【魏阮生君】　君閩海澄人、性行仁慈、寡言博學、少年南來、棲身嶼島、爲某商號書記有年、以勤儉興家、開張慶裕香廈郊、歲獲奇贏、但富有之後、能役財利物、舉凡扶危濟困恤貧賑災之事、靡不爲之、志在自修、不求名譽、故其潛德、少有知之者、然觀於某孀婦之言、可以知之矣、孀之言曰、妾夫郭某思明人、棲遲嶼島一二十年矣、嘗爲商舘書傭、乃煙癮已深、服役未久、輒擯不用、以故家中萬分困窮、然日食不足、時常得魏君資助、已數數矣、民國四年、夫病未幾即歿、妾往告之、又出數十金爲殯費、妾夫在時、每自言彼所借貸友錢亦多矣、欲求如魏君能全其體面、不漏一言、竟無其人、妾夫感魏君恩德之深、可謂淪肌浹髓矣云云、於以知君之爲人矣、君好革命、辛亥前後助餉不貲、當武漢起義之役、慶裕樓上、時有多人聚集候接電信、聞革軍得勝、則與衆手舞足蹈、歡呼如雷、聞某省克復、則釀資設宴、不醉不歸、革命機關報、如星洲國民如檳城光華等、君嘗爲總理協理、民國六年、叻嶼二處飢民、因米貴暴動、英政府疑爲國民光華二報所鼓吹、逮君入獄一夜、同時並捕呂毓甫傅炎峯二君、若陳新政丘明昶林如德林福全徐洋溢吳裕再林如瑞柯自發等數人、悉自投案、蓋均一一報董事也、已而英政府勒各人拍照像片蓋印指模而放歸、時君面不改色、以爲內省不疚、何知憂懼哉、

【黃迴瀾君】　黃君添水字廻瀾福建晋江人、幼穎悟異儕輩、畢業於泉郡培元中學、成績斐然、師長目爲偉器、年十八遊檳城、任錦美棧經理、營樹膠椰子各業、爲半島有名豪商、經營數年、所業乃大獲進境、繼思民智之急宜啟迪也、乃發起南洋時報、出巨資以組成之、又念兒童之不可逸居無教也、乃力促教育之振興、如福建女校鍾靈小學南洋女子公學工商女學均被舉爲董事、以辦理校務、又膺任書報社椰乾貿易公所乃倉米商公所晋江會舘光華日報諸社團總理、事務殊冗雜、而君竟措置裕如、視社會事如己事、不畏難、不惜力、蓋其急公好義之天性然也、君年僅三十、所成就已如此、前途遠大、甚望黃君好自爲之、

【溫慶標君】　溫君慶標閩之海澄人、性恬退、嗜讀能文、年二十四、乘書來檳城練習商事、至二十八歲、即自立商號、在檳有福隆棧福慶隆在峇乳有福慶隆福慶美居林有萬珍美新文英則有萬珍美各商號、其所營業、如布匹也、土產也、錫鑛也、蠻珍海錯、鳥集鱗萃、貿易之盛、爽爲當時、君既富、不改常度、薄己厚人、始終如一、檳中公益事業、如南華醫院同學醫堂中華學校福建女學校援助僑工

會平民工廠、福建公塚等、胥任其名譽職員、且捐鉅資以贍其經濟、其積善累仁有如此者、君善與人交、一經爲友、則分甘共苦、親若兄弟、有惠明黃某者、家貧、棲遲島嶼、簞瓢屢空、君與交才一面、因憐而時賙邮之、其慷慨好義又如此、君任福建公塚董事、尤能澤及枯骨、蓋檳中有福建公塚三、曰波池滑塚、曰峇抵眼東塚、曰峇抵萬東塚、塚役多無賴、嘗將故塚掘發、僞爲新地以圖利、君既爲董事之一、提議嚴格査究、重新立約、塚役爲之稍戢、衆由是推君司理三塚事焉、嗚呼、君於是可謂仁人矣、余居檳城時、聞君之風、頗慕其爲人、惜因塵事紛紜、竟未及一見耳、

林如德君

【林如德】　林君如德、閩之海澄人、旅居檳城、任某米較公司總司事有年、公司每値歲計、獲利甚鉅、東主以其才、優予薪紅、所入既宏、交遊寖廣、爲人愼言語、和顏色、好爲公益慈善、檳中學校善堂多列名發起、閩粵團體之平章公所爲董事、且二十年、他如鍾靈學校、中華學校、福建女學校、檳城閱書報社等、並任重要職員、勞怨不避、辛亥革軍初起、君欲以口舌之力、助其成功、到處宣講、同事咸非笑之、不顧也、及南京臨時政府成立、來電告改用陽曆、僑界大譁、即號稱民黨中人、亦多駭異、君稱賛不已、性慷慨、度量甚寛、嘗爲同族某甲騙銀千元、有勸之告官究辦者、君曰、追回全欵、上策也、得半猶爲中策、告官則策最下者矣、人孰不欲自高其人格、顧少年浮誇奢侈、偶爾失足、事所常有、一經刑獄、則抱愧終身矣、卒不究、其存心忠厚類如此、余居檳城、嘗訪君於福建女學校、歷述辦理學校之困難情形、聽其言、足徵其對於敎育之熱心也、

【戴忻然君】　君姓戴、諱春榮、字忻然、原名喜初、字喜雲、粵之大浦人、少岐嶷、異常兒、年六歲、入小學、九歲、母彭氏見背、擗踊如成人、贈君課以經書、學益日進、然數奇、試不獲售、家赤貧、二十四歲、贈君命之赴南洋、初爲人掌簿記、月糈祇數金、盡奉之贈君以爲養、逾五年歸省、未幾、贈君復遣之出洋、時君二十九歲、仍爲人掌簿記、念繼母唐氏所生弟春和漸成立、悉以所入爲之謀敎誨、立家室、以博兩親懽、三十六歲、始獨立商業、因迎養贈君至南洋奉侍惟謹、三十九歲、奉贈君歸里、値秋祭、族人以乏祖嘗告、君爲購祭田數十畝、見

鄉塾諸貧子、修脯薄、無以延良師、則助之米歲五石、時君家未饒也、其興學熱誠、即見端於此矣、自是復來南洋商業漸充、年五十二、贈君年八十三終於家、君聞痛不欲生、奔喪至家、哀毀骨立、人稱孝焉、君老尤好學、商餘之暇、輒手朱大興曾湘鄉諸文集講求之、光緒庚子、拳匪爲亂、賠款於各國、計四萬萬、國愈貧弱、君憤當道無識、致受大辱、每思有以振之、會各處設立學堂、時君居積稍裕、盡散助之、又以次興立潮城大浦及南洋新加坡檳城諸學堂、凡十餘校、費十二萬九千金、又助汕頭大浦各醫局二萬一千金、光緒間清戴鴻慈以考察政治道出南洋庇能、聞君興學之詳、贊嘆不已、戊申特疏薦君、擢爲道員用、賞加二品銜、復以君憂國如家、才可大用、函促君入都、然君時已杖鄉矣、自以精力漸衰、恐未能報稱、不果行、然君德望爲僑民信仰、丁未、駐英李公使派充檳城領事官、宣統辛亥、駐英劉公使復任君爲新加坡總領事、是年冬事變、君扼腕憤悒、謝事、杜門不復出、逾八年卒、壽七十一、時民國八年五月也、君自奉儉約而廣施與、遇內地災害、必慨捐巨資、當清光緒末葉、大浦饑饉、輸粟數十萬石爲平糶、其他睦婣任恤、知無不爲率如此、

【胡子春君】　胡君名國廉、子春其字也、閩之永定人、雄於資、而揮之若土、有古俠士風、又豁達大度、丰采朗然、望之威而嚴、接之溫而恭、嘗有食客數十百人、衣之食之、甚焉而家之室之、蓋有慕於古之孟嘗君而然、南人亦以孟嘗君呼之、於是君名滿南洋、每當吾國有護法鋤暴之役、而有求於華僑者、莫不詣君、君即慨然而出巨金、以紓國家之難、君既盡力於國內、又汲汲於南人而思有以振之、於是南洋學校及公益事業之屬、求助於君者、不可勝記矣、即賴君一人之力而成者亦夥、檳城師範學校賴君而成焉、檳城中華女學校賴君而成焉、壩羅育才學校賴君而成焉、拿哈樂育學校賴君而成焉、其於國內也亦然、君慨然而輸、於是永定有師範學校焉、於是華豐有中學校焉、教不遺乎童齔、而猶興小學以成矣、南之人莫不頌君、閩之人莫不歌君、而君提倡教育之心、猶未已也、南洋之人、嗜賭及烟而性惰、君惻然悲之、而毅然欲除之、嘗語人曰、吾國之不振也久矣、吾痛之也深矣、痛之深、思之至、惟民性之惰耳、賭之癖、煙之癮、惰之所由來也、吾儕流駐海外、托足南土、而長其一二子孫者、孰不惟善良是望、得爲有補之國民、今也南人以遠颺之軀、不自警惕、而集賭窟烟、其爲國何、其爲家何、革而新之之任、吾肩之矣、於是上書英國上議院、爲南島僑人請命、禁止英屬七州府煙賭、以保殖民也、展轉經營、卒得所請、而置僑人於勤潔之域焉、君性好交遊、與人推誠相與、國人之有聲譽者多樂與之遊、岑西林者、君之摯友也、當岑公之督粵也、嘗請君從事於鑛務、而瓊州之鑛以闢、李經羲督滇黔時、亦請於君、且顯之爲雲貴鑛務總辦、經營二載、改建共和、李去

而君亦歸、其見信于當時也如此、君又嘗言其志於衆曰、礦務吾國之急務也、民生財源、皆賴於此、吾將集三千萬之鉅欵、而從事於斯、三而一之之利、所以興學校造礦材也、三而二之之利、所以興工場而闢土地也、其言若是、其行又必若是、吾有望於君矣、初君之未富也、試礦於太平埠苦身努力、不數年而有所蓄、乃往拿哈而怡保而端洛闢地數千里、卒以巨富稱、君既富矣、而又欲展發其所素習、爲國宣勞、如君之行、所謂救國救民之人者非耶、

【妙蓮上人】 妙蓮禪師字雲池鶴山極樂寺初祖也、閩歸化人、俗姓馮、父書泰以茂才投怡山爲僧、母楊氏、持齋念佛、父出家日、母鳴鞭炮送諸野、邑中人爲之悚然、所過列案馨祝者數百家、噫、牟尼出自瞿曇氏、正所謂明德後必有達人也、師以經商餘暇、省親怡山、父謂之曰、汝時期至矣、緣在石鼓勿錯過、師年方三十三、乃遵命受戒於鼓山湧泉寺、未幾、寺建大雄殿、急需鉅款、師疾渡台灣募鉅貲集事、遂一躍而監院而方丈矣、此正爲師南渡之濫觴也、己酉托鉢檳嶼、丁亥住持廣福宮、同來諸師曰得如、曰本忠、曰善慶、皆石鼓聖箭堂中智慧卓絕之選也、越數載、乃得鶴山寺址於荒烟蔓草間、師率諸師披荊斬棘、正不知幾許艱辛擘畫、始有此金碧輝煌規模宏厰之極樂寺也、蓋閱十五星霜、乃告蔵事、海國風濤裏、具此皇皇大觀、中西人士、過此莫不攬勝而造謁、師不矜功、而人莫與爭能然師雖久羈海外、間多回國、於內地蘭若、亦亟行建設、鼓山廻龍閣樓可摘星、師建之、省會萬歲寺塔欲凌雲、師修之、他若龜山崇熙寺漳州崇福寺頹皆廢者、舉舊者新、投金無慮百千萬、師曰、吾亦不知此巨欵之何出、破襪敝履、意懌如也、惟其最適意者、莫如甲辰春北上燕京請龍藏經、分供崇福極樂兩寺、非徒歆羨淸德宗皇帝所賜法衣等物、蓋師之父嘗爲怡山請經、弗獲、羈留京華龍泉寺伺隙者三年、師一赴闕、即告成功、實足慰厥考在天之靈耳、意在斯歟、師奔走海內外、至是爲一白頭老僧矣、龜山之役、竟以微疾、示寂於崇熙寺時年丁未七月十二日、得壽六十三、綜集平昔、於人無忤言、集事無矜容、遇事奪燄之際、輒開云衆云、身不入俗、則功行無成、心不離俗、則塵障滋甚、若計較心勝、苦事即來、向佛心專、煩惱自息、聞者莫不感動、即此數語、已得事理無碍之旨、經所謂菩薩道者非歟、然吾聞善創者必不善成、而師獨能創於始、復能善於終者、何也、師能知人善任故也、師於鶴山爲開山鼻祖、於鼓山則二十載方丈、連年在外、而兩山宴然者、因其南渡時推舉鼓山方丈與古月、及返國時、推舉鶴山方丈與本忠兩師、德慧皆優、大衆悅服、此所以有始有終也、

【陳慕唐君】 陳君慕唐字愼陶、廣東豐順人、溫厚謙和、讀書能文、醫書亦稍涉獵、三十歲、旅居南洋英屬檳榔嶼山背之雙溪檳

榔初來作客於某商店、所得貲、極有節制、不浮費、以是得自設號萬安和而業藥材、近兼種植、畜牧、家由是豐饒、爲人愷弟仁慈、歐戰發生、適檳城疫氣流行、貧病多死、於是贈醫贈藥、活人無算、民國以來、在浮羅隨衆發起公益書報社崇志學校於雙溪檳榔埠新民義學校、亦捐數百金、民國十二年、汕頭水災發起賑災捐、數日集事、全款匯交災區、豐順屬第五區高等小學建築校舍、及經常各費不足、亦捐多欵、誠見義勇爲之士也、

【陳光道君】君姓陳名光道字篤生、閩南安人、年十八、遵海而南、首到檳城、任某商號記室、越年族兄某任之以商事、未幾、如吉礁任餉關事、既三年、又回家省親、尋來住居林任舊東振安碩莪較方數月、調任集美米較、未幾、升檳城集豐美米較總經理、至六年之久、從此聲華日著、入息漸豐、於三十六歲時、遂與友某合創集恒美米較兼雜貨商號社、美街亦自創椰肉檳榔土產郊、曰集成院過港大山脚築廠、建大進椰油較公司、君素以國弱民貧、責在國民、不知團體之組織、故年來凡團體所需要、靡不襄助、南華醫院任總理、至二期、又兼財政一期、中華商務總會任董事至二期、廣福宮及所屬各宮廟、中華學校福建三公塚潁川堂皆爲信理員、其平章會館福建女學校同學善堂平民工廠等、或總經理之、或協理之、凡公益慈善一切事業、無不兀兀孜孜、樂爲負責尤著、陳氏潁川堂數十餘年積弊難除、君毅然集族中諸方正者、共控之於公庭、得直後重訂新章、附設學校、修葺祠宇、闔族額手稱慶、推爲總理、連任三期、至今八年、若此亦可風矣、

【莊來福君】莊君來福籍閩同安、父淸建商於檳城、娶林氏而生君、幼讀書慧悟、佐父治商、恂恂遜職、人咸以亢宗子爲期許、現所營者、如萬福英米較萬興美油較南洋霜較山海兄弟公司樹膠較樹膠園椰園、在在爲南洋最大企業、年景稍豐、會計所贏、則百萬或數十萬矣、爲人風骨秀整、靜氣迎人、自奉則不豐不殺、公益慈善、擇可而行、要在有合於義者、年來檳城莊氏四美堂中華商務總會施揆施打球會存義社同慶社仁和社寶亭怡然亭淸芳閣廣福居或舉之爲總理、或尊之爲財政、或尊之爲協理董事、尤皆能允叶衆望、未聞閒言、至恤濟事、如同學善堂如南華醫院如坡內外學堂團體、以及內地諸災祲諸善舉、靡不竭力輸將也、

【楊彩霞君】君字漢翔彩霞其名也、閩海澄三都霞陽社人、瑰岸倜儻、細行不拘、大節莫奪、革命之早、亞于吳世榮黃金慶二君、先是淸光緒二十九年、孫逸仙鄒容徐錫麟及內地黨人輩、或倡起兵、或著革命先鋒、諸君或爲暗殺、滬報喧傳、淸官膽落、君躍然曰、我

圖二三千年來、暗殺者僅荊軻要離聶政等三數人、今何荊要聶之多也、漢其興、滿合亡矣、未幾、孫汪胡諸偉人相繼來檳、因與諸同志、遊之於其家、遂盟焉、君盟後、後進者接踵同盟、根本乃固、時檳城閱書報社革命機關方成立、黨人咸以君饒幹局、推當庶事、君固嫻辭令廣交遊、略施辭說、衆即傾心、拔擢之多、特如伯樂一過冀北、良馬之羣皆空、君於革命成功之年、曾同黃金慶吳世榮君蒞上海組織華僑聯合會、旣爲職員、數年、有南僑王某閩民黨人、而降袁氏、並供其奔走者、時以甘言欲奪君志、君曰、子閩人也、當誠洪亨九其人、後世視之爲何如資格耶、某聞慚沮、現任和豐銀行會計重要之職也、

【劉惟明君】劉君原字惟明、閩之晉江縣河市人、民國前九年癸卯、金太守學獻知泉州府事、開辦中學、第一次招生、試驗投考者五邑諸生、君名第一、時清政不綱、凌虐漢族、民治思想、皆不欲涉登仕版、君奮然南渡、市到英屬之檳榔嶼、楊氏學校聘爲校長、教讀三年、辛亥回國、民國紀元、再行南渡、楊氏仍欲請長斯校、然君志在商業、不以教讀爲意、適檳城米廠公司成立、任爲記

劉惟明君

席、當地華民政務司律勉君、未諳華文、聞君博學多識、親就君所、日以華文求教、迨律勉君將卸職回國也、贈嘉品以留紀念、君賦性惇厚、待友以誠、自奉儉約、而廣交遊、會民國八年、歐戰方終、生計活動、君遂建設有年商號、專營米業於太平埠、委胞姪麟麟君理其事、數年來、頗有獲利、今後在嶼合創宜春號、經營樹膠土產、益發達不已、閩省實業廳長呂渭生君聞其才、函聘其爲顧問、然非君本意也、君對國家社會、多所効勞、當光復前、檳城有閱書報社、爲直接開通民智、間接從事革命者、君輔助之不已、迨被選爲正總理、議購圖書、增添報紙、供人瀏覽、其贊襄新文化之功、爲不淺矣、君視同鄉人旅嶼日多、非集合團體、不足以聯絡鄉情、於是召集同鄉、組織晉江會舘、他如鍾靈學校麗澤學校明新社麗澤社鴻雪廬諸團體、歷任會長社長總理各職、任中勞苦弗辭焉、至對於捐助慈善事業、則慷慨輸將、惟恐不及、嶼中福建女學校之開辦、君任校董、該校新購校舍、需款正多、君亦捐巨資爲倡、又嶼中小學林立、而中學停辦二年、青年學子求學無門、君深爲惋惜、遂聯絡諸同志、提倡改組鍾靈小學校爲中學校、並擔任籌辦員、夙夜匪懈、孜孜擘畫、勤勞

職務、今日中學生之蒸蒸日上、君之力爲不少矣、君以文學起家、投身商界、不數年而商戰中能樹一幟、誰謂毛錐子無吐氣日哉、

【廣通上人】　廣通上人、福建閩侯人、俗姓魏、名子培、父竹泉宦遊政界、所履有循聲、年十六、棄讀從商、素厭凡世、念念有刦、塵塵無際、遂在浙江南海普陀山鶴鳴庵落髮爲僧、以師事該菴文蓮方丈、時師年三十一矣、翌年、則在該菴爲當家、歷二十餘年、民國六年旋閩、八年跋涉緬甸禮佛、舟次檳城、閩粵商人聞師名、延爲天公壇住持、壇貌固剝蝕欲敝、始至、始集資重修之、九年、紳董復延師住持廣福宮、是年吉隆坡福建公所總理盧有水君等、欲整飭該埠觀音亭一切事、邀師同往、推爲當家、師既蒞任、爲立規章、舉百廢、闔坡翕然稱智能焉、現猶遙領其職、寗波孤兒院施用浩繁、經濟缺乏、派人來嶼捐題、師以五百金應之、曰人類最動人憐者、尙有甚於孤兒者乎、是而不救、非空門也、師精俞跗術、嘗以針炙醫病人、愈不受謝、貧者車儀亦不使給、於檳城遂有生佛名、有某甲者、問於師曰、師於醫不受費、始終不怠倦、頗恒情乎、師曰、沙門慈悲爲本、老衲道淺、恨不能作大願船、以普渡耳、區區贈醫、何足道哉、且布施爲波羅密首事、靡論僧俗、力所能到者、皆當爲之耳、甲又問、昔者文殊問於維摩詰曰、何謂不二法門、維摩詰不答、文殊曰、妙哉不答、無語言無文字、眞不二法門也、敢以訓詁請、師曰此不過一空字、甲曰、現有衆生、你我非實乎、何云空、師曰、此眼前實耳、大千世界、一成一毀、自其變者而觀之、曾不能一瞬息、你我乎、衆生乎、萬物語言文字乎、皮之不存、毛將焉傳、故實有限年、而空則無窮期矣、此談空者所以勝、甲聞歎息至再、其能了悟空實有如此者、

【周振錫君】　周君振錫、生長檳城、父何忠翁、素業豐精倉扁之學、活人甚衆、君年十四、已通文翰、乃棄學而業商、年十七、受知於某富翁、任日落洞煙酒局掌櫃之職、司出納、絲毫不苟、翌年、擢升高雅武勝埠煙酒總局總理、任職六載、才具卓越、見稱於時、何君汝成尤器重之、謂此君僅弱冠、而老成持重、迥異尋常、余閱人多、若周君者、終非池中物也、乃以其女妻之、君既蜚聲商場、邦咯埠萬斯美大公司聘君司理其事、歷七年之久、乃自營福崇安號、經驗既富、信用亦昭、黽勉十年、福崇安號營業之發達、遂爲邦洛一埠之冠矣、淸末國勢日頹、君以同盟會員、鼓吹愛國、僑界之聞風興起、願爲同盟盡力者、達數百人、故豪欵巨資、出於君之輸得與募集者、爲數獨鉅、是足徵君之熱血與辦事之能力、爲不可及也、其他組織廣福公塚、與創華民學校、公益義舉、歷十餘載而志不衰、其愛羣有如此、君性至孝、痛父之早逝、與母之柏舟、風木興悲、久而彌篤云、

【林有道君】　林君有道福建海澄三都人、君生於檳榔嶼性沈默貌瑰奇、幼肄業於檳城英文學校絕慧、畢業後、傭書於嶼轄典目西土庫數年升爲會計、凡十年有積聚、與楊必達等合資開張長利公司專營大宗洋貨、時亦號土庫（南洋俗凡稱土庫者皆巨號也）又二十載、以有阻遏業、自營林有道化學公司蓋君長於化學也、所遺物、惟製樹膠之葉標藥、最爲業是途者之通銷品、獲利尤豐衍、近更從事於種植、以森林開墾爲椰田爲橡皮田者甚多、君意致深遠、才幹敏實、嘗自嘆生長檳城雙瞳如豆、一葉迷山、世界景物物、自非遊歷、難開眼界、爰庀裝游歷內地各省名省市廛、旋游日本美洲歐洲亦幾踏徧、尤以英德法意奧瑞士諸國觀光覽勝、爲日最長、時君年三十矣、君愴懷僑庶、熟慮平民、千九百十九年、檳城斗米一金、居民騷動、英政府恐成大亂、將擬嚴懲、君聞警、亟出維持、一面向英政府疏解、一面止居民暴動、闔坡賴以安寧、潮汕及北五省災祲、衆咸以君孚僑望、舉財政員籌數萬金、匯交災區賑濟、檳城中華商務總會鍾靈中學中華學校精武體育會平民公廠平章館會亦皆受君助、商會舉爲總理、餘各推爲職員、英政府授以太平局紳、七州府商會聯合會官民歸望有如此、配丘氏、子男三、

【邱朝宗君】　君字曾賓福建海澄三都新江鄉人、十歲南來檳榔嶼就讀於漢文學校遂佐乃父創之吉成雜貨號商業、旋合資開張吉成利米郊（閩商凡大資本能自輪運大宗貨物謂之郊）兼貿易大宗土產、數年間、發展之驟、殊爲可驚、現亞齊一帶、如萬成利萬吉利達利興太平興福利吉庶萬豐隆等、或其分號、或爲合資、要皆爲鞏固商業焉、爲人愷雅溫恭、待人接物、極其和平、尤關心社會團體、故嶼中如麗澤社如鍾靈中學如福建女學校仁善會平民工廠中華職業學校等、皆舉爲職董、於賑災恤鄰、尤多所捐助也、

【林文進君】　君姓林名文進祖籍閩省、因父某商於南洋庇能君故生長於是、幼攻華文、兼讀英文、皆有所得、於佛學尤多講求、嘗與人論悲智兩門、及貪嗔癡愛四字、竟日娓娓無倦容、樂游古剎名山、隨處交僧禮佛、每語人曰、俗謂百業皆可學、獨死之一事不可學、吾謂學死較他業爲尤重、吾禮佛友僧、正所以重學死也、識者嘆爲名言、平居戒奢去靡、惟賑施則無不量力捐之、辛亥前後改革、捐資助革軍、及賑難民頗多、檳中書報社及報館、皆爲發起之人、民國成立、南京臨時政府贈優等狀、以旌其義、配謝氏、生一子、余居檳常往佛教研究會平章會館聽經、與君晤談、藹然可親、蓋得力於佛學者深矣、

【徐洋溢君】　君閩海澄人、冠年南來檳榔嶼爲某樹乳舖書傭、既十年、乃自開張競競圖書局年來南洋方大興學、需用圖書筆

墨儀器甚巨、以是獲倍蓰利焉、局中現且盈架疊箱、汗牛充棟、俯仰間、盡屬五車二酉物矣、先是嶼中黨人、方募股辦光華日報、經理一席、恰難物色相當人材、董事欲以任雁君、語君曰、君藉筆墨生涯、其利非薄、盍經理報館之爲愈、君曰吾業是非專爲利也、有下列數理由在焉、(一)世界現方競能鬭智、圖富爭强、然所恃以爲後盾者、圖書書籍、啟迪其智識耳、南洋圖書固少、檳城舊有書舘、亦多不完全、此業正及時者也、(二)余學尚未造乎高深奥博、業此日爲圖朋、夜爲書友、學識藉是爲堦梯、文思由斯以進步、昔美利堅富蘭克林氏年二十餘、尙爲造灼備及印字工、乃工餘専攻圖書、卒之不惟成爲大革命家、大發明家、且成爲大文學家、竊思富氏人也、余亦人也、有爲者亦若是耳、(三)世界數年一大變、華僑興學日甚一日、逈非昔比、行將見兒童視圖書爲再造父母第二生命矣、果爾、則屬於投機商業、有何不可、聞者嘆服、君既業是、商隙學而時習之、數年間、果也英合華咀、懷玉唾珠矣、君革命之早、並於黄吳二君、組織書報社、及募股開辦光華國民二報、尤爲努力、蓋二報爲黨人機關也、時叨嶼反對者、詆諆革黨不已、君每著文駁正之、筆戰一開、恆數閱月不休、反對者嘗知難而退、於以見君之文才矣、君性仁厚、有潛德而木訥、平居似不能言、其在閙體庭衆偶有辯論、無不勇氣百倍、侃侃而談、至窮友或有誤會、互挾意見、嘗恐傷好陷於决裂、毎居間調停、務使雙方屛私見、顧大局而後安心、不知者或病爲瑜瑾有瑕、鯽魚多骨、滑稽者至笑爲胎草、眞不諒君之苦衷也、辛亥民國成立、君功甚偉、而竟無絲毫克伐意、識者更有以知君之器量矣、配翁氏、子男三、各炯目大額、神氣充足、有爲之後昆也、余到檳、凡一切風土人情、常往領教、知無不言、言無不盡、誠快人也、

【孫崇瑜君】　孫君崇瑜、福建閩侯縣人、質聰穎、貌温和、性尤慷慨、就傅時、習中文、即能成誦、舞勺之年、隨至親南渡、僑於星洲、入禮佛學校、習英文、不數年、中西貫通矣、居留地政府招爲練習繙譯生、畢業後、任星洲審判廳繙譯員、歷任加斯麻島官署及檳榔嶼與紅土坎審判廳署繙譯員、後升任檳榔嶼華民政司繙譯員、華民署爲保護我華僑而設也、君在署歷有年所、勤以奉公、和以待人、凡僑民有受屈者被累者、君嘗救之不遺餘力、昔于公治獄、多陰德、孫君在華民署、即今之于公也、魏獻文徙青徐望族於代、其人流離饑寒、高允獨賑施之、咸得其所、我僑南徙、常有流離無依、向告貸者、孫君亦施之而不吝、人又以之爲今之高子也、通中英日三種語言文字、兼嫺閩粤及巫來由各種方言、平素見義勇爲、對於慈善教育有益社會者、無不極力提倡、各社團有所設施、必推擧君、君亦毅然任之、不以勞瘁辭、人皆以孫先生呼之而不名、今年方二十六歲、即名垂海外、猶陸機二十四入洛而名滿京華、少壯已綽綽可傳如此、其德

業必與年俱進、眞隱於吏之異人也、余初到檳城人地生疏、頗多困難、幸遇君經其指導、每多臂助、對於國貨、尤具熱心提倡、誠爲青年中不可多得之人、其前途遠大、殊未可量也、

【陶恩甫君】 陶君繼侃字恩甫、廣東南海人、性慷慨任俠、好學能文、父日亭商於南洋英屬之檳榔嶼、君年十八、即能體父高年勞頓、爰來檳代父管理、已而益擴充發展之、爲人剛稜疾惡、族中儇子、鄉曲巧佻、胥絕往來、若莊重溫和之流、則傾心折節不遑矣、憐貧恤老、師門故舊、多所惠及、復愛國愛種、革命軍興、先投入廣東十字會、因精催眠術及諸醫書、能治各傷病也、嗣於同盟會國民黨亦各隸籍、輸資助餉、爲數頗多、滿清除、民國建、大總統錫嘉禾章、諸偉人褒獎佳詞、爲類甚蕃、人以爲榮、君愈自抑矣、

林連登君

【徐東藩君】 徐君東藩字价人、鄂黃岡縣人也、幼穎敏、年未弱冠、即列府試前茅、科舉罷、入黃州師範學校肄業、畢業後、任教員職十餘年、轉充黃州自治局議長、黃州民事科長、黃岡內務課長、紅十會理事長、所辦地方教育行政、社會事業諸大端、無不卓著成効、以君富於改革思想、遇事能以毅力自持、故所成就獨多也、年三十六南渡、主星洲愛同學校高級教務、而君盡瘁國事之勞績、始爲僑界所共聞矣、當武昌起義時、君即與吳貝三運動黃州防營響應、時去十月十號僅四日耳、反正之功告成、於是擴充軍隊、籌捐餉糈、陽夏之役、調赴前敵者計有兩營、適隣縣鄂城爲土匪盤踞、砍殺時聞、鄂紳來黃乞援、君親率民團平治之、時値軍興、開支浩大、黎督窮於應付、君斡私鹽多艘、調省報効、民食軍需、兩得其益、民國成立、湖北省當局、調查君往事、將付稽勳、君笑曰、有何勳可言、聊盡匹夫之責耳、黃人多君之義、且長於任事也、每通函勸其旋里、若君者、寧僅稱爲一州之善士也歟、

【林連登君】 林君連登字達科、粵東惠來縣登洋鄉人也、幼年渡海來檳、抵後轉客吉、乃自致其力於農商、於吉礁雙溪大年等處、購地數千英畝、闢草萊、斬荊棘、以植橡樹及樹菸、園名泰豐、並置火絞、經營愈廣、獲利愈豐、並擴泰益泰興發兩絞、且獨立創建雙溪孶蘭全埠、其置於吉乃居林雙溪大年美農等處之業尤多、資本數百萬、稱礁屬巨富焉、蓋君最篤信義、諾重千金、經營既廣、用人自多、

上下工人盈萬、罔不顧劾勞績者、則以君具知人之明、能任用不二也、凡諸義舉、罔不慷慨輸將、賑災恤隣、動輒累千盈萬、而以捐貲興學、爲尤踴躍也、如檳城韓江學校捐金萬元、大年新民學校捐貲五千兩、校之屋宇巍峨、堂構輪奐者、君之功也、餘如鍾靈中學暨魯乃居林美農吉礁等處學校、以及保良局醫院報館其捐助千數百元者、尤不勝枚舉、其有功於教育及慈善事業者、豈淺鮮哉、故平章會館廣東暨汀州公所潮州會館鍾靈中學韓江新民各學校、莫不推爲總理、吉礁巫政府、以君之急公好義、欽佩特甚、檳城英政府尤爲器重、去歲既擢爲參政局議員、復榮膺厚爵敬禮優渥焉、

【李登輝君】李登輝君、字騰飛、原籍福建泉州府同安縣人、生於巴達維亞、年十四、始就美以美會所設之英華學校習英文、年十九、赴美留學於倭海阿省之維士利仁大學校、僑生於荷而留學於美者、君爲第一隊先鋒、一八九七年入椰路大學、迨一八九九年畢業、得學士學位、後即回海峽殖民地之檳榔嶼、任大英義學敎習、僅年餘、於一九〇一年辭職、回巴達維亞創設英文學校、以敎僑生子弟、時戊戌政變起、康有爲先生出亡至巴城、一見君、大相期許、慫恿君回國謀教育、君因以興學救亡爲己任、於一九〇五年到滬、滬爲全國文化之中心點、君擇以居之、即以是年八月、倡設世界學生聯合會、衆舉爲主席、服勞歷十年而不懈、復旦公學由中學而設大學、今復大學校巍然現於江灣、爲西南有名之最高學府、君之力也、君長復旦校幾二十年、學生遊學者徧歐美、君長復旦、循循善誘、僑生回滬就學、君愛之如親子弟、故築復旦大學、君一渡海、十餘萬貲立集、其爲我僑所欽仰、於此可知矣、一九一二年後、連年爲英文報之總編輯、同時又爲中華書局英文部之總編述、一九〇六年被選爲爪哇中華會館之名譽會員、一九一五年被選爲美國地理學會會友、一九二二年被選爲淮河工程局之名譽局長、一九一九年上海聖約翰大學賞以文學博士銜、滬上學生於一九一八年發起華西路士和平會議時之愛國運動、君參與其間、最爲出力、會發起組織公民聯合會、被選爲臨時主席、以反對約中有碍及中國主權之條件、並反對中國政府簽押該約、華府會議、君又爲代表百八十團體之國民後援會主席、故上海青年會海外華僑聯合會俱舉爲正主席、女青年會環球中國學生聯合會中國東京基督教學校及大學聯合會俱舉爲副主席、若太平洋友善聯合會若濟南學校若施培公學若中國基督教教育會若厦門大學校俱舉爲董事、上海市政廳教育委員會舉爲會員云、

【陳慶蓀君】陳君慶蓀、字燕廎、廣東東莞龍頭鄉人、性誠樸勤敏、成童能文、家寒素、十九歲南來檳榔嶼、逐什一利、以信義著於

時、至二十五歲、遂得助創業於檳、啓號利生、已而逐漸擴充、以次增設安生英華貴生凡四商店、一二十年來、得利甚厚、君處境既豐、常度未改、自奉仍薄、賑施則厚、年來對於國家以及社會、凡有所需、無不力捐、辛亥前後數次革命、民軍糧餉、共捐千元有奇、不稍吝嗇、至內地災祲、外洋義舉、但聞君名者、無不向君捐、此其緒餘耳、君實至名歸、東安會館舉爲首席、檳榔商務總會亦一度爲職員、鍾靈中學檳城閱書報社五福書院等、皆常爲總理協理、任中勞怨不辭、惟行其心之所安而已、

【丘文紹君】 丘君文紹祖籍福建海澄縣、父早來南洋商于檳城、爲協美錫郊東、且家焉、君故生長檳、幼肄業新江學校、十七歲畢業、性倜儻、樂維新、檳中同盟會成立、即與盟、弱冠受室、著漢衣冠謁祖、先是華僑婚禮、皆著清衣冠、至民國前七年、黃金慶子婚、始著漢衣冠、君仿行之、蓋其時民國未立、著清衣冠尤不願也、當時在同盟會年最少、然臨機碩謀宏畫、嘗出先達長老所不及料、長辭令、曉方言、孫逸仙未達時、曾在嶼清芳閣俱樂部演說、君爲舌譯、首譯閩南音、次譯粵音、一言一字、靡一差錯、嘗撰評論刊報、鼓吹民治、民國元年、任光華報總經理、矯風易俗、尋改任星洲國民日報經理、約又二年、轉任和豐銀行司事、任中整躬敬事、商界多稱之、至十餘年來、奔走國家社會、功蹟之多、頗難縷紀、亦青年之卓卓者、

【古秀階君】 古君秀階粵東梅縣松口鎮鄉人、爲手造檳城百餘年藥材業仁愛堂已故石泉君孫、壯年南來檳城、繼治祖業、守商規、遵祖訓、十年來分支店於新加坡馬來半島等處頗多、家產亦漸置不少、性誠厚、言行不違、尤愛國愛種、辛亥革命、捐資助於國頗巨、至華僑各埠、設立學堂、亦多樂助、而尤以賑災恤難爲慷慨也、

【王霆君】 王君廷閩之晉江縣人、能文工書、旅居南洋檳榔嶼、任某巨商書記、公餘之暇、民國前七年、與檳中同志、組織革命機關、列名爲發起、未幾檳城閱書報社又告成立、衆推爲值年總理、未終年、適桑梓有事、束裝歸、時值辛亥、武漢閩粵既以次光復、溫陵一帶、清官猶躊躇觀望、君與諸同志伏軾撙衡、横歷數縣、到處演說革命眞理、民國成立、君復來嶼、倡辦教育、不遺餘力、時嶼各姓祠堂、多附設學校、王姓尙未、君遂與王清江等出名運動建設之、族衆尊之爲總理、未幾、復創福建女學校、亦爲總理、近又倡鍾靈中學、君一生提挈社會、奔馳國事、甚多可紀、此其概略耳、

【陳鏡秋君】 陳君鏡秋字伯英、廣東潮安人、性剛毅、深智、能文善書、壯年南游、隱跡於檳城商界、庚戌以前入同盟會、曾一度任

檳城閱書報社副經理、孫中山先生蒞嶼選主盟人十二、君其一也、辛亥春、君曾蒞冷沙埠、彼都同志、倒屣歡迎、即推爲該埠主盟人、君更爲創設同文書報社、又被舉爲社長、無何湖北起義、君匆匆歸國效勞、適方君瑞麟參戎幕於都督府、薦君擔任財政廳事、君以潮汕民軍、各不相統屬、思調停之、辭財政廳事、民國二年、知袁氏野心勃勃、終有帝制自爲之一日、爰再到星洲、謀諸同志、爲第三次革命、袁氏既倒、遂杖鄉焉、

【巫鶴平君】巫君偕平字鶴雲、廣東番禺縣人、性峭直、不苟合、然有安老懷少之志、年甫二十六、因家貧親老、爲奉養計、遂辭膝下、遠來浮羅山背、天性孝友、所入胥寄高堂、以悅親心、年三十七、獲大利、綢繆歸、購置田產、年四十餘、復來浮、聞人演說滿清之專橫、政治之日非、待漢民之不平等、即躍然起曰、是眞不可與共戴天矣、遂托李慶華介紹、會晤黃金慶君、而入同盟會焉、年五十五、適武昌起義、捐助軍需數千元、民國二年、袁氏盜國、龍濟光黨助虐、黨人謀誅伐之、時池宇良等奉都司令命南來募餉、復捐千金、他如內地志士、屢次謀誅國賊、異軍特起、無不助資、其熱心國家如此、至於盡力社會事業、尤不可勝記、初該坡華童特多、乃與游碧田君等商設崇德學校、顧經濟無着、先爲墊財數千、購置校舍、且甫成立、常月費又萬分困難、並爲維持之、斯尤難得、浮坡公益書報社成立後、財政亦賴補埶、更連任社長數期、此外星洲華僑教育總會亦連任三年勸捐員、星洲中學亦捐巨資、凡公益慈善事、經其目睹耳聞者、靡不匡襄、惜天不永年、六十有三、遂羽化登仙、長男登有、對於國家社會幸能繼志、君可謂有子矣、

【游新瑞君】游君新瑞字碧田、祖籍廣東豐順人、生長於檳城之浮羅山背、以種植爲業、爲人質直而好義、性善而愛人、交游必擇、精造家用器具、對於歐西新出機件、靡論如何灣巧曲折、但經剖驗內容、略查絲螺、不待師教、即能做成、其機智匠心有如此者、年十九後、橫歷馬來半島以至蘇門答臘等處、交游益廣、及歸設肆治商、數年間虧蝕頗巨、幸藉其父遺業、得以不損聲名、時清政日非、海內外憂時之士、皆主張革命、適聞某君演講革命原理、君聞如夢覺、遂由賀育臣介紹入同盟會、復引盟同志百人、浮坡公益書報社、見其熱心、即舉爲評議員、汪精衛在檳演說、君聞而趯之、請到浮續演、聽者千餘人、爲浮坡空前盛事、辛亥武漢起義、喜電傳來、益鼓吹捐餉助軍、及勸人剪辮、該坡同一日除去奴根者、四百餘人、皆君善說詞之功、癸丑之年、黃鏡波亦來浮賣第三種公債票、君除自己量力購買外、復勸友購數千餘元、後寄日人頭山滿轉交孫中山親收、凡六千元、時孫方謀二次革命也、年三十四歲、衆推爲公益書報社正社

長、越年又爲崇德學校正總理、崇德患無校舍、君力與巫鶴平君等商借巫款三千六百元、置校舍並操場、不足、則親走日里捐足之、庇能韓江學校亦居發起之一、得充韓江家廟之信理人、要之爲國家、爲社會、犧牲財力心血、不稍顧惜、生長南洋者、能若是亦僅矣、

【卓兆勵君】卓君兆勵、閩省同安人、言信行果、同志皆甚禮重之、旅居檳城二十餘年、待人接物、專以誠厚爲本、與林永露、林忠在二老爲友、交誼三十年、人言無間、性仁慈愷惻、善事多爲、君爲革命黨黨員、書社報社友、辛亥民國成立、翊輔機關辦理國民捐事、惟日勤勤款款、靡有倦容、殊使人起敬焉、

【黃歲九君】黃君歲九、別字年聚、閩省惠安縣錦厝人也、十五歲南來、勤於操作、既有蓄積、至二十二歲、設檳城建祥發商號自立門戶焉、君平居得暇、喜閱書報、故能納思潮之變遷、而新其腦、清季革命宗旨、甚擁護之、曾助軍需焉、平素對於教育社會、無不輔助、埠中多能道其名者、

【蔡長守君】蔡君長守、字登貴、號梅庵、祖籍福建生長檳城、多才博學、能文精詩、尤工書、善詼諧、舉動似枚皋、出言譏顧愷、令節佳辰、親朋宴會、得君在座、羣客顏開、爲同盟會會員、書報社社友、辛亥改革清鼎、捐資助餉、遇事匡襄、亦允稱有功之一人、對於地方公益之事、力之所及、無不力爲、故人多敬重之、

【盧炳勳君】盧君炳勳、字柳堂、廣東梅縣西洋堡人、聰穎過人、能文工詩、幼年失怙、賴其叔父養育、年二十二、痛滿政日非、滿人專橫、遂抱革命思想、曾辛亥前數年、孫中山、胡漢民、汪精衞諸同志、到檳城等處演說革命、時君在大山脚埠屬設帳授徒、聞之喜甚、遂與朱步雲諸同志組織同盟會機關於大山脚、有所舉動、必與朱步雲及諸同志共之、以故孫中山爲總統時、聞其功而旌其義、君外剛內柔、故人畏其威而懷其德、凡該處一團體出世、非其發端、即其同意、故日新、新民二學校、衆推爲總理、既書報社、衆推爲社長、革命機關、衆推爲分部長、君以勤儉起家、現年五十餘、已置樹膠園五百餘畝、並開設板廠薯較、及種種營業、前途猶勇往發達、尚未已也、

【余志堂君】余君志堂、字羣芳、又字積餘、閩省建陽縣人、精醫術、壯年南遊、既到檳城、隨遇而安、時檳中疫起、對於貧者施藥、施醫、活人無算、知名之士、贈詩樹匾、君性循禮守經、好爲人排難解紛、語極動人、以故遇有人之轇轕、得君一臨、無不嫌疑盡釋、君本革命先進、會嶼中組織同盟機關、及書報社、遂由黃金慶君介紹與盟、自是義軍每興、無役不輸資、無次不奔走、大功告成、無絲毫矜伐狀、李

南洋英屬海峽殖民地誌略　第二編　檳榔嶼　第四章　名人　八七

烈鈞知君抱定宗旨、百折不回、至贈熱心國事捲土重來二語、以獎勵之、其熱心國家提挈社會有如此者、

【楊水花君】楊君水花閩省海澄人、爲檳城四知堂楊氏大家長、有幹才、明大義、性尤剛勁、少年時、固檳城巨商、晚年從事於介紹不動產之牙人、平生最惡滿清、當國光復、尤不直袁氏所爲、故一次二次三次革命、對於民軍莫不贊助、時君爲嶼中清芳閣俱樂部部友、一日有丘姓者在俱樂部密室中語君、令偵檳中革黨行動、日爲報告、則月送巨薪、語未畢、君即破口大罵、謂其爲無良漢奸之流、此事傳聞、爲人所敬重云、

【沈瑞意君】沈君瑞意、閩產、生長於檳城、幼攻英文、爲人通脫謹密、傭于西人士庫十餘年、凡所經手賬目、分毫無錯、店東深爲倚重、民國七年前、與檳中同志組織同盟會、凡所需英文印刷件、皆出君一人手筆、檳城閱書報社之成立、光華日報之開幕、皆列發起、滿清既除、共和成立、君忽攖重疾、當其彌留之際、語諸同志曰、我輩革命、雖曰主旨在於三民、其實重在剷除階級也、我國階級之不平等、由來久矣、有清縱去、戰爭猶未能已、吾病且死、不能隨諸君後、君等勉之云、君志堅如鐵石、明如昭月、證之袁段徐張曹諸軍閥之擁護階級、混戰不已、果中君之言矣、

林啟裕君

【林啟裕君】林君啟裕爲閩之海澄縣三都永泰鄉人、生於檳城、遍歷馬來各邦、得本其所學、以伸展驥足、卒與林君振成合資創設成裕號於檳城、營歐美雜貨、兼設成裕棧、啟成號、經營樹膠土產、億中才高、十餘年、所業無不大收鉅效、遂爲半島豪商、蜚聲闤闠、天性謙和、而孝以養親、堂上承歡、四十年如一日、待人接物、一以誠實無僞爲歸、既席厚履豐、乃推其博施濟衆之懷、力行慈善公益、所有社會事業、需合力以進行者、無不慨捐巨款、俾底於成、如麗澤學校之成立、福建女校之維持、皆賴君董其事、華僑女子公學且舉君爲總理、以顯著成績、嶼中各團體以君之辦事勤敏也、乃被舉爲麗澤社社長、明新社職員、檳城閱書報社財政員、與華僑仁善會林氏雙桂堂、無不倚君爲重要董事、家族社會、兩無間言、蓋其性之勤勉力善、有以致之也、此外如檳城中學開辦兩年、以費絀告停、濟濟青年、中途廢業、而僑界小學、既已林立、畢業高小者、慨升學之無從、君於是聯

絡同志、組織鍾靈中學校籌辦員十二人、君居其一、擘畫贊襄、數日間、鍾靈中學告成、僑界文化前途、放一異彩、君倡辦之功誠偉矣、

【李茂海君】君閩南安人、任俠好自由、崇維新、厭守舊、久客檳城及孫黃胡汪諸君來檳一聆演說、志益堅壯、亡何、檳城組織同盟機關、及閱書報社、遂與其事、自是抱定三民主義、其堅持、大有磨而不磷涅而不淄之概、時檳中各界、咸視革命爲一種無意識之舉動、下流社會、尤狃習固陋、厭其更張、且腦膜久染專制毒、不知民主共和爲何物、君於是苦口婆心、到處鼓吹、逢人演說、港仔墘一方之下流社會、感化甚多、蓋君於是左右鄰、皆若輩生業所也、君習勅勒及岐黃術、家少有所入息、除衣食住外、胥濟同志之困乏、及飲親朋摯友於茶酒坊、李協和傅天民吳操華到嶼、君皆設宴洗塵、李協和君臨回內地、贈君兩句云、落霞與孤鶩齊飛、秋水共長天一色云、民國二年、袁世凱竊國、黨人謀誅討之、時孫中山令各處國民黨改組爲中華革命黨、嶼同志懼、多阻不果行、君獨與顏金葉蔡懷安等邀同吉礁同志合力組之、孫中山特委任爲黨務科副主任、同時江蘇護國軍乏餉糈、亦委君爲駐南洋籌餉局局員、要之、君對於革命事業、輸巨資無論矣、若心思、若口演、若脚靴、三者尤難能而可貴、民國肇建後、有欲爲君請旌義者、君曰、是何言與、我等革命、豈爲是耶、且世方講平等、平民作事、而請旌於政府、然則政府作事、亦當請旌于我民乎、大丈夫不能旌人、而旌於人、滋愧甚矣、於平等乎何有、君數年來、知我國利權漏卮、亦弱種敗國之一大事、於是盡心力於國貨擴充之運動、需費亦不貲、現其家中、皆純用國貨、不雜泊來品、嗚呼、國民如君者、有幾人哉、

【許木榮君】許君木榮、字敬宗、閩之安溪縣人、旅居檳榔嶼爲商、民國前五年、檳城已組有革清命之同盟會、君奮然加入、孫中山每稱爲誠款、嶼中同志尤加禮敬焉、辛亥三月二十九日、黃克强等攻廣州督署之役、自捐軍需至四百金、秋八月、武漢光復、又捐三百二款、皆貸之齊知番按月還母息者、蓋當武昌首難、內地同志通電交馳、以籌餉接濟爲萬急、而嶼中同事、貧家十居八九、君蓄積固非豐、商業亦小可、自非乞醯於鄰、終不能乘牛救國也、急公好義如此、求之殷實家且鮮、況貧如君者乎、民國肇興、君既不矜功、尤無德色、今且境過情遷、有問昔時對於建國會否與事者、君一若隱諱之不遑焉、人格之清高如此、好慈善公益、曾在家鄉倡設澳江溪義渡、以便行人、人人多頌之、

【朱和暢君】朱君和暢、廣東台山縣朱洞鄉人、字進惠、別字自成、父開美、業商、母陳氏、生四子、長和煦、商於美之三藩散斯科埠

聲於金山寧陽會館、因奉之爲主席、叔和樂檳島最負名望之巨商、季和勝業建築、君即開美公之仲子也、賦性豪俠、少具壯志、羣從昆季雖多商於美洲、君獨以近世紀富商巨賈多發跡於南洋、目不顧西半球、遂決意奮志而南渡、時年僅十六、其別具眼光旣如此、當君由粵至檳、在悅興布店習商三年、即回國省親、乃自辦祖國雜貨、隻身入馬來海峽各埠發售之、又購南洋土產回國貿易、如是者數年、所獲甚豐、偕弟和樂君來檳、送入聖方濟校肄業、和樂君之德業造端於此、君亦於是時啟永利源商號、自立其門戶、以展其鴻圖、雖年方冠、而商業學識、老於商場者、亦遜謝不如矣、當地商界、莫不欽佩其人、一般投資者皆信君不疑、由是古林成源當、魯乃新興當、吉礁興源當、華玲華源當、浮爐交怡永源當、馬等下縈興源當、新文英成源當、及各埠當店十餘間、皆舉君爲總司理、現仍任古打華源當、班茶宏源當、日落洞兆源當、四間店公源當總司理、君綜核精微、人不能欺、前數年自創永裕源估衣店、在巴東色海置樹膠園百五十餘畝、外理公司、內顧商業、措之裕如、所謂韓信將兵、多多益善也、民國成立時、委君籌餉局員、資助革命、功亦不小、七年庇能寧陽會館舉爲主席、咸慶得人、君即以會館倡辦台山學校、又倡辦台山衞生所、君令聞日廣、中華總商會台山學校商務學校皆推爲董事、南華醫院、歷舉爲總協理、鍾靈中學亦舉爲董事、其見重於商學界及社會也有如此、若原籍辦學校、辦書報社、辦鄉團、君尤盡力輸將、以示其愛鄉愛國之本、自奉儉約、獨爲慈善則不稍吝、排難解紛、扶危濟困、皆視爲分內事、與和樂君誠難兄難弟、今之元方季方也、

【李田秀君】　李君田秀、廣東增城人、父商於檳城、君即生於斯、幼入學文學校習英文、聘通儒在家授中文、資稟過人、不數年、遂淹貫中西學術、畢業後、始入端洛務邊各埠營礦業、終於金寶埠獲大礦地、設廣發田記專營礦業、役礦夫千餘人、用機器汲水刷沙、以淘礦質、用工人開井掘巖、以取礦苗、廣萬利礦場每日出錫百餘桶、獲利無算、君既豐於財、於是置店業、置樹膠園、置礦地、投資於礦業公司、更以餘資、興教育、濟貧困、性慷慨、喜任俠、僑胞有被凌侮受冤抑者、輒出而營救之、仲理之、縱勞瘁不辭也、在金寶曾任潔淨局參議員、華民參議員、及保良局員、又任强亞學校、即今中華學校名譽董事、一九一三年、遠遊歐洲、考查商務礦務、頗有心得、比其返也、所業益有進步、君善理財、尤善任事、本城增龍會館屢欲改建而未遑者、君爲之籌畫、未幾、煥然一新矣、商學各界知君才、歷舉任中華總商會正副會長、及海珠嶼大伯公廟五屬客系、與增龍會館汀州會館各會長、其爲僑民所推重如此、自歐戰發生、南洋實業爲之一挫、君乃懍老氏知足之戒、築室本城之紅毛路、將以終老、顧其室曰金寶居、示不忘所自云、

【張韶光君】張君韶光字舜卿、廣東大埔人、父南園精數學醫學、有德量、恆解人紛難、人以是敬之、母饒氏、事姑至孝、乙丑髮寇驟至、君方生數月、母倉卒襁兒扶姑避寇、姑老、行不能捷、寇追將及、母自計無兩全策、因委君於道、扶姑竄避別村、寇退、鄰村鮑氏遇之、抱歸哺養、君家人聞之、往謝鮑、索之還、其後君之報鮑亦良厚、世亂人死如麻、而數月之孩棄於道、遇寇得不死、人以為母之孝姑、故天默相之也、君幼聰穎、年十三、能背誦五經、施弼士太僕見而奇之、即攜往荷屬之巴達維亞、旋至檳榔嶼、授以重任、並代理檳榔嶼領事職權、太僕倚之如左右手、君於事能燭先幾、昔檳城有師範傳習所、今有中華總商會、皆君所發起、凡社會諸善舉、皆出財力助之、成、故商學各團體、歷舉君為總理為董事、英政府亦委君為參事局紳、能為僑胞興利除害、其負中外所推重如此、君商業徧於南洋各埠、礦地徧於英暹兩屬、惟擇人任事、時效陶朱之善治生而已、故能獲大利如操左券、清季辦順直賑捐、得保分省補用知縣、籤分廣西加二品銜、民國十一年冬、農商部聘君為諮議、十二年又請給四等文虎章、並以有功社會金牌贈之、可謂知人也矣、

【潘正昌君】潘君正昌、粵之定安人、成童南下、學賈檳城、年三十、以儉樸積貲、得置胡椒園數十依干、暹羅屬之廊雜埠、後又於檳城開設華南亭昌記旅館、同時又將椒園改種樹膠、至是商業種植、兩皆獲利矣、會辛亥前數年、孫中山等到檳運動革命、乃由廖桂生君介紹入同盟會、自是抱定三民主義、有海枯石爛不易初心之概、辛亥、三月二十九日、革軍攻督署之役、死烈士七十二、噩耗傳來、君為憂憤不已、未幾、武昌再舉、一鼓盪平、全國光復、君捐己捐人以助糧餉、民五袁氏稱帝、孫中山命改組國民黨為中華革命黨以射獨夫、君遂受孫命為檳城支部總務科幹事、其為國事運精心、持毅力、始終猛進不懈有如此、君自奉儉約、而廣施與、時譽歸之、且提挈社會、孜孜不已、瓊州會館之成立、實賴君之奔走也、益華通俗夜學校之創設、亦賴君之發起也、現該二團體、均推君為名譽總理、此外凡公益事項、無不資助、至若僑胞之紛爭、賴君為調停、親友之危困、待君而周急、尤數見不鮮、其待人慷慨仁慈又如此云、

【朱和樂君】朱君和樂字者耽、廣東台山縣朱洞鄉人、君幼肄業鄉塾、慧甚、舞象之年、已能文章、因見清政不綱、敷虐漢族、雅不欲立名仕版、年十七、遂游歷南洋英屬之檳榔嶼、因知英文為國民及時之需要、乃留學於聖方濟英文學校、該校校長以君可造、深優待之、既畢業、復在某士庫練習商務、未幾得助、遂開張同裕士庫及開張樂公司萬寶公司、胥一時巨號、近復墾地百畝、種植樹膠、獲利益溥、家稱素封矣、君熱心公益、嶼中各社會、皆樂舉君為職員、略列之、廣東暨汀州會館長任董事兼信理員、檳城商務總會長任信理

員、兼值年副主席、南華醫院任主席、保良局爲局員、中華學校董事、孔聖廟董事、寧陽會館信理員兼董事、台山學校董事、廣福宮信理員兼董事、戰稅局評議員、王家大醫院董事各職、均能精心努力任勞任怨、僑界稱揚、著見報紙、不一而足、於是英政府聞之曰、朱君惠人也、擧之爲工部局議員、（非僑產而能榮膺此選者自君始）即北京政府工商部亦授君爲遙領實業諮議員、功而獲賞、宜哉、

【王則恭君】　王君則恭字少如、福建閩侯人、幼年即從事商業、在商界多所建樹、惜時運不濟、所謀多未遂、時年四十三、遂來檳城啟號曰萬安、營茶葉及漆器生理、旋又不利、乃告收盤、性慷慨、重然諾、友于尤篤、久而能敬、復愛國愛羣、民國十一年、與陳君鍙藩創設閩南別墅於檳城、奔走鼓吹、不遺餘力、墅成之日、同人等圖像以酬其勳、並贈之以文、其見重於人也可知、其尤著者、組維善社、創福州會館、捐資出力、不憚煩勞、人有推其功者、則又固辭不獲、曰此不過聊盡吾之義務耳、以是人更器重之、歷任榕僑公所、閩南別墅及維善社重要職員、

【黃奕坤君】　黃君奕坤字鴻年、閩永春伏溪鄉人、性篤實而襟懷坦蕩、意氣雄豪、檳城昔報社之發起也、同盟會之成立也、君與吳世榮黃金慶林貽博顏宜愛陳新政諸君子爲發起人、卒能登高一呼、羣島響應、武漢首義、淸祚告終、宣勞國內、著績戎行者、莫不稽勳酬擧、赫赫昭人耳目、而不知僑界之身列闤闠間、運籌餉糈、赴義如恐不及者、討袁之役、君籌款勸捐勞力等於辛亥時、海內賢豪如中山協和等、莫不引君爲莫逆也、君十八歲來檳、任商店記室、旋任瑞福號司事、丁未年自創瑞榮及萬春園藥行、商才天賦、獲利甚豐、壬子年、復擴充萬春園商務、兼代理土產雜貨諸貿易、洎丁巳年、林推選君陳鏊深君重君才德、聘任恒茂豐記諸要職、檳城宗和社書報社淸慶社崑玉社諸團體、皆倚君爲重要董事、叔度遺風、君其庶幾之矣、

【林成輝君】　林君成輝字劝煌、福建海澄縣人、父花鐵字汝舟、商於檳城、負重望、爲閩學領袖、君任點石齋印刷所經理、有條不紊、儼若成人、君未入英文校、能漸染而通英文英語、人皆詑爲奇才、少時知開通民智、勸導社會、非報不爲功、因於一八八八年、創檳城新報、繼思中文報無西文以溝通中西居留政府、與我華僑終不易融洽也、因於一九〇三年創亦果報、今中西兩報一紙風行、羣島視聽不惑、賴君有此擧也、君以文化事業、引爲己任、更以愛羣愛國引爲天職、檳城初次發現核症病、挑夫小販住所有沾染熱症者、潔淨局即派差往守其門、禁止出入、君深憫之、與工部局長商善法、延西醫施診、貧戶免受限制、局長允許、君即自出資、聘羅密申君及洛君

兩西醫、施診貧戶、凡經兩醫生給藥、病人之屋免再查察、人多便之、時則一八九七年也、怡保某號司理人、爲華民政務司遞解出境、該埠商團請宥無效、因請君調解、君與兩報主筆至怡調查、著論於西報、霹靂政府始改出境爲擔保、時則一九一一年也、西班牙熱症流行、死人無算、君惻然傷之、倡議向資本家捐題萬餘元、以爲施藥施診之費、又求西醫贈醫貧民、時則一九一九年也、歐戰後、米價翔貴、設糶食救濟會、君被舉爲協理員、向政府上訴、民食維艱、並在亦果西報詳論飢民苦狀、要求降價、政府卒如所請、時一九二一年也、新街汕頭街小販排賣食品、或肩挑賣物者、忽被警差拘拿百餘名、控以阻碍街道之罪、小販惴惴、無以爲生、君求華民政務司免罪釋放、君關心民瘼、卒如所請、時則一九二二年也、若一八八七年華人慶祝英女皇維多利亞登極六十年紀念出遊會、君允爲總司理員、一九〇一年英皇奕活第七加冕、一九一一年英皇佐治第五加冕、君俱充爲慶祝會協理員、一九二二年英皇儲游幸檳城、君亦爲迎駕之華僑代表、檳島事無大小、君無不盡其心力而爲之、故商學及各社團、無不舉君任其職、檳城有中華總商會、君爲組織員之一也、廣福宮孔聖廟中華學校現俱爲主席、孔聖會檳城納稅會及林氏敦本堂俱爲會長、濟生醫院爲義務司理、華僑倚之有如此、爲華民參事局員、爲檳城太平局紳、爲政府貧病醫院協理員、兼監獄巡視員、英政府重之又如此也云、

【林有益君】　林君有益字言增號化民閩德化瑤台鄉人、幼讀書、成童畢業於福建省立師範學校、因父素創有醬料業於檳城敢號曰養元、在南洋頗馳名、君以是輟學來檳承管、君固長於商業學者、年來更聘化學師製造罐頭物、銷路尤廣、於德化亦設有窰廠、窰廠所出陶器、漸欲媲美景德、曾在檳城過港仔開設德華瓷業公司、售價低廉、銷路頗佳、君最贊成辛亥之革命、武昌起義、遂同革命巨子吳世榮君回國從軍、任閩北伐軍隊長、南北統一後、孫閩督委爲永德田慰民員、時檳城商業方振作、待君而理、於是匆匆賦歸去來矣、而此來所爲、惟德化會館之組織、最爲其鄉友所稱許、誠以德化華僑於南洋殊少、且極渙散、非結有團體、無從相扶而互助也、君現爲總理管庶事焉、

【劉致祥君】　劉君致祥直隸人、祖若父皆精拳術、健康踰常人、祖年八十餘、精神猶矍鑠、望之似六十許人耳、君性敏慧、幼得家傳拳術、甫十餘齡已能力敵數十人、長益肆力於諸大宗之學、融會衆長而變化之、工夫之純熟、並世莫與比者、及上海精神體育會成立、陳君子政任總教習、君於陳爲姻戚、及延君入會助之教授、其後擴充會務、香港及南洋各埠、並設分會、君任香港分會教習、既至、舉

其心得、悉力授學者、皆進步甚速、英人所設各大學羨之、競聘爲武術教習、君待人和易、無疾言遽色、所至循循誘掖、皆極受學生歡迎、君名遂大噪於港中、已而檳城分會亦成立、聞君成績著港中、因聘爲教習、君亦有志南遊、乃翻然舍香港而蒞檳城矣、始至檳中、少年頗有輕之者、嘗請與角力、君笑應之、屢試屢敗、始皆帖然欽服、君亦竭力教授之、青年學子之入會練習者益衆、而會務日蒸蒸矣、怡保分會每年召集各埠分會人士、開體育大會一次、各竭所長、用資觀摩、檳中與會者、恒得列上選、獲優獎而歸、各埠人士莫不以檳城分會爲榮、尤稱君教授之得法也、君尚俠好義、肝胆照人、與余甫一面、遽引爲同鄉、時余方患胃病、飲食不良、乃勸余入會習拳術、又爲之調和飲食、日以北方習食之麪餅米粥相餉、晚則相偕至海邊椰林下、暢談故鄉景況、以破其鬱積之懷、又得黃森榮郭天驎徐又芬林葆三諸君終日盤桓、相待尤厚、余胃病日減、未至積成大患者、皆得諸君懇摯照拂之力、良可感也、

劉致祥君

第五章　參觀

【萬德美油較】（一）廠名及位置、　廠名萬德美油較又名萬德美椰子精製品公司位在北海峇眼亞奄

（二）創辦年份及資本、　該廠創設於中華民國十年、資本共四十萬元、其中基地廠屋及機器等約佔二十五萬元、

（三）廠主、　廠主林德清

（四）工程師及工人、　工程師梅光其人精幹有口才、和氣接人、熟諳一切機器搆造及用法、彼以種種機器運用之方法、及治油之順序、一一指示吾等、使胸中茅塞頓開、我等甚感激之、內外工人共計一百五十人、其中中國人印度人均有、但中國人佔其多數、工作大約分爲四種、（甲）以車運椰子者、（乙）破椰取肉者、（丙）司機製椰者、（丁）雜工、

（五）工作時間、　每日自早六點至夕六點、爲工作時間、然有時因特別情形、夜間亦有工作、

（六）工資、　每月合計洋六千元、

（七）營業狀況、　（甲）購來之椰子每百粒洋四元、本廠日用椰子二萬粒、日製椰油六千餘斤、（乙）椰油出賣分四種價目、每瓶二十

八罐、（1）每小桶五斤、一元四角、（2）每土油桶二十八斤、六元六角一分、（3）每担、二十三元五角、（丙）本廠從前亦製椰乾運銷倫敦各處、但每因市價漲落無定、以致屢受損失、故現已停止此種營業、

（八）辦事室內外之布置、　北海至雙溪大年大道之旁有一廬焉、不高不低、不廣不狹、牆壁上白漆耀目、後圃中名花雜陳、室之四壁、多掛名人書畫、畫多描天然美景、書多寄情山水之作、靜坐其中、時覺淸風徐來、花香撲鼻、旣無荆棘之觸目、又感園庭之幽雅、儼如一幅天然圖畫、使人徘徊久之而不忍去、其瀟灑脫俗處、又如高人逸士、使人覘之而頓生景仰之心、雖井幹麗譙之不如、而宛如世外桃源矣、此廬何名、即萬德美椰子精製品公司之辦事室也、

（九）製油之法、　自外運來之椰子、先堆積於廣大之廠屋內、然後按日取至斬椰室、用人工破之、去其外殼、傾其水、移其肉至內廠、以機器碎之、其置椰肉之口、比置碩莪塊根者爲小、而其運用之法則同、頂上亦有一碎物器、中爲一細齒之圓輪、椰肉經此圓輪之展轉磨擦、立碎爲如米大之粒狀之小片、於是從高而下、入焙椰肉灶之口、此灶完全爲鐵製者、下烘以蒸汽、中敷以鐵網、椰肉被碎後、即落在此鐵網上、因機器之發動被攪在其中輾轉往來者五次、此時椰質稍乾、乃推之外出、轉一溝中、再被機器鈎捲而上、直入隔壁之室、此室爲製油之室、樓之上下、滿置機器、樓上之左邊、有英德之機器各一、隔壁室中所來之乾椰肉碎片、盡分落於此二機器中、於是乾椰肉碎片、被重壓而出油矣、然椰肉所含之油量、猶未完全排出、故其受壓之原料、再須鈎捲至別一機器碎之、然後更入一美國之製油機、此機器之頂有一大盤、第二次輾碎之原料、盡行歸入其中、盤下有孔、可排出其所裝載之原料、至一四角形之鐵匣中、此匣上下皆空、當以人工推挽之時、此器更爲輸運盤中所裝載之乾椰肉碎片之具、工人每於一挽此器之時、必置一鐵輪及一幅圓布於製油處之孔中、蓋於油出時可以取其滓也、此滓可以肥田畜豕、如以科學方法、與別物混合之、尙可成爲最適口之香餅、油雖成矣、然而未免汚穢混濁、故此油再被吸入一器內、有絨布在焉、當油透過時、所有一切穢物、均染積於此布上、于是而椰油淸香可食矣、

（乙）人工製油法、此法與機器製油法、大同小異、不過當焙椰時、即以火烘之、又以人工移至製油室而已、其工作之速率與機器製法相差甚遠、大約機器製法、每一點鐘、可烘椰子九百粒、而人工製法則每十二點鐘僅烘五千粒耳、

【觀楊曼生美術館】　南洋各埠、以檳城進步較速、知識較新、而於各種美術、尤特見發達、各社團設專科以治之、開覽展會以

提倡之、而商店中亦有專以美術爲營業者、曼生美術館其著者也、館設大街中、以出售油畫爲業、壁間懸油畫作品殆滿、所繪有各埠風景、有馬來人生活狀況、皆惟妙惟肖、栩栩生動、並有大幅作品長逾尋丈、所繪爲獅虎之類、尤令人嘆爲巨觀、余曾至館中參觀、與館主楊君曼生相見、楊君精擅油畫、於吾華舊派畫法、亦具有根底、兼爲各社團美術專科主任、蓋一美術專家也、近又自歐洲販來油繪器具顏料甚多、就地銷售、用資提倡、館中兼營鏡框業、直接自意大利批來鏡框玻璃、皆精美異常品、余爲之介紹代銷祖國上海新出各種美術鏡框、尤爲檳中人士所歡迎、又託余調查北平廣告情形、謂此事如經營得法、每年獲利當不下十餘萬也、

【觀精武體育會紀念會】

檳城精武體育會某日舉行紀念會、先期發簡徧約各社團重要人士到會參觀、屆日門外懸國旗結燈綵點綴甚盛、會員及來賓到者千餘人、比開會、先由會長致開會詞、然後來賓會員相繼演說、已而皆至操場練習武術、中有黃君森榮之螳螂拳、吳君金獅之雙刀、郭君天麟之六合槍、林君葆三之六合刀、黃森榮郭天麟兩君之單刀對槍、更有教員劉君致祥之大洪拳、此外各會員有練春秋刀者、有練齊眉棍者、有練虎頭鈎者、有練三節棍者、種種練習不可勝述、類皆手足矯健、精神足滿、其工夫之深到可知也、又約李萃五演滑稽小戲、及各種魔術、作爲餘興、以娛來賓、並備茶點餉客、直至日暮始畢會、

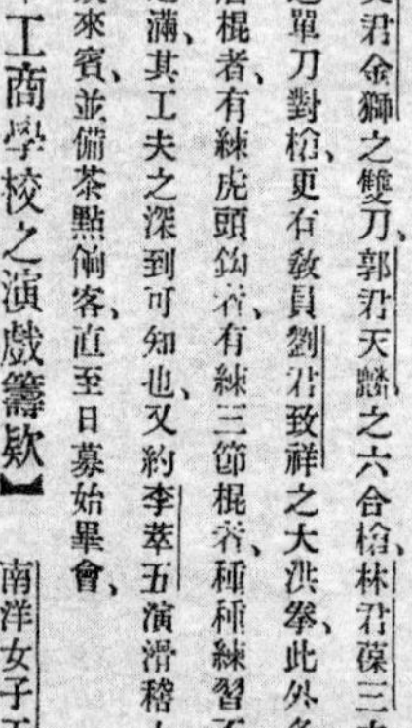

美術家楊曼生先生

【觀南洋女子工商學校之演戲籌欵】

南洋女子工商學校設於南華醫院街、學生百餘人、爲兩級小學制、校長黎君俊榮湖南人、對校務極盡熱心、聘湘人爲手工教習、以湘繡授學生、成績甚佳、惟常年捐款無幾、每月經費僅恃學費、時有支絀之虞、不得已乃有演戲籌款之舉、籌備兩三月之久、製備衣飾布景等物、所費亦不貲、及開演日、又恐學生所演戲劇跳舞等項不足動人觀聽也、更邀戲班武行、加演武劇一二齣以助之、是日余亦購票入觀、見學生所演之劇頗可觀、座客亦甚踴躍、所得結果固當不惡、惟余對學校演戲籌款、自根本上即反對之、蓋學生既入學校、自宜專心致志以學業爲唯一大事、學業以外斷不可絲毫干與、致分其向學之心、而流入于荒嬉廢業之路、故學生而爲學校籌款、學校而恃學生籌欵、已不得謂之正當籌款而出以演戲、演戲而出之女學生、乃不正當之尤者也、且演戲之舉、烏可久恃、倘所籌無幾、又將奈何、故學校欲圖持久、非

籌出固定之基金不可、甚望該校對於此事深加注意也、

【番僧之善會】檳城有印度僧某率弟子數人、就椰林下築室以居、時爲人講經典、檳城人頗信仰之、一日値其善會之期、友人邀往參觀、遂乘電車過四坎店至亞逸淡附近、見其椰林枝幹上徧插各色旗幟、隨風飄動、友人曰、此即印僧所居也、於是步入林中、所居爲屋數楹、內供金佛像多尊、院中累黃土爲塔、高丈許、計十餘座、其上亦插各種小旗、皆善男信女所施也、印僧體殊肥大、赤其足、身著黃袍、手持念珠、望之頗不類有道行者、講經時、環而聽者如堵、印僧不通華語、某君閩人、立其旁、爲繙譯、每說一節、即由閩人某君譯爲華語、惜余並閩語、不能通、故不知其所講何經也、講經畢、設筵款客、席上佳肴名果羅列殆滿、客皆就席、大啖、歡樂甚至、所有來客、無論布施與否、皆得隨時入席、概不拒絕、聞早晚兩餐、所費不下數千金、亦皆善男信女所施也、林外並有暹羅戲一班、用以娛賓、環而觀者、較聽經時尤衆、余覩印僧此舉、與世俗宴會、毫無差別、所食肥酒大肉、尤與戒律相悖、其去佛敎淸潔之旨遠矣、而檳城人信仰如是、亦可異也、

女生舞蹈

【參觀觀音堂善會】檳城觀音亭街有古寺、曰觀音堂、長日香烟不斷、禱病者求福者接踵於門、香火之盛、爲全埠各寺冠、一日値其善會之期、闔埠好佛之士、及佛敎會中人、皆往參與、余亦被邀而往、寺爲大殿三楹、其前臨街、外設巨爐、香烟噴溢如雲、左右兩角門、內有客堂齋堂方丈室等、是日男女信士、焚香拜禱者、前仆後繼、殿中幾無隙地、四外臨時售香燈錢粮者極多、與會人士、更有求和尚唪經拜疏、藉以祝福者、老和尚披黃衣、率其徒數輩、爲之喃喃誦經、呪誦畢、其人即以金錢爲布施、計是日求誦經者、不下數十人、和尚所收布施當亦不菲、及至齋時、與會人士紛紛入席吃齋、約盡數十桌始已、滿院香烟繚繞、爆竹聲不絕、坐客無不汗流浹背、尤能竭誠助善、直

至日暮始去、亦足徵檳人信佛之篤也、

【觀鍾靈中學校之運動會】檳城鍾靈中學校於五月三十一日、在本校操場舉行課餘運動會、余偕友人往參觀之、入場時正開始運動、場中以木柱爲界、圍之以繩、作爲賽跑之路、國旗飄揚空際、男女來賓不下四五千人、場中面積雖不大、然以布置得法、尚不至十分擁擠、所表運動、約可分爲二種、一爲團體運動、如雙球竿混合操花環操之類是也、運動員莫不精神活潑、動作敏捷、敎材之新穎、姿勢之美觀、足見其練習之有素、一爲競技運動、如跳高跳遠賽跑等、運動員皆能恪守規則、擧動合法、平日訓練之勤、亦可概見、至場中各種職員、除評判員由敎員擔任外、其餘如糾察招待等悉以學生充之、而能秩序井然、絲毫不紊、斯尤難能而可貴矣、直至下午六時許始畢會、實可謂盛會矣、茲將運動秩序略誌如下、一、百米賽跑、二、高跳、三、柔軟操雙球竿、四、擲鐵球、五、二百米賽跑、六、國技潭腿、七、遠跪、八、競爭游戲雞蛋、九、優美操花圈、十、四百米賽跑、十一、八百米賽跑、十二、撑竿跳、十三、徒手和啞鈴、十四、八百米接力賽跑、十五、堆羅漢、

鍾靈學校之運動會

【觀鍾靈中學校之高小畢業式並展覽會】余居檳城、值鍾靈中學校高小學生、於十二月某日舉行畢業式、附設成績展覽會、爰偕友人同往參觀、男女來賓到者甚衆、屆時由該校總理林君連登主席、致開會辭、隨有來賓教員校董等相繼演說、然後由總理林君親授畢業證書、畢業諸生一一趨前接受證書、鞠躬而退、氣象整肅、秩序井然、證書授受訖、乃導來賓參觀成績展覽室、至第一

室見日記一種多至百數十本、足見學生用功之勤奮、算術命題、多切於實用、極爲可貴、圖畫注重寫生、頗合近代教育趨勢、炭畫數幅、其造詣不讓美術專家、第二室陳列南洋動植礦各種標本、內有蝶類四箱、光艷奪目、參觀者皆嘖嘖稱歎、旁一玻璃箱內盤有長蛇一條、頸項紅若丹霞、在綠葉中作欲吞雞卵之狀、有疑爲活物、而敲擊玻匣意欲驚動之者、再進則有二櫥、陳列蛤介類標本、又二櫥、一爲大山灰果實及礱米順序等、而日本北海道之蝦夷筱、尤爲罕見之物、一爲馬來半島之木材標本、其壁間復懸以獅象虎等巨幅水彩畫、皆生動可觀、又有地圖數幅、如中國全圖、鹽產圖、全國商埠圖、全國鐵道聯絡圖、全國汽車路線圖、漢平及津浦鐵路圖、均爲有價值之作品、又有調查統計表數幅、如本嶼華僑男女結婚年齡百分比較表、本嶼公市調查及本嶼華校調查、學生能注意及此、洵屬難得、第三室爲中學部成績、中一之日記、中二之課外作業、尤爲特色、算術練習、史地及自然科學答案、亦甚多、地理答案簿上所粘之各種小地圖、皆甚精美、英文練習簿亦多、而平時代數試驗成績尤足表現其對於斯科之勤奮、其他各種作品、可觀者尚多、琳琅滿目、美不勝收、該校成立不過數年、成績之優美如此、前途發展、正未可限量也、

【觀明新社之週年紀念會】余居檳城、值明新社週年紀念之期、友人邀往參觀、社員及來賓到者甚衆、一時振鈴開會、先作國樂、次社員唱紀念歌、次全體向國旗行三鞠躬禮、禮畢、依預定秩序開會、首由社長致開會詞、次總理報告一年間經過情形、次爲來賓演說、當有數君相繼演說、均能發揮偉論、娓娓動聽、場中鼓掌不絕、次爲社員演說、因時間已迫、僅由講演部主任代表全體演說、最後由社長致謝詞、並贈運動員紀念品、又唱國歌、訖、全體攝影而散、晚間尚有幻術助興、於是飯後復往、至則場中人多位少、幾無插足之地、空氣又甚汙濁、乃退出門外、電燈照耀如白晝、屋前挂週年紀念之牌、旁立二獅、目光以電燈代之、炯炯欲活、對面則有英文燈謎、左旁爲漢文燈謎、皆有贈彩、立而猜者途爲之塞、觀畢緩步而歸、時八月十二日也、

【觀佛教研究會之請法師】檳城佛教研究會設於四坎店某寺內、寺中大殿三楹、兩廂爲客堂、陳列經卷甚多、余每至其間、閱看經論、研究佛理、爲避熱消暑之計、某日該會請月澄法師來常川講經、是日男女會員到會者數百人、並有某團體音樂、迨至正午由觀音堂廣通上人乘汽車偕月澄法師來、更有四僧作陪、皆黃袍高履、色相莊嚴、於是音樂大作、四衆恭迎法師入座、首由會長致歡迎辭、次來賓演說、次廣通演說、次月澄法師演說、法師演說用通行語、由謝君四端譯爲閩語、因會中多閩人、不解通行語也、光華日

報主筆陳君宗山亦到會、衆方請其演說、適有以冰膏與之者、陳君啖訖、即席演說、略云人當炎熱之際、五臟如焚、一啖冰膏則臟府清凉、炎熱爲之頓減、由此推之、人類之於佛法、亦何獨不然、人生五濁之世、時時爲名利牽纏、競爭不已、甚至以身命殉之、其意識界之熱度、較諸外界空氣之熱、不啻數倍、然而一聞佛法、無我無人、即空即色之旨、亦與啖冰膏無異、頓覺心地清凉、名利競爭、一切妄念、一時都盡、此是何等爽快之事、何等可樂之事、故人世無異火坑、佛法則如清凉世界、吾人如以火坑爲樂境、則已亦耳、如以火坑爲苦境、而欲置身於清凉世界中、則舍研究佛法外無他道也云云、衆聞之鼓掌稱善、乃宣告閉會、並以素齋餉客、盡歡而散、

【觀麗澤學校演劇籌欵】麗澤學校設於杏州街、麗澤社員所創立也、總理爲陳君民情、副總理爲許君金鐘、校長爲溫君吉成、計有學級八班、學生約三百人、皆國民程度、規模頗大、設置亦甚完備、校中經費由麗澤社員公同認捐、有不足則演劇籌款、以補助之、余居檳城時、適該校擬增建校舍、由麗澤社國語新劇團在一景園演劇籌欵、是晚余往觀之、購券入門、見場中坐客已滿、談笑之聲、振動全園、蓋尚未開戲也、臺側以木牌大書薄命花、則其戲目也、久之號槍一響、喧囂之聲立止、而台上之幕已開、按節目一一表演、劇員則精神活潑、布景則點綴生動、加以歌聲婉轉、音韻鏗鏘、頗覺悅人耳目、薄命花演畢、更有福建女校學生表演舞蹈遊戲等、以助餘興、各演員及音樂員、皆得獎品甚多、直至閉幕始出園乘車而返、聞是日所籌之欵頗爲不少云、

善化堂

第六章　娛樂

【戲園】檳城戲園、爲華人所營者四、爲外國人所營者三、華人所營、一曰一景園、專演中國片電影、一曰大舞台、演上海班大戲、此二處規模較宏、布置亦甚合法、次有一潮州戲園、一雜耍館、皆小戲園也、外人所營、規模最大者、爲一西洋戲園、專演歐式大戲、及西人

跳舞、設置之整齊、器物之精美、當爲檳城各戲園首屈一指、次爲一西洋片電影園內容亦甚佳、又次爲馬來戲園則規模頗小矣、華僑多喜觀上海戲、各俱樂部、尤好爲包班之舉、蓋部中人、皆富商大賈、偶有人提倡觀戲、即醵資包班若干日、其家人及戚友等、均逐日往觀、雖亦售賣客票、然所入恒不抵所出、虧折之數、則由主其事者籌付之、雖數百金不惜也、有時此俱樂部欲包班、他俱樂部亦欲包之、互相競爭、包銀乃愈增愈鉅、究之一勝一負、負者固不爲辱、勝者亦不足榮、徒使戲班坐獲大利而已、有邱龍標者、亦俱樂部中人、對於包班之舉、尤其熱心提倡者也、上海班中角色、多爲北平富連成科班學生、唱作合法、染外江習氣尚不甚深、故余恒喜聽之、班中更有福州人、所演二簧、不倫不類、殊不堪入耳也、

舞女

【觀鸚鵡戲】　檳城有印度人某、以演鸚鵡戲著、余嘗往觀之、所蓄鸚鵡四五隻、置籠中、演時取而把之、其第一幕爲猜撲克、設二桌、一近觀客、一在印人之前、其上各置撲克十枚、自一至十、按數排列、請觀客以錢押於所近桌上之撲克、如押某數、即縱鸚鵡就其前桌上銜某數撲克而去、歷試不爽、又一幕、爲放砲、取小銅礮一、置桌上、裝以火藥、令鸚鵡拉其門而放之、鸚鵡作恐懼之狀、初不肯放、印人極力撫之、並用馬來語告以衆皆喜觀此劇、不可不放、鸚鵡乃口銜砲門拉之、轟然作大聲而畢、嗣則銜環鑽圈之類、不下數十幕、最後一幕、爲舞火箸、一小鐵箸、兩端縛棉花、醮以火酒、以火燃之、燃後、令鸚鵡舞之、初亦畏避不前、後乃以喙銜箸之中心、搖其頸左右旋轉而舞之、火光熊熊、稍有偏失、即可焚及羽毛、尤爲所演中之最難者、故於此告終焉、按鸚鵡能言、見諸傳記、蓋其性最慧、善解人意、爲鳥類之最、我國人向雖重之、然僅敎以極簡單之語二三句而已、而外人則能敎以作各種戲劇、或成片段之語言、最近美國太克寺州之白郎施維地方、有金氏者、且創設鸚鵡學校、以各種英語授之鸚鵡、現已開學、則尤爲能盡其聰明智慧者矣、茲附錄該校近狀於下、

（紀美國之鸚鵡學校）　（入學之鸚鵡）　入學之鸚鵡、計有一千五百餘頭、皆係來自中美及墨西哥南部者、

（敎授之方法）　敎授方法、係用特製之留聲機片、其程度自初級起、逐漸加高、與小學校同、並於每星期舉行考試一次、愼重分別等

級、其有質地愚魯、學業不進者、將其剔出、另成一班、施以特別敎授、至一個半月、仍未能學習規定之英語者、與以斥退、斥退之鸚鵡、即無市價可言、譽人得之、若能不惜工夫、耐心敎導、或尙會說幾句西班牙語、

（畢業之期限）　畢業期爲三個月、在金氏學校中肄業之鸚鵡、有畢業成績極優者、亦有僅僅及格者、而其售價之高下、亦即以成績之優劣而定、

（授課之情形）　授課時、鸚鵡均棲於架上、每班用一留聲機、其片子之內容、亦各不同、機器一開、頗能使其悉心靜聽、如此一而再、再而三、直至完全習熟、能背誦所授之語句始已、

（片子之內容）　凡鄙俚之語、概不採入片子、其選擇至爲審愼、因畢業之鸚鵡、將來當傳諸上等人家、故出語亦必須溫文爾雅、不以俚俗之言敎之也、

（敎授之成績）　據金氏言用留聲機敎授鸚鵡、可使其熟習較多之字句、成績大有可觀、此鸚鵡學校、上下半年各開辦一次、每次畢業之鸚鵡以數百計云、

游藝園之一部

【觀遊行雜技團】　余居檳城値遊行雜技團在五支燈北精武體育會後設場演技、爰往觀焉、門票一角、場內劃數幕、分演各種技術、最前一幕中豎大鐵柱、旁列銅柱甚多、上置木馬、大與常馬等、皆作馳騁咆哮之狀、觀客出資購票、即可乘之、迨乘馬之人滿、即以電力催動其中鐵柱、旋轉極速、其旁銅柱、則忽上忽下、而木馬亦隨之起落不定、勢如萬馬奔騰、令人驚駭不已、旁有音樂室、亦因電力催動、音樂大作、彌增聲勢、南洋人習於舟車、乘馬者絕少、故頗以乘木馬爲樂趣焉、其次場中豎鐵柱高數丈、下置飛機數具、以鋼條上繫柱端、觀客購票、坐飛機中、迨人滿、即發電轉動鐵柱、而飛機即隨之繞柱旋轉、漸轉漸高、幾與柱頂平行、人坐其中、亦殊可樂、又次一圓形木台、上鋪鐵板、以油塗之、列四輪小車數十、車上可並坐二人、中亦豎一鐵柱、觀客出資乘之、電力一作、則鐵柱旋轉、車皆環柱而走、其行甚速、頗覺有趣、又次爲一布棚、購票而入、則一歐人兩臂極長、下垂至地、

反其臂、可由背後折至肩下、以搔其胸際之癢、亦一奇也、又次一布幕內、有男女歐人、以氣槍擊各種器物、如環如丸之類、每發必中、百不失一、手法之純熟、令人可驚、又次幕外設木台其上、一歐人以亞拉伯字碼書紙上、顛倒假仰不一、即持以示觀客、則作花籃等、并人物鳥獸各種形體、厥狀逼肖、藉以招徠觀客、購票而入、則內爲魔術、所演亦尋常魔術、無甚新奇者、又次爲混血種婦女多人、演各種武術、又有各種番人跳舞、有時持刃相擊、令人生怖、惟旁有音樂一部、曲調新奇、頗爲可聽、最次爲華人李萃五之雜技團、蓋亦歐人所邀、附屬其間者也、以上各幕、票價少則一角、多至四五角不等、每至晚間、（日間不演）則觀客麕集、士女如雲、一晚所售、不下數千元、觀客以華人爲多、西人殊少、蓋因場中遊人過多、秩序太亂故也、其間並有售咖啡者、設類似博賭之各種游戲者、喧囂之狀、幾與市場無異也、

暹羅伶人

【觀暹羅戲】　余居檳城、參觀某印僧之善會、有暹羅戲一班、演於椰林下、以娛賓、環而觀者甚衆、余好奇心勝、亦入人叢中觀之、演員男女十餘人、就地布氍毹爲劇場、演員環坐、登場時、或一人或二人、女角袒其二臂、胸際環以纓絡、下著繡裙、十指皆套以銅製假指爪、長六七寸、以手作勢、且歌且舞、雙手婉轉如棉、手背可仰貼腕上、一六十許老婦、藝最精、所歌不知何語、惟音調甚悲、令人聞之不快、歌時衆人齊聲和之、與僧徒誦經近似、旁以鑼鼓爲節奏、鑼一大一小、大者聲宏、小者聲尖銳、亦與僧徒誦經所奏之樂器近似、豈以暹羅人好佛、其戲劇亦習於佛化耶、每一劇終、則會中善士、競以果品餽之、即取而大啖、然後登場、其人皆面色甚黃、望之似無人色、不知何故、

【關仔角觀釣】　余每晚飯罷、恒自精武體育會、循打鐵街、過土庫街、再經大鐘樓、直至關仔角碼頭啖風、其地舊有砲台、已成歷史上之陳跡、現則晝間樹以風旗、晚間易以號燈、以風向示往來之船舶而已、碼頭至下午八九時、即停止售票、是時海濱石隄上、馬來老年男婦、坐而垂釣者頗多、其法用數十丈長絲繩、一端繫鈎、鈎上刺一小蝦爲餌、其旁更繫一鉛錘、然後以手持繩、運轉其鉛錘、至旋轉最速時、力向海中投之、即可投至數十丈之遠、仍持其一端、坐而俟之、覺有物引其繩動、急收繩、而魚可得矣、大率一人可管數繩、余

坐其旁觀之、頗有臨淵羨魚之意、輒取其繩代管之、於時星月微明、清風徐起、海天空寂、萬籟無聲、獨坐其間、覺四大皆非我有、其樂有不可名言者、一晚余方代管間、忽一繩大動、引之甚重、知有大物、急呼馬來人力牽之、繩盡得巨魚一尾、重十餘斤、撥剌之力絕巨、馬來人竭力牽引、始得上岸、甫至岸上、復一躍而至石階、幾復入水、馬來人急抱持上岸、與之俱仆於地、相持十餘分時、始帖然就範、而馬來人則手舞足蹈、大喜如狂、直與嬰兒之獲果餌無異、余觀之、不勝慨嘆、蓋其土地財產屬於外人久矣、彼輩曾不加憂戚於心、茲得一魚、而狂喜若是、無乃輕重倒置乎、然而迴視我國人民若是者、亦何地蔑有、此余所以深有慨於馬來人之於一魚也、其後馬來人、因余代管得魚最多、皆稱余有福、爭乞爲代管、余亦樂此不疲、往往夜深斗轉、尙手持數繩、枯坐不去、及今思之、亦頗可笑也、又每值潮退時、海濱亂石上、輒遺小蟹甚多、余時捉數隻、攜回蒸之、以備翌日早餐、其味較購諸市中者尤鮮美也、

關仔角

【日惹洞觀戲】　日惹洞有大伯公廟一間、規制雖狹、而香火甚盛、歲值大伯公誕辰、村人輒醵貲演劇以祝之、余居檳城、適值大伯公誕日、偕精武體育會同人往觀焉、就海濱椰林下、構木爲二台、同時並演、一爲上海班、一爲潮州班、村人男女往觀者雲集、潮州班中多幼童、演至中場、幼童皆持香幡至廟拜神、拜已復演、迨上海班演至武劇時、金鼓喧天、喊聲雷動、則觀者皆擁至上海班前觀之、而潮州班前觀者寥寥矣、每演戲輒亘三晝夜、余因其近海、氣候頗涼、故時往觀之、

【海邊小酌】　自檳城乘汽車沿公路行、可直達關仔角草場、其地北面臨海、東倚砲台、西傍城會堂、南向則爲黎街、循街以行、於近海之起點處、有政府公署及法廳再行於右方有城會堂其與花爪街相連、相連之草場中、則有壯麗之高等審判廳其後即爲聖佐治教堂與政府學校址爲鄰、至此已入花爪街其左有聖方濟書院右有嬰堂再向前行、有聖佐治女學校在其右、與之爲鄰、乃一建於海濱之東方飯店即俗所謂伊晏柯酒店也、海濱築石爲隄、堤洋灰爲路隄上植鐵質短

欄、隄內細草如茵、喬木如蓋、風物之美、甲於全埠、每當夕陽西下、檳城士女、聯翩莅止、余喜其清靜涼爽、亦逐日往遊、每往恆偕劉致祥郭天麟二君、而與朱君魯生偕往時尤多、至則先飲冰水、或用雪糕、以解煩熱、沿岸列籐椅、余等輒坐其上暢談、既而遠望船舶之出沒、漁人之釣影、近覽青徵之青山、有時扶欄而行、俯視海面、見水中有一種小動物、其體發各色之光、甚以爲異、惜不知其何名耳、每值禮拜一、三、五等日、有政府樂隊全部、在草場音樂亭奏樂、音韻悠揚婉轉、令人聞之尤覺心氣清靜、有悠然神往之概、東方飯店所售肴饌、口味最佳、余每日多就其間晚餐、而一班資本家、亦多乘汽車來此嘆風、恆至深夜、始相率歸去也、

【丹絨多公海浴】余性好遊覽、凡足跡所至、必尋其風景名勝之地、時往遊之、檳城山水明秀、風物清幽、可遊之處最多、一日晨起、友人邀作野外之遊、遂至丹絨多公海邊、於時旭日始升、遠望隔岸山巒、尚爲厚霧所籠、朦朧不可辨、海濱漁艇、亦多停泊未行、余等沿海沙中、徐步而行、領略海邊晨景、適有華人數輩、沐浴海邊淺水中、乍沉乍浮、游泳甚樂、余曩居青島、極喜作海水浴、見此不勝羨慕、爰與友人解衣入浴、方游泳自得、忽覺有尖銳之物觸手指、如被針刺、其痛過於蝎螫、水濁不能見其物、急登岸篸視、傷痕初不甚顯、少頃痛處驟腫、廣二寸許、似生惡疽、已而毒質蔓延、全身爲之麻木、行動皆感不便、痛不可忍、乃至酒店憩息、舉手示店夥、告以被傷之故、店夥曰、此種毒物、水濁處最多、其膠極毒、君所觸尚輕、如重、則其苦更甚矣、幸在手上、過二三日即無恙也、余聞而異之、問其治療之方、曰初觸時、毒未發作、以火灼其觸處、可散其毒、若毒已發、則非敷以藥物不能愈也、余聞而愈驚、憶余在青島海浴時、海中設有水上警察、及救生船、任保護之責、入浴者毫無危險之虞、今海邊絕無此種設備、亦不以毒物之害、揭示於人、則吾輩身受其害、又何足異、故述之、用告南洋居民之好作海浴者、

日惹洞海邊

【海邊掉舟】日惹洞近海處、椰林至多、林盡爲一帶沙灘、而海水即環於其外、每潮起、海水直溯至林前、極洶湃之勢、迨潮退、則海濱水頗淺、波平浪靜、可泛小舟而行、亦一樂事也、一日友人邀往遊之、起絕早、比至日尚未出、晚潮初退、沙中遺牡蠣螺蚌之屬甚夥、乃立海岸觀日出、時則朱霞滿天、照耀海面、既而萬道光華、返射天際、而一輪紅日、已躍然浴海而出、其大直等山岳、漸升漸小、雲氣亦

漸變色、非復前此之紅艷矣、余四人乃借一小舟、鼓掉遊海中、余初不善鼓掉、惟恃友人鼓之、久之漸得法、其行愈速、漸行漸遠、遙望海中小嶼數點、如鷗浮水面、港口船舶出入、帆檣來往如梭、岸上樓房隱現於椰子林中、頓覺胸懷大暢、鼓掉之力、更增、俄見風波鼓蕩、巨浪高數尺、小舟隨之上下、勢頗危險、俯視海暗黑、深不可測、不覺大驚、廻顧海岸、則去之甚遠、始知已至海水深處、急返掉向岸行、詎一葉小舟、竟隨風濤而去、竭力鼓掉、不能稍稍挽回、良久遇一漁舟、向其呼援、漁人乃以余等之舟、繫其舟尾、洩至海濱、始得脫險、亦幸矣、

【妓館】檳城地面褊小、商店公司、亦不甚多、故妓館頗不發達、全市惟一街中有之、其數不過數十家、視新加坡不及十之一也、其內容一切情形、大致與新加坡妓館相似、每至晚間、各酒樓演唱廣東戲、燈燭輝煌、歡呼笑樂、妓館內外、遊人往來、頗饒熱鬧之觀、惟遊客概屬中流以下之人、至所謂大資本家、屈指不過數人、且皆兼任學校或社團重要職務、爲身分所拘、事勢所牽、初不能如新加坡富豪之荒於聲色、各俱樂部、則以琵琶仔無多、大雅之堂、非粗惡之士娼所得與登、以此種種原因、而妓館生涯、乃無復發達之望矣、余居檳城時、於高等之妓女、竟未曾一見、亦不聞有日本妓館、其情況之落寞可知、惟旅館中、頗有暗藏春色之像、而日本旅館以代招遊妓爲事者尤多、是又不可以一概論矣、

馬來婦人

【淸芳閣觀戲】淸芳閣設於中路、乃檳城舊式之俱樂部也、屋宇係資本家集資所購、地勢極廣大、中爲巨樓、外以椰林環之、所植花木尤繁茂、風景之淸絕、當爲各俱樂部冠、室中器物皆舊制、精美非常、壁間所懸相片、概屬民國以前人物、多淸代衣冠、所謂革命偉人、如孫黃之類者、覓不一見、亦俱樂部中之特色者也、社員最喜觀劇、常邀上海班就室內搭台演戲、往往繼續至旬餘日、日需數十百元、由社員臨時集出之、値演戲日、凡社員均得介紹友人往觀、余因亦被邀而往、其地淸淨、無戲場喧囂之狀、余極樂往觀之、社員尤喜觀關公諸戲、一日演過五關、扮關公者表情甚佳、至關公見二嫂、二嫂詢以皇叔蹤跡、關公跪而回答、極盡恭敬之意、頗能表出關公一片忠義心腸、各資本家觀之、咸爲之感歎不置、其守舊之心理、於斯可見、

【觀李萃五雜技團】李萃五京兆人、精於十錦雜技、兼擅馬解之術、率其妻子及弟子等二三十人、組爲雜技團、歷在南方大

埠、如上海廣州香港等處演技、所至大受歡迎、後爲歐洲游藝團所聘、加入團中、乃出演於南洋各埠、余嘗在檳城觀之、所演之技甚多、尤精者、其妻仰臥桌上、以雙足登巨甕、使之旋轉、又一車輪上立數人、以足蹴之、旋轉如飛、其女善走軟繩、進退俯仰、頗能自如、又以火圈置桌上、其徒躍而鑽之、皆足令觀者稱嘆不已、李心思最巧、頗能推陳出新、使其術益見精進、能以電燈照人體、視之恍如骷髏、與X光無異、然其器則較X光簡甚、又以長繩繫一水龍頭、使二人持其兩端、李立其間、開水門、則水自龍頭噴湧而出、與自來水管無異、其術猶令人叫絕、李嫻各國語言、扮外國式小丑、一面跳舞、一面用各國語言作滑稽科白、觀

演技之一幕

者皆爲之失笑、李氏對於華僑公益頗熱心、各社團每有演藝籌款之舉、該團輒參加其間、故所得匾聯幛軸之類頗多、並售賣團中藝員演技時各種照片、獲利亦多、李氏心思靈敏、作事活潑、即此可見、故能以一技之長、遨遊國內外、所至皆受人歡迎也、

棹舟

第七章　遊記

【遊升旗山】　檳城最高處、曰升旗山、總督行署在焉、山之高度二千〇〇六十六英尺、勢陡絕、登降至感困難、十年前、始營山上電車路、工作時屢屢出險、卒以百折不撓之氣、歷時十餘年、費金錢數百萬、而底之於成、其車路爲單軌、中作鐵綫、行時以電力牽引鐵纜而上下焉、故其工程之偉大、形勢之險峻、爲南洋各埠之冠、余既至檳城、首往遊之、乘汽車至山麓、直抵電車售票處門前、購票登車、票價往返一次、二等一元、頭等多數角、遇公共休息日減半、車中可坐四五十人、前爲頭等坐、後爲二等坐、約半點鐘來車一次、比開行

、時車沿峭壁直上、人坐其中、不敢少動、山間沿坡帶谷、皆椰子林、彌望無際、惟鐵路一線、屈曲盤折其間、遇有深谷、則架橋過之、憑窗俯視深不見底、行至半途、錯車一次、迨至山巔車止、乃下車徐步而遊、舉目四眺、烟波飄渺、海天無際、小嶼四五、峙立海中、輪船往來出沒、歷歷可見、迴視埠中屋宇、小如鷄塒、自來水池、如在目前、眞覺天空地闊、心曠神怡、人生一快事也、山上地勢頗開敞、路亦平坦、有大旅館一、咖啡店一、乃至咖啡店飲茶休息、店為瓊人所開、室宇清潔、門前植鮮花甚多、雅靜可喜、飲畢、信步行山間、入深林、履怪石、渡小溪、臨幽谷、到處皆有奇趣、無異福地洞天、令人樂而忘返、其地氣溫不過七十餘度、微風徐起、清爽異常、與山下鬧市中炎涼頓殊、故人多喜遊焉、其後余偶得暇、即往遊之、朝而往、暮而歸、携書數卷、坐林下讀之、檳城之樂、當以此為最矣、咖啡店並售全山風景信片、每打價一元、余前後所購亦甚多也、

青龍寺

【遊青龍寺觀蛇】檳城青雲巖有古剎、曰青龍寺、內有蛇甚多、靈異異常蛇、余聞之初不深信、一日偕數友往遊之、乘汽車過日落洞、不遠即抵山麓、循山坡拾級而登、寺居半坡中、地不甚廣、中為大殿三楹、旁為客堂、看寺人引至殿內觀之、神龕供青龍大王、像貌殊獰惡、殿中各處果皆有蛇盤之、粗者如碗、細者才如一線、全身綠色、章以黑斑、首作四方形、金睛扁喙、頗異常蛇、撫之不驚、撥之蠕蠕而動、旋即卷曲如故、神龕香案花瓶燭台、以至經卷牆壁之上、無處無之、其多殆不勝數、而大殿以外、則不復見其片影、信足異也、案上置鷄卵甚多、亦不見其吞噬、看寺人云、蛇至晚間方食、食時惟繞行鷄卵一周、卵即中空、不必吞噬也、又曰、每年青龍大王生日、蛇之至者、累萬成千、猶不可數計、過此則復少、亦不知其從何處來、向何處往也、又曰、嘗有西人來遊、欲出重資購一蛇、寺人不肯、乃倩無賴竊一蛇歸寓豢之、詎至晚即不翼而飛、蓋仍返寺中矣、其言皆近神話、當係誇大之詞耳、出殿至客堂少憩、見壁間懸印度佛教事跡圖數幅、所繪與喇嘛教圖畫頗近、似意與喇嘛教同出一源歟、看寺人又云、西人來觀靈蛇者甚多、且拍照以去、恒請其題名或布施錢物、彼等亦欣然許諾、其為靈蛇神異所動可知也、憩既久、又至寺外盤桓、絕不見有絲毫蛇跡、乃相與詫嘆而返、

【遊公園】檳城繁富、不及新加坡、而山水風物之美則過之、緣市西行、取道中路、道旁古木槎枒、綠陰如蓋、有空場一片、面積頗廣、嫩草如茵、環以粉白木欄、即跑馬場也、前行至一梵刹、外環短垣、中爲巨廈、所供佛像、多作奇異之狀、壁間畫像亦如之、再進至一大山脚下、而檳城公園在焉、此園依山結構、假天然之山水爲點綴、其風景之美可知、入門爲玻璃房、地面引山水爲溝、其流甚清、溝上列盆花無數、凡熱帶之奇花異草、搜集無遺、枝葉鮮嫩、花色紛披、令人愛不忍釋、乃坐椅上玩之、渴則掬溝水而飲、憩息良久、始行、再進履山坡、拾級而登、見瀑布自兩山間懸空下注、聲如霹靂、勢如萬馬奔騰、水勢極狂、至山下始稍緩、其左鑿石爲池、引瀑布之水入其中、曲折經數池、乃達中間大池、此即全市自來水之貯水池也、池周十餘丈、宛如深澤、水澄清作深碧色、四圍綠樹環之、風景之清幽、殆罕其匹、池下有大鐵管、引水下山、分布各小水管、至市區各用戶、故檳城飲料、取之不竭、用之不渴、爲他處所無也、水池掌於市政局、有二吉寧人看守之、余給以微資、令引至水源處一觀、乃導余登山、勢甚峭直、未幾、至一亭、入而少憩、復拾級而登、始至水源處、四望樹林深密、幽邃無比、緩步徘徊其下、仰視林間野鳥、皆高冠長尾、羽毛之色、或紅或綠、或藍或黃、色彩鮮艷、異常可觀、鳴聲清脆嬌婉、無異伽凌仙音、尤爲可聽、林間又多野猴、性頗馴能解人意、遊人投以餅餌、則相率下食之、余携餅乾甚多、試投之、果相引而來、並有負子於背者、乳子於懷者、大小無慮數十、投以餅、則競取食之、觀之頗有異趣、餅投盡、猶環伺不肯去、余遂舍之行、循路下山、仍乘汽車而返、沿途樓閣中時有鋼琴之聲、隨風送入耳鼓、鏗鏘頓錯、音韻絕佳、恍

山頂電車站

山頂電車路

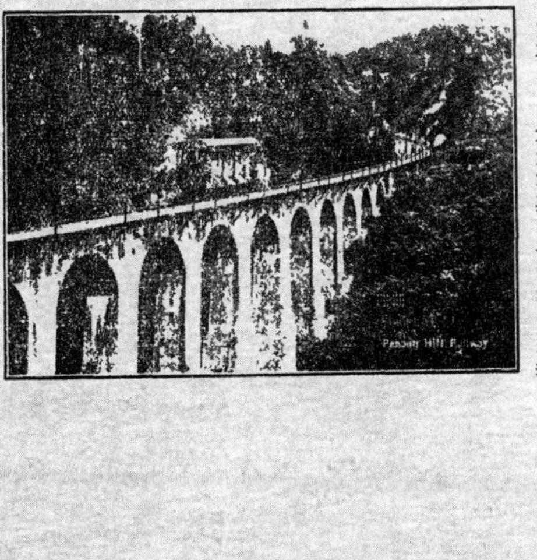

如身在極樂世界中也、

【遊雙溪檳榔記】檳城最高之峯、爲升旗山、次則雙溪檳榔也、地在市之西南、約二十四哩、山間有二溪、至山半匯而爲一、成Y字形、故曰雙溪、地勢高峻、巖壑幽深、亦足與升旗山埒、余聞而羨之、一日偕友人乘汽車往遊焉、過公巴循山徑行、路甚崎嶇、婉轉如羊腸、兩山樹木叢鬱、溪水澄清、良久車經美湖文登等處、地勢忽高忽下、車中殊覺振盪、又經浮羅山背、始達雙溪檳榔、遂舍車而步、循山徑盤折而登、旁多懸巖峭壁、行其下殊慄慄生畏、迨至溪邊、尤險仄難行、良久始至山巔、登高四矚、雖不能盡覽檳城全景、而附近各村鎮、已可一望瞭然、山中屋舍、多以茅草構成、用石料者甚鮮、有小學校一、名新民義學校、對面有小廟一、道路蕪穢、頗不修整、亦無路燈、居民多爲閩工人、爲商者僅四分之一而已、氣候温和、風物幽靜、亦避熱之佳境也、眺覽久之、乃入溪間沐浴、水極清澈、沙石歷歷可見、水寒流緩、甫入其中、頓覺煩熱之氣都消、已而往觀園圃、先經叢林尋路而進、園以椰子樹膠爲盛、約半時許、至園中茅舍休息有頃、更起至園外盤桓、時將日暮、急循途下山、乘車迴返、比至檳城、則已萬家燈火矣、

自來水池

【遊丹戎莫雅】自檳城市西北行、緣紅毛路滑拉歪約六哩、是爲丹戎莫雅、地濱海、西人設游泳會社於此、用習泅水之術、亦海濱名勝之區也、一日余偕友人往遊之、沿岸白沙如帶、海中多奇石環立、如張畫屏、海水衝激、浪翻沫濺、其勢殊洶湧可怖、東望華屋巨廈、隱現於椰子林中、則關仔角之縮影也、沙灘上士女紛集、或坐沙以乘凉、或倚樹而玩景、海中風帆、隨波上下、前有小島、林菁叢密、白石嵯峨、中置燈台、入夜則燈光燦爛、遠射海面、而高數千呎之吉礁峯、又突起對岸、景物之美、令人觀之不盡、附近多富家別墅、蓋以其地空氣清潔、風光幽雅、用以避暑也、觀覽久之、余思解衣入浴、友人止之曰、此間偶有鱷魚沙魚潛處其中、入浴者往往爲所嚙、聞曾有人爲沙魚嚙傷足部、幸其人頗善泳水術、力得掙脫、猶幸所遇爲沙魚、若遇鱷魚、縱甚小、其力亦絕巨、既爲所嚙、無法得脫、恐已葬身魚腹矣、吾輩烏可蹈其覆轍、余聞之慄然而止、乃至茶館品茗、館

名Spring fide譯粵名作斯檳氐後有人改題爲春瀏舘極爲切當、所售冰膏最佳、啖之甜香沁腑、余甚嗜之、

【日惹洞】日惹洞者、檳城村落之一也、地通電車、自檳城乘電車、沿途旁、有一道水溝、溝內小鰤甚夥、經造冰廠又過一橋、至萬德美油較在某米較旁、與對面之電車相錯、由是直達日惹洞村中設警察所一、警員皆携眷寓所後、有學校一、名培南學校學生百餘人、有俱樂部二、此外則有藥舖二、咖啡店三、理髮舘一、烟舘一、雜貨舖數家而已、每晨有菜市、售賣魚肉菜蔬等項、購物者甚衆、附近又有大廟一、地濱海岸、椰林無際、爲赴公巴馬六拜必經之路、檳城電車至此爲止、往來頻數、每次車價六分、而往來之羅力車亦不少、

公園

【大山脚】大山脚居威利斯省中部、爲該省最大市鎮、有太上老君山橫亘其東北、依山麓爲市、故以大山脚名、地勢頗平坦、一農業之良區也、鐵路西通檳城、南達吉隆坡、北至吉礁、又有汽車路、四通八達、交通極爲便利、威利斯省之自來水池醫院、均設於其地、並設有審判廳及警察局、全市商店、約二百餘家、雜貨舖最多、洋貨舖次之、街道爲十字形、屋宇之整潔、道路之寬闊、頗不亞於檳城、學校有華人公立日新學校一所、學生百餘人、內容頗完善、有英文學校一所、學生二百餘人、又有政府設立之馬來學校一所、學生百餘人、居民以華人馬來人爲多、吉寧人及其他印度人次之、物產以樹膠檳榔椰子爲大宗、豆類果品碩莪、所產亦頗豐富、將來實業之發達、殊未可限量也、其地距大山甚近、山間頗饒風景、一日余往遊之、先至市中調查商店情形、後乃乘車入山、路甚隘、夾以林木、其間僅容一車、約行三哩、路盡便得一谷、舍車登山、未及半里、一石壁聳然而立、高闊各約五六丈、盤折至其上、則自來水池在焉、水自谷中出、石壁阻之、因拓而爲池、用爲全市之飲料、歐人善利用自然、遠非吾人所能及也、池旁有一茅屋、爲守池者所住、池居兩巖間、黃土爲岸、故水黃而靜、其外環以喬木、樹影倒映水中、風景甚佳、壁上植以鐵欄、遠望之樹木蒼萃、邱陵起伏、極幽深之致、余欲溯池水來源、而無路可登、僅見二三小溪、自林間注入池中、眺覽久之、忽天陰欲雨、急覓路下山、甫至市中而大雨已至、

游水俱樂部

乃登酒樓午餐、遙望大山爲雨氣所遮、林壑皆不可覩、只見濃雲往來聚散而已、

【浮羅山背】浮羅山背、檳城之後山也、周遊全島者、起自檳城、踰馬六拜公巴、即浮羅山背也、其地爲檳城重要市鎮、有街市三四道、商店數百家、有崇德學校一所、學生六七十人、總理林清輝、副總理周宜昌、校長羅甚堂、皆熱心教育之士、故該校學生之成績甚佳、又有浮坡公益書報社一處、內容亦頗完美、其地華僑有游君新瑞者、原籍粤之順德縣、因其父旅居浮羅山背、君即生於是間、幼讀國文、頗工函牘、既壯、歷遊馬來半島以至蘇門答臘等處、交遊甚廣、知識由是大進、時値淸末、海內外憂時之士、皆主張革命、適有某君講演革命之說、君聞如夢覺、遂入同盟會、復引入同志百餘人、浮坡公益書報社見其熱心、即舉爲評議員、汪精衞在檳城演說、君聞而慕之、請到浮羅演說、聽者不下千餘人、爲浮坡未有之盛事、辛亥武漢起義、喜信傳來、益鼓吹捐餉助軍、並勸人剪髮、不終日、剪者至四百餘人之多、皆君善爲說詞之功也、年三十四、衆推爲公益書報社正社長、越年又爲崇德學校正總理、崇德患乏校舍、君與巫君鶴平等商借巫款三千六百元、置校舍並操場、不足、則親至外埠捐足之、其熱心教育可見矣、君爲浮坡最重要之人物、凡遊浮坡者不可不知其人、故略述其歷史如此、

【公巴】公巴地濱海、一小小村鎮也、距馬六拜浮羅山背皆不遠、余嘗往遊之、自檳城乘汽車經日惹洞沿途中馬來人稻田甚多、頗有江浙風景、椰林尤繁茂、馬來木板之屋、時隱現於深菁密林中、時方收穫、馬來婦女就田中刈稻、皆以布帕幕首、作紅紫諸色、遠望之頗饒風趣、其地有街市一道、商店計數十家、飯館咖啡店雜貨舖等皆備、又有公共賣魚廠一、學校一、

日惹洞途中之電車

名養正學校、學生五十餘人、程度爲國民級、成立於民國十四年、現在總理爲陳君存笑、副理爲關君光根、校長爲張君航聲、其下則爲敎務長一人、敎員一人、皆熱心敎育之士也、既至海濱、眺覽見居民多以捕魚爲業、海面帆檣出沒、皆漁艇也、徘徊既倦、乃就白沙中偃臥、曲肱而枕、仰視浮雲往來、逸興遄飛、久之返至村中、飲茗於咖啡館、與坐人閒談、據云是間有陳君金針者、閩人也、幼孤、家計甚艱、乃來檳爲商、初任公巴豐興號經理、逾三年、丁母憂、奔喪回籍、既返、始自設慶豐商號於公巴、好爲公益事業、民國三年、因馬六拜兒童失學者衆、乃與該埠名人容光漢馮來發戴國璋羅福興巫鶴年諸君、共設中華學校及書報社、而該埠之敎育遂以發達、故公巴華僑咸尊之爲領袖焉、余聞而慕之、惜因天氣陡變、恐遇雨、不果訪而歸、

【秀霞園】秀霞園在日惹洞邱君文成所建也、廣袤約數畝、偏植雜花、參以椰樹、中爲茅屋數椽、爲晨夕讀書吟詠之所、人若羲皇、門無剝啄、亦紅塵擾攘中一養靜之地也、一日與數友往遊之、乘汽車至日惹洞、舍車而步、未幾抵園門、門內路甚平坦、夾道月季花方盛開、芬芳撲鼻、稍前爲一小溪、木橋架其上、登橋俯視、溪流過急、其聲甚宏、踰溪而行、則百卉爭妍、椰樹深密、野鳥鳴於林杪、粉蝶舞於花叢、天然風物之美、至爲可樂、已而至其茅屋、値邱君未在、由守園人慇懃款接、隨命僕役汲井水、折竹枝、烹茗茶、而飲之、園坐茅屋中、隨意談笑、四顧園中景物、尤覺心曠神怡、憩息久之、起而閒步野外、沿溪越谷、曲折而行、眞不啻漁父之入桃源矣、忽而大風起、沙走石飛、電光閃爍、雷聲震耳、頃刻大雨傾盆而下、余等急趨避密林中、雨聲如洪濤怒吼、面語不相聞、約三十分時始已、迴視余等衣履已盡濕矣、乃徐徐出至林外、於時行潦載途、泉聲滿山、涼風吹來、徹人肌骨、返至園中、日已西下、即謝別守園人、循途而返、沿途雨後風景、尤令人玩之不盡也、

沿海之路

【峇六拜】峇六拜爲檳城之一鄉村、凡赴公巴浮羅山背必經之路、一日余往遊焉、乘汽車經日惹洞過靑龍潤、車行平野間、速度倍增、俄頃即至、地有街市一道、中爲往來大路、其旁多哈達屋、有雜貨舖十餘家、咖啡店三四家、餘則小商店數家而已、有中華商業學

校一處、規模不大、而布置頗雅潔可喜、總理爲陳君奕雲、副總理爲羅君茂才、皆熱心教育之士、對於該校經費、竭力籌捐、村中兒童、皆得受相當教育、不至廢時失學者、二君之力也、校長張君航聲、亦教育界知名之士、辦理校務、有條不紊、名譽因之日起、現有高初各級學生六十餘人、其中並有女生十餘人也、久之、至村外、見彌望皆稻田、時正插秧、馬來婦女首裹紫黃紅粉各色紗、俯身田中、工作甚勤、遠望之、殊婉媚有風致、首上各色之紗、映以綠色之稻苗、無異圖畫中人、吾國江南婦女、插苗風景、不能專美於前矣、觀覽良久、怡然甚樂、聞村中華僑有容光漢、馮來發、戴國璋、巫鶴年、羅福興諸君、皆有名工商界、且多爲同盟會會員、對於革命事業、贊助奔走、頗著功績、惜余倉卒來遊、不終日而返、未及一一過訪、亦一憾事、

【新港】新港亦檳城名勝之區也、一日余偕友人往遊之、先乘車至五枝燈、改乘汽車疾馳而行、途中多椰林、蒼萃滿目、如送如迎、轉瞬已至新港、即舍車步行、其地街市頗整潔、有咖啡店雜貨舖各數家、遂至一咖啡店飲茶少憩、已而起身前行、由小路而進、經菜圃一所、渡小溪二道、始抵山下、循路而登、險仄崎嶇、無異鳥道、兩旁蔓草叢生、蟲聲唧唧不已、余等緩步而行、談笑甚歡、忽聞水聲潺湲、出自頂上、仰望之見小泉一股、自山巖下瀉、日光映如白練之下垂、乃坐石上觀玩、有頃、精神爲之一振、由是再登即至山頂、登高四望、胸襟豁然開朗、徘徊久之、始循路而返、

沿途之椰林

【四坎店】四坎店距檳一英里餘、電車總廠、即設於附近、電車可通至亞逸淡馬路、則一通日惹洞、一通公園、一通中路、蓋四達之衢也、路旁古木參天、四野多椰林蕉圃、其中則有咖啡店二家、雜貨舖數家、吉寧人所設雜物舖亦數家、有梵剎一、內設佛學研究會、有學校一、名華僑學校、有學生五十餘人、爲兩級小學制、校長爲邱君丹心、總理爲謝君文波、校舍甚隘、聞將來尙擬籌欵改建之、公共體育場亦在其近旁、場外榕樹甚多、又有一種奇花、四時不謝、紅花綠葉、美麗異常、每至夕陽西下、學生運動其間者頗夥、此地雖距檳市不遠、而景物清幽、毫無繁華之氣、故余居檳城時、每有餘暇、恒至佛學研究會研究佛學、一日甫至其地、聞路人傳說、有仙人下界、異而踪跡之、至一民居、中一老人、即所謂仙人者也、審視之、塵俗滿面、絕非仙風道骨者流、而求福者環之如堵、其迷信可憐、其無識猶可笑也、

【廣義山】檳城山水清秀、風物宜人、可遊之地甚多、廣義山其一也、一日偕友遊之、山不甚高、其上多樹膠園、果木亦到處有之、溪水自林間流出、深數尺、清澈可鑒底、多白沙、雜以亂石、潺湲之聲、令人聞之悅耳、余等穿林越溪而行、不覺已至山巔、眺覽久之、共坐小溪旁、出所携酒肴、痛飲暢談、見樹上結紅毛丹甚多、摘數枚啖之、甘美異常品、酒既酣、一友取洞簫吹之、音調悠揚婉轉、與山鳥鳴聲相應和、倍覺可聽、又一友則以攝影器擇風景絕勝處、攝得數片、意甚欣然、已而緩步行山中、至一茂林深處、怪石縱橫、溪水縈廻、其下風物之清幽、莫與爲比、余等猶樂之、皆解衣入浴、溪中水冷如冰、砭人肌骨、而精神則爲之大暢、水中游魚甚夥、見人皆倏然驚逝、余等乃圍而捕之以爲樂、此捉彼竄、頗不易得、逐至支流盡處、始獲數尾、衆大喜、急置諸罐中携之返、用作茲遊之紀念焉、

四坎店電車站

【北海】北海又名新埠、地居濱榔嶼之東、東北鄰吉礁、南界吡吶、地當北緯五度二十分、東經百度五十分、面積二八八方里、居民十三萬餘、爲威利斯省之首府、地與檳榔嶼相望、隔海僅三里、馬來聯邦鐵路、自新加坡經吉隆怡保至此爲終點、物產以椰子樹膠爲大宗、其地本屬吉礁、至一七九八年、英國既領有檳榔嶼、爲發展與隆計、與吉礁酋長訂立條約、年給酋長一萬元、英國遂領有其地、至今已爲海峽殖民地一重要都會焉、余居檳城時、因其地濱海、空氣宜人、恒喜渡海往遊之、地有街市二條、其中商店百餘家、汽車往來吉礁及附近各埠者、絡繹不絕、汽車站常停車一二百輛之多、其盛概可想見、有華僑所立育僑學校一所、學生約百餘人、前爲校舍、其後爲操塲、則在海濱矣、余往遊時、適値學校放假、故其內容詳情、未及調查也、又有商務公所一處、爲全埠商家集議之地、與商會名異而實同、其地華僑重要人物、如李君斯桃游君雲階皆熱心公益、一時知名之士也、

【勃來】勃來一名新路頭、地居北海之南、勃來河畔、爲威利斯省口岸之一、與檳榔嶼隔海峽相望、海峽中有汽船、轉運旅客及貨物等、然後由勃來車站經威利斯省鐵道、以達於馬來聯邦鐵道、交通極爲便利、其地有船塢公司機器廠一、爲新加坡丹戎巴葛船政

廳之支廠、有街市二道、內多咖啡館雜貨舖等小商店、氣候温和、平均約八十五六度、地距大山腳六哩、太平五十六哩、砵衙六十七哩、實吊遠一百十五哩、江沙七十九哩、亞羅士打七十九哩、實威利斯省重要之地也、

【邦喀】邦喀爲丁丁所屬一大島、地勢高峻、岡巒起伏、有高出海面千餘呎之山峯、其中深菁密林、一望無際、均屬佳木良材、沿岸

亞漁淡椰林中之電車

怪石嶙峋、其際沒水中之石上產壯礪、潮退時居民輒掘而售之、水道分南北二口、設有燈塔、往來船舶頗便之、有汽船往返檳城、水程僅八九里、瞬息之間、即至也、島之東岸有小埠二、一曰吉寧員、一曰邦喀、所居華僑約八百餘、馬來人印度人較多、印度人咸以捕魚爲業、每日出口生魚至少三四十箱、生魚裝箱凍冰、多配銷於安順檳城各埠、每箱百餘斤、或二百斤、魚類以鯧魚西刀魚馬鮫魚爲最多、至其農業、則低地多種椰、高原多種樹膠、產額亦不少、華僑除少數營商及捕魚者外、多以收買生魚配運出口爲業、全島住屋四百餘家、吉寧員多印人居之、性驕悍、尚合羣、華僑人少、頗受其侮也、埠中有一華民

極樂寺小橋

學校、規模甚小、僅有學生二十餘人、教員二人而已、埠之附近居民、以木片導引山水、匯爲公共浴池、終日往浴者踵相接、余遊其地時、亦就而浴焉、水頗澄清、其涼徹骨、爽快過望、亦消暑之佳地也、其北有華僑公塚及雪較、埠外有山徑、南通邦喀、屋宇較少、有警察駐之、

以統轄全島、亦有學校一處、名中華學校校舍新築開辦未久、生徒僅十餘人並附設國語傳習所循此道南行、有古城一座、高約一二十呎作方形城垣半已傾圮、詢之土人、謂昔者和蘭人據此島時築城以守、及爲英人所得、乃廢其城不用云、

【丁丁】丁丁居檳城之南、西隔海峽、與棉蘭之勿勞灣相望、地勢甚高、多屬山原、僅北部勿羅亞河一帶爲平地、沿岸白沙蜿蜒如帶、中成大灣口以邦咯島障之、水量甚深、碧波如鏡、誠避風之天然港也、居民以華人馬來人爲最多、印度人次之、歐美人甚少、氣候溫和、土質肥沃、最宜於種植、物產以樹膠椰籐爲大宗、海產魚類亦夥、木料甚多、而以精仔柴最著名、惟政府嚴禁斫伐、違者多罹罪、時派小輪沿岸巡查、盜伐者不能呈驗允許狀、即逮捕以去、蓋政府深恐木料之缺乏也、首埠曰紅土坎瀕灣之右岸、三面峯巒峭峙、高者至千六百呎、交通舟車咸便、行政駐英官被犁主以統理全部、有警察局醫局郵局海關各機關、市中屋宇概爲亞答式不甚整潔、居民以馬來人爲多、華人僅千餘、然商業權、則操諸華人手中、農業甚盛、附近山野開闢殆徧、數年後欲覓隙地、恐不可復得矣、

【亞逸淡】亞逸淡居白鶴山麓、一最有名之山村也、自五支燈乘電車可直達其地、由是而上、則極樂寺在焉、中有飯館

極樂寺全景

二家、咖啡店二三家、雜貨舖四五家、其外多小溪、水清澈見底、潺湲之聲不絕、溪旁巨石縱橫、或如人立、或如牛眠、或如怒獅猛虎之蹲踞、奇形異狀、各極生動之致、又有馬來小廟二、累磚爲基、構木爲室、於上遊極樂寺而返者、輒就村中憩息、飯舘所售零散肴蔬、烹調絕美、且能作成桌筵席、故遊客多飲食其中、飯能至村外、領略風景、且入馬來小廟瞻眺、往往施以香資、其地景物清絕、空氣凉爽、而交通又極便利、余最喜遊之、每間數日輒一往、至則徘徊於椰林之間、清溪之上、履奇石、涉小橋、觀野花之繁榮、聽山禽之格磔、倦則傍巨石藉芳草而臥、仰觀白雲、俯聽流泉、幾不知復有塵世、其樂眞南面王不易也、久之靜極思動、乃至山溪僻處、掬水冲凉、精神之暢快、尤非言語所能形容、迨飢腸轆轆、始就飯舘飽餐佳饌、而後返、

【極樂寺】　檳城之隅、青山重疊、碧海橫吞、白鶴山峭插天際、有俯視一切之槪、清光緒中、閩僧妙蓮卓錫於此、因建道場、錫名曰極樂寺、歷十餘年始竣工、殿宇宏麗、佛像莊嚴、不特爲檳城最大叢林、且爲南洋英荷各屬唯一之梵刹、凡中外人士之至檳城者、莫不以一瞻代表中國宗教文明之極樂寺爲快、余至檳城甫數日、即往遊之、自五支燈乘電車而行、經四坎店、沿途多椰林、電車穿之而過、至亞逸淡而電車止、則已在山麓矣、乃捨車而步、拾級而登、路旁溪水潺湲、奇石環拱、椰林一望無際、山行屈折良久、始睹寺門、初入門不過一尋常禪院耳、乃從殿左角歷階而升、盡二十餘磴、豁然開朗、寺依山勢層累曲折而構成之、有巨石刻無量壽佛四字、其上則鑿石爲方池者三、皆放生池也、池水漣漪、極清幽之致、池上琪花瑤草、鮮果紅葉、蔚然成林、池之下者爲龜池、大者如斗、小者如盤、如杯、以數百千計、其上二池、則蓄朱魚尤夥、從山右斜坡而上有罩亭、長半里許、蜿蜒如蛇、穿插於怪石嵯峨之間、漸繞出於上池之頂、石有矗而人立者、有臥如牛者、有斜倚而若醉者、各盡離奇之態、中外遊人鐫名石上者頗多、亦間有鐫小詩聊作解人者、中有康南海所題勿忘祖國四字、命意正大、筆力遒勁、當與暮鼓晨鐘長留聲響也、既而左折南向入解脫門、輾轉經大殿、宏崇壯麗、實爲東方式建築之最精美者、時寺僧方環殿前誦經唄、香烟迷漫不可入、知客僧仍導余行、逐層漸升、又經數重殿閣、最後更涉磴石四五十級、抵一秘院、是爲藏經樓、入室登螺梯、盤旋而上、達樓頭、則人已在山

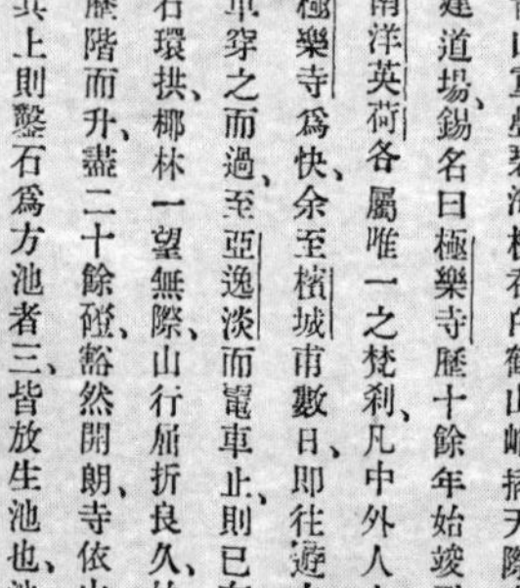

龜池

巔矣、前爲月台甚清潔、几案亦精美無匹、知客僧出香茗精點餉余、詢住持本忠上人、則赴下院觀音寺去矣、客堂懸掛康南海章太炎、湯蟄仙及日本乃木東鄉兩大將筆蹟、又有英皇太子及暹羅國王之御璽褒狀、已而憑欄四望、全島盡入眼底、海天蕩漾、雲樹蒼茫、檳榔椰林、綠蔭萬頃、不覺心曠神怡、作飄飄欲仙之想、樓中復有一龕、內供尺許短像二十餘、皆服清衣冠、鬚眉欲動、詢知爲捐金數萬元之檀越、故供奉於此、比至樓下、堂中亦設一龕、內供木主二百餘、則捐金數千元之檀越也、時已薄暮、乃出寺下山、仍循故道而返、該寺有龜池一、內蓄龜數百、小者如杯如盤、大者徑約二尺餘、伏處池中、蠢然而動、見人毫不驚怖、渾渾噩噩、似能解人意者、產卵甚多、遊人多購去烹食、其味甚美、頗能滋陰、池旁有一賣靑菜者、遊人購菜投池中、龜即羣集而爭食之、聞其龜之大者、皆在百歲以上云、夫梵剎中鑿池蓄魚者最多、此獨蓄龜、頗爲可異、考之古籍龜爲四靈之一、尙書中候云、堯沈璧於洛、龜負書出、背有赤文朱字、莊子則以神龜自喻、其餘見之詞章家所著述、尤不可悉數、後世乃以烏龜爲笑罵之具、於是龜乃蒙不白之寃矣、又考之述異記、龜一千年生毛、壽五千歲、曰神龜、壽萬年、曰靈龜、古時用以占卜、其效最著、特設專官掌之、故古人多以龜爲名、史冊所載至爲繁多、如春秋時、宋有公子圍龜楚有鬬韋龜後漢有京兆尹陳龜撰漢中耆舊傳之祝龜曹魏時有典農劉龜晉書載記有都護張龜北周書有恆州刺史叱史列伏龜隋書隱逸傳有李龜龜名之見於漢魏六朝者、已如是之多矣、進而徵諸唐宋更不可以僂指數、唐有宗室楚王靈龜中書侍郎崔龜從浙東觀察使、王龜靖海軍節度使劉崇龜翰林學士有樂明龜張仁龜處士有陸龜蒙協律有李龜年（按李龜年有二、一爲宗室子）、他如李權龜薛元龜白龜兒尙不在少數也、五代時前蜀祇有知制誥之李龜禎從唐太白山道士解元龜而已、宋則呂蒙正之父名龜圖其弟名龜祥范雍之祖名、從龜何承矩之子名龜齡侍御史黃龜年直講彭龜年洪龜父屯田郎中方龜年員外郎黃龜正知衡州薛朋龜知武陵劉龜年湖州守王龜齡他如徐龜年張龜壽余崇龜等、亦不在少數也、元則僅有官杭州學正之劉應龜而已、明則張江陵生時、母夢一大龜、因名之、後仍改名清則僅有著思貽堂稿之長沙羅鑒龜而已、外此絕未有以龜名者、是亦元明清人諱言龜也、抑又聞之葛言之製龜冠、贈東坡陸放翁亦以龜殼作冠、高二寸許、並築堂曰龜堂、陳季常亦築龜軒、韻事流傳、具見生趣、今極樂寺之鑿池蓄龜、亦可與放翁季常後先媲美矣、

第八章　雜記

【開闢檳榔嶼之士拉愛德小史】

法蘭西士拉愛德大佐小史、

少年時代、　法蘭西士拉愛德氏、生于一七四〇年薩福克曼爾頓市附近之達靈好村氏之家世、無有能詳之者、丁零孤苦、實世間一不幸之嬰兒也、幸得威廉內革斯爲之撫養、當拉氏童年時已送入板橋之薩福克中學校肄業、一七六一年畢業後、即投身於不列顚海軍中、充海軍補候士官、如是者計四年、彼離職後、即登印度克力符船向印度航行、追隨當時一般青年之後、而求財富于東方、是時氏年齡尚幼、而志不凡、不列顚東印度公司總督華倫哈斯丁氏見而愛之、乃推薦爲往來印度暹羅及巫來由各埠之國家船舶之指揮者、此外彼尤肩任瑪德拉斯之約敦蘇利文與對蘇柴商行之代表人、彼之所以受人信托、而博卓著之聲譽者、實因經驗豐富、眼光遠大、品性溫良、與夫手段靈敏也、氏不但長於土人之語言、且與有勢力之土人、親善而深交之利用之、彼成功之關鍵其在此乎、拉愛德氏深信南洋將來之商業、必集中於海峽兩岸、故非于此獲得尺寸之地、以建設一廣大商業機關、殊不足言不列顚將來商業之進步、因是苦心焦思、于一七七一年八月十八日上書于東翁其言曰、聞吉打蘇丹欲與公併力抵拒雪蘭莪人、彼願以吉打之海口或河面及其附近之炮台相贈、以償勞績而表謝忱、因此舉須用相當之兵力、公司當有所費用、蘇丹亦願任其半、公等須知此乃天之所賜、誠千載一時之機會、天予不取、必轉落荷人之手、彼荷人一旦佔領其地、盡力經營、而在海峽中之勢焰日張、欲我英之商業毫不受其影響得乎、吉打港口、水深可四尋、(一尋等於六英尺)又無大石沙帶爲之障礙、將來加以改良、于有事時、大有利於本公司、現因事忙、未暇作詳細之報告、其未盡事宜、至十二月將爲公續述之、並以一吉打港口圖寄贈、

取檳城之計劃、　一七七一年十一月二十五日、拉愛德再上書於東翁、力陳其計劃、云自八月十八日、奉書座右後、至今不獲與公通信、實因近來各事太忙、無暇執筆之故耳、茲特代表蘇丹之意、再陳情於我公之前、希公之留意焉、據蘇丹之意、謂設公而承認彼所提

開埠時象之工作

議之契約者、請速覆一書以慰渴念、現在蘇丹不但願將吉打河口奉獻、即從此處至浮羅檳榔一帶之海岸、亦皆甘受我公之治理、覆書朝至、則夕必舉國以獻、良辰不再、公其當機立決、有何疑焉、我現駐舊城堡中、因防意外起見、特建築一炮台、如公有意於此、可再另築一磚石之新要塞炮台、面對河口、雖小舟往來、亦能見之、各項船隻皆須停泊於此、起卸貨物、誠一良好之港口也、蘇丹爲唯一之大商家、非領有執照、不准賣貨買物、然此項特別權利、彼已盡賜于我矣、爲今之計、我等只須籌備西班牙銀一萬五千元、用作經商之費、此項經費、若能半儲現款、半存貨物、則其運用必可十分如意、幸荷我公贊許、其速助我以印度兵隊、並建築倉庫焉、

從孟加拉及蘇拉脫海岸所運來之貨物、此處甚爲暢銷、而獲利故巨者、尤爲鴉片、現我經營此業、大批零售、每箱各售八百西班牙銀圓、故甚願公之按期酌定數量、源源接濟焉、現有從特蘭斯規排來之丹麥船二艘、中有印度兵四十名、及軍需品、聞彼等此來、係奉其總督之命令、曾帶有函件、及奉贈蘇丹之品物、要求蘇丹給以一通商口岸、彼政府願續派印度兵三百名、助蘇丹收回雪蘭莪

開闢時新建之街市

人前所刼奪之船隻及軍械、蘇丹答稱、此間各處城堡河口及海岸、全部已割讓歐不列顛、並曾訂約、非得不列顛許可、不准其他外人之居留、彼等既不得志於蘇丹、乃賄賂各重要職員、雖若輩貪利之徒、墮其術中、然蘇丹意見獨殊、並素來親善我不列顛、故至今尤斷然拒絕也、同日（即十一月二十五日）拉氏上一私函於別一東翁、君書云、我居留此地、忽忽數年、事業雖少有成就、然堅持不拔之志、不少減退、縱與宋利亞人丹麥人荷蘭人日事對抗、所不顧也、宋利亞人破壞不列顛之進行、無微不至、甚且願再被侵掠於物奇斯人、而不甘英人之在此建設殖民地、彼之爲此、亦實爲利益起見耳、從班特海岸運來之胡椒椰實及錫、較運至亞齊爲多、望來年一月一日、從君處借得二船、由此埠放洋、並輸送蜜蠟木材及籐、此等貨品材料、亦爲吾人之所需要者也、此地產生一種木材、質堅而蟲不能蛀、洵爲建築屋宇之良木、至于黑木之用途、亦正相類其餘各種木材之多、我今實不及枚舉、

致潭潮柴函　我希望太奢、恐未合東翁之意旨、但我深信此埠乃海峽中之一最好市場、形勢實較亞齊爲優、故我之爲此建議、料人不我責也、蘇丹盼望君等之決議甚切、而我之日夜想望於君等者、亦以此耳、倘蘇丹更變初志、却辭前議、不但我等蒙坐失良機之奇恥、且地屬他人、不列顛之商業必受重大之損失、若此埠一旦爲荷人所有、則彼等必爲海峽中之霸主、蓋吉打海岸有一河流、水量甚深、可容巨大船隻、前面又得浮羅檳榔爲之屏蔽、秀麗澄清之海峽、介乎吉打檳榔之間、水深自七尋至十四尋、輪船可自由來往、毫無觸石擱沙之危險、憶君曾言設在浮羅檳榔建造房屋、其爲用必大、此無他、以歐洲輪舶多舶於此故也、木材水量糧食甚爲充足、錫胡椒檳榔籐燕窩之供給稱是、從澳門開來之船、常喜於此停舶、各輪船之經過之本海峽者、其所需供給與馬六甲無異、但公司是否有意於此、願君善自審決、事亦何難、只須遣派三五歐人領率印度兵若干、助蘇丹抵抗雪蘭莪足矣、功成之後、其應得之酬報、豈止區區之錫米胡椒而已哉、椰椰吧嚇一任君之取自我手、勞師遠役、所以報焉、苟謂我等之助蘇丹抗拒雪蘭莪爲輕舉妄動之舉、則改用總督名義亦無不可、倘我有權力相與周旋、則丹麥荷蘭及法蘭西人均將莫如我何、蘇丹在世一日、則馬來人無恐懼之必要、蓋懦君易於就範也、彼深信我不列顛兵力、不但可以助其南征雪蘭莪、且能爲之北向而禦暹羅、因是之故、我勸君切勿失此千載難逢之機會、以貽將來在馬來海岸無我人立足地之後悔、回憶君在亞齊耗費太巨、幾乎危及公司、及今對付馬來人、除武力以外、別無良策、彼等畏威之日、即表示忠誠之時、故欲於亞齊本埠、或東方各埠、建設殖民地、設君等因循苟且、不施用絕大威力、以急圖之、必無濟也、如果哈洛能善用其威權、則紛擾之事、當可決斷於亞齊彼等苟謂亞齊不可放棄、何不呈請總督及議會、給以執照、遣派代表、予以絕大之權力、維護君等之財產、而拒絕他族之侵凌、並須有充分之軍隊、保護伊等生命之安全、雖一紙執照、實際上不足以增加代表之威權、及人民之信服、不列顛然名義上足以威嚇無知之馬來人、而使之服從命令、並解除伊等及君之困難不少、苟總督願於亞齊設立法庭、委任哈洛爲法官、必予哈洛以全權、而盡行驅逐擾亂地方之分子、亞齊商業、完全依賴於沿海之船隻、但哈洛一旦承受總督所予之威權、則彼等將消聲匿跡、而不敢與之爲難矣、本會贈象於總督、如有收受可能、正不必費巨大之金錢、我可爲君等選擇之、君等如願意接收此地、我必力向蘇丹陳說、上書於總督、並致降儀、而於必要時、將乞渠援助、凡所陳述、還望君等指教、至若是港得之、則利益無窮、失之於其他歐人、則爲害殊烈、早已昭然若揭、而爲君等所洞悉、今我所有求於君等者、厥爲貨品與鴉片、願君等盡量供給焉、最後我將重以聲明之曰、我在此間所急需者、無他軍隊耳、凡我所欲者、蘇丹將無不准之、今所陳述、理至明、而當局終不見納何也、觀以上拉愛德氏諸書、可知其所陳述者、非直接達於總督、而致函於馬德拉斯之商會、彼即該會之代表人也、就其內容考之、各書皆係拉氏自動之主張、而非僱主方面探詢之答案、蓋當時氏之希望印度政府決定計劃、建設新殖民地於海峽附近、可無疑也、

蘇丹之地位　依他方面而言、吉打蘇丹之提議、非因不列顛東印度公司之需要、乃爲己也、因蘇丹家庭之內訌、爲時已久、結果一黨目爲叛逆、因而流罪於雪蘭莪、雪蘭莪蘇丹雖爲吉打蘇丹之兄弟、但平素視同仇敵、因而庇護罪人、一七七一年雪蘭莪蘇丹受叛徒之蠱惑、進攻吉打、刦掠其首都、破損其領土、此次之攻擊、激怒吉打蘇丹殊甚、然因限於財政、不能舉兵復仇、彼遂請求歐人之協助、而以拉氏與其夥伴爲介紹、在拉氏未有何等確定之提議以前、蘇丹已致函瑪德拉斯請求公司之助彼禦敵、但公司竟含糊覆之、徒費唇舌、不過表示一種友誼而已、或疑蘇丹直接通信之失敗、乃使彼轉向拉氏請求此事、論者之意見不一、我人正未便驟下斷語也、

鄉村

芒克敦之使命　瑪德拉斯各要人、原不以取得吉打爲可能、至是乃變更態度、決計雙管齊下、謀管吉打和亞齊、卒遣使二芒氏至吉打照理各事、而但維氏則在亞齊方面、芒氏直接向蘇丹提議、謂欲公司出而維持蘇丹、須交出吉打海面或關稅全部、作爲賠償軍費之用、公司並無干涉各星買賣之意、蓋知一半之商業、蘇丹已允拉氏店主與之交易、並願給以建築堡壘所需之地、及予以設立代理處之利便、而與彼等訂立契約、每年以一定之價格、購買某項貨物、又須出售錫米樹膠胡椒象牙及各項土產與彼等、以供中國之市場、若芒氏不能取得彼公司所最希望之關稅全權、至少須將徵收關稅之權委托公司、而除去補償軍費以外、餘數仍歸之蘇丹、就以上種種推之、可知政府之目的、欲建築工廠於亞齊、而以二殖民地彼此實行其互助也、其提議繼續如下、（我等不須有廣大之土地、我等最大之目的爲商業、欲交換建築閘工廠所需之地、能維持其安寧及利便、於願已足、但因摘錄拉氏致蘇丹之函、而知蘇丹允將吉打港口至檳城一帶之地讓與、現在我等絕無

阻礙之處、來接受是項交割、倘蘇丹願踐前言、如果遷延時日、放棄機會、將來不免感受幾多困難也、此項使命得達吉打、但不久即知倘有多少困難之處、蘇丹不願直接與議、故守候甚久、芒氏始得一晤、而知此老之狡猾、實異乎尋常、彼所渴欲知之者、為何時始得助力以禦雪蘭莪之仇敵耳、迨助力不能驟得之事實、既已明瞭、彼遂以極謙遜之禮貌答覆芒氏、謂可留於河口、但在未予助力以前、殊無何種允許之希望、芒氏答謂非公司即得允諾、彼頗不願暫留、蘇丹回報云、芒氏之遵守命令於事固當、但蘇丹亦須順從一種訓令、蓋暹羅國王曾嚴論蘇丹不准歐人逗留於其國境也、芒氏堅持甚久、思有以激動蘇丹、其次蘇丹似有准許之意、政府確實已得有限制之許可居留地、然瑪德拉斯諸要人、以為要求之條件既未訂妥、而公司反有協助蘇丹之强迫義務、遂斷然拒絕此項提議、

拉氏之退隱、　諸事既已失望、拉氏以協商無效、遂退隱於烏濃沙郎、彼與馬來人共處、使彼日與馬來人之風相習、同時芒氏開始旅行里浩與丁家奴、其目的在考察彼方面之情形、能否開闢一殖民地也、在丁家奴時、彼可得蘇丹之允許、建設殖民地、但以協助渠奪回被柔佛所佔領之地為條件、芒氏對於此事殊屬無能為力、不得已遂回印度、接受亞齊之使命、依然毫無結果、芒氏之旅行記事、頗有興趣、間有涉及拉氏之新生活者、（拉君以商人資格、於五月往居烏濃沙郎、大受是島總督及諸要人之歡迎、拉氏曾托台開維爾船寄書以告我、謂暹羅國王、最近遣使往是島、黜其舊有之總督、及是地各要人、又該島民衆附和舊總督、故被禁一小園地內、拉君亦在其中、苦無武器與軍火、困因彼輩之還兵、多至一二千人、故若非得我之助、伊等勢將被害）又曰、（是島諸要人、可容納公司之任何要求、祇須公司之承允保護、但我未得尊嚴處之許可、不敢冒險行之、祇令韋特朋艦長前往發炮告警、或可救出拉君也）也云云、

新冒險之放棄、　自芒氏吉打外交失敗後、設立新殖民地之計劃、遂沉靜數年、其理簡單、蓋以為用費重大、不合有此冒險也、又此時適華倫海斯嘶管理印度各要人、正忙於商業之組織、如何而始適合於處理此廣闊之區域、在一七七二年、華倫氏公佈議決之宣言於後、謂公司在孟加拉君主保護之下、決計堅持到底、因須預備種種方法、以實行此項宣告、故海氏無暇顧及別種問題、在此長久之期內、對於馬六甲海峽計劃商港之事、絕無所聞、此地大可為英國船隻退避之所、並可為英國商業之中心點也、

亞齊與尼哥嶜斯　英吉利人士對於此項問題、殊未完全放棄、一七七八年二月、勞倫式立凡氏因建設殖民地於亞齊及尼哥嶜斯之故、呈提一計劃書於東印度公司之管理部、彼主張英國宜早得此二地、不但擯斥荷人與法人之故、此雖重要目的亦緣商業極重

要地之利益、與夫航務便利之關係也、對於佔領亞齊有人曾云、我人乃馬六甲海峽航路之主人翁、故亞齊亦即為皇家船隻停泊之所、此函蓋係馬德拉斯公司股東之一所發、在一七七一年拉氏因為該公司之代表人也、是誠一種理想之詞、但式立凡氏或其他股東之有拓殖檳榔嶼之知識、則固為當時之事實也、一七八〇年、拉氏因商務前往加里吉打求見華倫海斯頓氏、陳述其佔領琴克錫蘭之計劃、緣在是時之努力、殊易使之成功也、當時公司之經濟困難、已達極點、拉氏遂提議謂佔領之費、可向公衆募集、華倫氏對於是項計劃之大體表示同意、但船隻軍隊尚未齊備、而英法間忽起戰事、危機日迫、政府殊不能供給一切、而衆商亦不願將其資本冒險作海上之戰爭、于是佔領琴克錫蘭之計劃、遂暫時放棄矣、拉氏之意見、當時所能感動政府維持其計者、即政府急應阻遏荷蘭人之攻擊政策也、荷蘭人之罪惡、乃欲完全擯絕英國之東方商業、拉氏曾見荷政府所致雷皓與寺蘭莪蘇丹之信、絕對禁止彼輩與英人交易、華倫氏記取拉氏所陳荷蘭人之拒絕政策、迨一七八四年、即乘間派遣福雷斯大佐、前往雷皓建設殖民地、此行未獲成功、蓋荷人已先得消息、預為戒備、仍施其舊有之技倆也、是年金洛氏往亞齊執行同樣之使命、亦因土人仇視之故、無功而還、

培南學校附近之風景

檳島之位置、　拉氏敘於視察、知時機已至、決於荷人未到以前、獲取檳榔嶼一地、氏之預定計劃頗好、故實際的獲得吉打蘇丹之許可、而平時所渴望之檳島竟如願以償、此時之蘇丹已非前日拉氏和芒氏與之磋商條件之人、係一前蘇丹之子、為宮女所生、而舉以嗣位者、前蘇丹之兄弟頗厭惡之、目之為暴君、拉氏於接收完畢之後、即往加里吉打陳述其佔領檳榔嶼之計劃於政府之前、伊之意見發表一七八六年二月十五號之信內略謂、……「余已知此間政府請求吉打蘇丹讓與檳島不能如願、今余自得總督之許可、即利用其勢力、與蘇丹及其要人相周旋、已得許可、將檳島奉讓於貴公司、此島位置於北緯五度二十分、其東都有一良港、水深地腴、北部入港之水道、闊至一哩、島上與大陸上均築炮壘以保護之、多淡水木材及野獸、而港內魚

類亦甚富、檳島對面之大陸已有人居、出產米穀畜類頗多、此港甚適于停船駛往中國之船隻、在馬六甲亦可供給彼輩所需諸物云、

【培南學校之小住】余居檳城時、患痢頗劇、臥病旅館中、晚間人語嘈雜、恒澈夜不成眠、友人宋君魯生乃爲介紹培南學校校長陳君觀雲移寓校中、校設日惹洞附近小村中、其先本爲住宅、建築樸實有致、改爲校址、尤覺合宜、前設講堂、及成績室、後即宿室、教職員晚間皆返宿家中、余一人獨居其中、倍覺清靜、校外四圍多椰林、雜以各種果樹、殊具瀟洒幽深之意、附近皆馬來人居之、土語謂之山巴、即鄉村之意、蓋實一馬來人村落也、地距日惹洞街市稍遠、氣候頗凉、蚊亦少、余每晨乘電車赴檳城、至晚仍乘電車返校、臨睡時或練八段錦、或靜坐、四野無聲、萬籟俱寂、頓覺心神清靜、煩躁之氣都消、由是樂而安焉、居之既久、所患之疾若失、暇時輒至校外遊覽、校後即電車路、其前則爲平坦之大道、雖僻處村中、而交通則甚便利、校址設此、洵爲最適宜之地、然非校長陳君熱心教育、當不易覓得之、陳君閩人、校中學生三班、皆國民程度也、

【馬來幼童之惡作劇】余初移寓培南學校、病甚劇、所居之室、密邇講堂、堂爲屋六楹、前後相連、皆空無人居、一夜方朦朧間、忽聞堂中桌案作劈拍聲甚厲、連續無已、余久病、神經頗衰弱、偶有震驚、輒心悸不止、乃强自抑制、思其作聲之由、殊莫明其故、已而聲漸止、始得成眠、翌晚甫就寢、而異聲又作、然非復桌案作響、乃繞屋唧唧作哨聲、其聲且種種不一、聞之尤令人恐怖、余仍鎮靜不爲動、良久始已、細思其故、尤不可得、自是連夜被擾、或作異聲、或向室中洒灰土、歧後竟向臥處投巨石、余不可復忍、次晚乃息止室中電燈、而潛立屋外、椰林中伺之、未幾見有馬來幼兒數輩、悄然相躡而來、既至屋外、即持長竿隔窗向室內擊之、觸桌案則劈拍作巨響、既又取兒童玩弄之鐵哨吹之、作各種異聲、於是始恍然連夜被擾、皆此輩之惡作劇也、其後更見其掬土而洒、拾石而投、乃潛出執之、携至室、訊其來擾之故、並以將送至馬達樓(巡捕房)嚇之、諸童大懼、泣求釋放、少頃其母若兄姊等皆至、環列求饒、始縱之去、當初爲異聲驚怖時、意以豈余病久氣衰、狐鬼乘而侮之耶、抑此間向有狐鬼、余少見而多怪耶、後乃決以鎮靜持之、必觀其究竟而後已、至是始知爲馬來幼童所爲、非怪異也、可見遇怪異事、持以鎮靜、徐覘其變、則不足爲患、稍一張皇、未有不敗者也、

【客居之困難】余居日惹洞培南學校養病、校長陳君觀雲待遇之優、彌令人感激、惟每晚教職員皆散去、僅一校役看守全校、偶値附近演劇、校役輒鑰門而去、迨余歸、不得入門、欲往劇場覓之、則場中萬頭攢動、烏從尋覓、不得已就校外石旁臥而待之、仰觀星

斗、至夜深劇止、遊人紛紛散去、而校役足指病、行步不良、遲之又久、始徐徐而歸、門啟余乃得入、余病方劇、至此已疲憊不堪矣、此一事也、又自爲馬來兒童所擾、臨睡輒以燈徧照室中、恐復爲所乘也、一晚照至桌下、見有人蹲伏焉、以爲仍係馬來小兒也、比出之、乃一巨漢、貌頗凶惡、蓋欲乘余睡熟而竊之也、不禁爲之一驚、然不欲得罪小人、仍縱之去、此又一事也、由此可見客居異鄉困難之處、時所不免、其在他處類此者亦不少、姑舉二事、藉見一斑、

【學拳術】 余初至南洋居熱帶之地、氣候水土之慣習、皆大異曩昔、未幾、遂發生胃病、初則飲食減少、繼而胸部膨滿、腹中凝結作痛、精神既頹、而起居亦因而不快、及居檳城其患仍不少減、後與精武體育會諸君遊、知會中以早起爲務、以煙酒爲戒、會員身體皆甚健、余頗羨之、諸君因勸余入會習拳術、以爲卻病健身之基、入會後、首習潭腿、早晚與諸幼年學生同班練習、其初筋骨甚痛、姿式多不合宜、久之姿式漸合法、筋骨之痛大減、而兩腿亦能高踢、教員見余頗有進步、益加意誘導之、余亦勤於練習、是時胃病雖未全愈、而食量頓增、胸腹間見舒暢、蓋已十去七八、若能繼續練習、始終不懈、則所患不難全愈、惜不久即離檳返新加坡、所習因以中輟、及今思之、猶以爲憾、

李子雲先生之女公子李金凌女士現任華僑女學校教務長

【與李子雲談癩風症】 李君子雲、庇能民生大藥房主人也、對於華僑公益事業極熱心、華僑公立女學校得君贊助之力最多、故該校推爲總理、一日余至公立女校訪之、暢談極洽、君於中西醫術、研之甚精、曾發明治痲風專藥、南洋各埠患斯症者、得君藥服之、無不立奏特效、余乃叩以痲風病之起因、及其所以療治之法、君遂詳細告余曰、黴菌能爲人患、稍知衛生者皆能言之、考黴菌之種類甚多、且含劇毒、古人所謂痲風一症、亦係一種黴菌潛入血中、醞釀而成也、此症發現至今、二千餘年矣、秦漢時名爲癘疾、至唐宋後始有痲風之名、亦有稱之爲癩疾者、古人對於此症未嘗加意研究、故名稱屢更、而治療之術未著、余（李君自稱）在醫學科修業、即專心研究此症、嗣挾百餘年驗方行世、又加二十年臨症經驗、始定其名曰血中黴菌症、更發明專藥治之、出世以來、不過數載、而內外各埠因而獲愈者、爲數已甚多矣、至患此症者、吾國北方各省及歐美二洲甚少、惟南七省與南洋羣島常有

此症發現、蓋因天南爲嵐瘴之鄉、深山大澤、深菁密林之中、蛇蟲毒物、聚處城市中、雖闤闠鋪地、樓閣連雲、而荒郊之外、則蛇蟲毒類、常與草木同腐、此種遺毒、最易發生黴菌、而爲人類之大患、余所謂血黴症、即此種毒菌潛入血中醞釀而成也、亦有由宿娼染之者、因凡染此症者、無論男女、其精血皆含有毒菌、若誤與接近、或間接、均能傳染、無能幸免、此症初染時、忽覺面似蟻行蟲嚙、肉跳心驚、或如蘇絲蒙面、及一部分發癢痲木、若見有此形狀、即宜取余所製血黴藥丸服之、將血中毒質排除、使由大便瀉出、其症即愈、且保無再發之患也云云、余聞其詳述此症本本原原、如傾囊倒篋而出、滔滔不斷、不覺稱歎者久之、始告別而去、

【某會所之生活】余居日惹洞培南學校病既痊、頗以往來奔波爲苦、友人乃爲介紹某會所移居之、其會方在籌備中、未正式開辦、會員不多、日惟余一人居樓上、其下則一夫役在焉、故其地雖在市中、尚不甚覺喧鬧、余亦安之、夫役爲吉寧幼童、言語不能通、所可通者、惟痲甘與嗏啤二語、每見輒互曰、痲甘痲甘、意即問訊曾吃飯否也、偶爲洒掃室中、或有所使命之、輒曰嗏啤嗏啤、意即要索勞資也、似此者日必多次、頗令人生厭、迨至晚間、必招其父兄等來就樓下、暢談大笑、啁啾之聲、無異鳥語、恆至夜深而後去、時則剖榴蓮共食之、臭氣上達、迷漫樓中、令人不可暫忍、此尤最感痛苦者也、客居異鄉之難、於此亦可概見、

【記某拳術家】檳城有小販、時攜雜物至精武體育會售之、見架上羅列武器甚備、問會中人曰、設此何用、曰此練習武術者也、其後每至、輒殷殷問之、會中人疑焉、轉詰其故、曰會中既練習武術、倘不在會中亦可來此練習否、曰可、曰余有友人擅武術、亦可邀之來此練習乎、曰可、且不勝歡迎、小販大悅、相與訂期而去、會中人以其人既欲到會練習、是必老於此道、具好身手、殊不可輕視、又念其技果精、會中人無以勝之、則全會之名譽頓喪、於是教員則惴惴不寧、學生則忿忿不釋、皆恐爲所敗、亟思所以勝之者、比至期、到者不下數百人、磨拳擦掌、躍躍欲試、已而小販果偕其人至、態度溫和、辭亦謙退、請入場練習、不可、會中人乃先依次練習、請其人觀之、初練拳術、後操武器、學生練已、教員殿之、五花八門、極純熟迅疾之致、轉視其人、嗒然若喪、無復初時意氣、衆既練訖、仍請其人練習、初猶不肯、堅請之始允、既入場、衆大鼓掌歡迎之、觀其拳勢、殊平平無踰人處、練不及半、忽砰然一聲、一腿脫足而起、直墜於數丈之外、滿場大笑、拳遂中止、其人赧然覓履著之、偕小販道歉而去、其人蓋曾練習武術、後乃棄而爲商、生疏已久、及見武器不覺技癢、不虞會中果有眞才實學、非江湖一知半解者可比、遂致演此笑劇耳、

【三醫生】余至南洋因天氣炎熱、水土不適、加以飲食肥膩、食之不慣、久之遂覺胸膈膨滿、食物減少、而精神亦漸至委頓、蓋已成慢性之胃病矣、初服所携之丸藥不效、繼就西醫診治、服養胃之劑、仍時減時增、不見特效、林君博愛謂余所患已久、將成錮疾、乃爲介紹西醫林君萃龍診視之、林君詳爲診察、舉其患病之因、及其症狀、皆毫髮不差、余聞之極爲悅服、遂爲立一方劑、依法服藥多日、始漸全可、若林君者可謂西醫之佼佼者矣、其後胃病再發、雖不如前此之劇、而纏綿之勢則過之、復經陳玉壺趙承督二君介紹中醫許君曉山診治、許君漳州人、劝好醫學、十五歲手批叔和難經脈訣、能發人所未發、十九箋註難經、即以名諸生、而爲名醫、漳州官吏士紳、爲治愈者無算、二十七值清德宗患濁淋症、自春繼秋、精神困憊、腦蒙發響、御醫用飲食消息之法無效、詔徵天下名醫、君應詔至京、前後三疏、太醫悉採其法、而德宗之病以瘳、授職浙江長揖歸里、君之著作、以醫學爲最多、醫書百數十家、考據殆徧、暇時更取譯本西醫諸書、參究異同得失、曾遊北美及日本、遊美時有患傷寒者、延著名西醫五六人診視無效、且斷爲不治、君至一劑而愈、西醫咋舌稱奇、寓日本嘗發明某種藥品、陳列於東京某醫院、三十遊爪哇、診鄭永昌君脈、斷爲甲寅之春、必不可免、埠人大譁、蓋其時方辛亥仲夏間也、後果應其言、人以此服其先見、後自爪哇移居檳城懸壺於鹹魚埕、凡內外埠有患疑難大症、時醫對之束手者、經君診視、往往數劑獲安、洵中醫界之名宿也、余之胃病、服君之藥、始不復發、其醫術之妙、有如此者、又余病胃時、曾經顧君因明介紹田君世光診之、君劝受家傳醫學、長益肆力羣籍、對於內外各科、莫不洞其源委、而於幼兒喉症兩科、研之尤精、初施術於星洲、後乃移寓檳城人極信仰之、就診者接踵於門、亦一時名醫也、其爲余診治時、用藥極謹慎、所定方劑、多屬著名成方、稍事加減、故服之亦頗有效、

田世光先生之太翁炳章君之殯儀

【素食館】檳城飯館雖多、而求其地方清潔、肴蔬適口者、頗不多覯、廣東人所開之酒樓飯館、設備頗整潔、肴饌亦佳、惟每上一菜

輒滿巨盤、一人食之不能盡、多人宴會則可、一二人便飯、殊不宜也、至粵人小飯館、多設於市中熱鬧處、內容狹隘、食品油膩太甚、亦不能常往食之、余居檳城日、最喜至關仔角就瓊人所開某飯店食之、地既清曠、食物尤鮮美適口、每餐價不過一元上下、頗不爲奢、第其地在市外、晚間休暇時往食之、飯罷即在海濱乘凉、其便利最大、若早間有事時、馳驅市外、往返需時、則不便殊甚、余於是徧閱市中飯館、求其宜於早餐者、乃得一素食館於某街、閩人所開也、所作各種菜蔬、專取材蘑菇香蕈豆腐麪筋並青菜之屬、而以香油烹調之、確係眞素、非贋品也、口味亦極鮮美、一飯僅費六七角、由是早餐恒在是間、晚則飯於關仔角、非有特別事故、不改其常度、夫飲食爲人生要素之一、於生活上經濟上皆有重大關係、旅居異鄉、尤不能不特加注意、余於早晚兩餐、必覓得最適宜之地者、蓋以此也、

【溫柔鄉】溫柔鄉一名詞、香艷無比、乍見之、必以爲不正當營業之一場所、而詎知其實爲一廟名也、余至檳城、即聞有廟在中路名曰溫柔鄉、見其命名之奇絕、大異之、偶得暇、遂往遊之、廟在短巷中、規模不大、中爲大殿三間、殿前雜花一畦、芳菲滿目、頗足悅人、旁有小屋數間、不類客堂、聞有婦女談笑之聲出自屋內、察其情狀、當係個人家廟、非公共香火之地、故未便進入殿中、觀其所供爲何種神像也、方徊徘間、遇一老人、鶴髮童顏、精神矍鑠、望之殊有仙風、乃就而攀談、老人爲述道家之精奧及靜坐導引之法、所言皆有至理、語畢、飄然而去、余亦出廟而返、殊惘惘莫測其何如人、後爲友人詳述其狀貌、有知之者曰、此老人係荷屬某廟之居士、一心修道、功行甚深、實南洋一奇人也、

【小娜嬛回拜李鐵岑】李君鐵岑、北平人、曾任新加坡交通銀行行長、後乃自設中華土產公司、專售國產各種家庭日用物品、僑民異常歡迎、營業因之大見發達、余初至新加坡、日用所需、無不購自該公司、偶有疾病所服藥品、亦必向該公司購之、及余赴檳城、李君亦偕萬應如意油藥店主人黃君來遊、聞余患病、同至旅邸慰問、值余他出未能相見、翌日余赴小娜嬛答拜、小娜嬛者、資本家所組俱樂部也、地居蓮花河中、爲壯麗樓房、四圍以花木環之、風景殊清絕宜人、李君方僦居其中、既見相與暢談國內情況、李君問余病苦、具告之、轉詢其脚氣病是否痊愈、蓋南洋居人多脚氣病、李君曾患之、脚腫厚數寸、勢甚危險、嗣經某西人爲之割治、血流盈盆、其患始已、故詢之也、君並爲介紹黃君、相得甚洽、蓮花河又有小蘭亭者、亦資本家俱樂部也、內容與小娜嬛相頡頏、惜未及一參觀之、

【湯陳二主筆】余始至檳城、對於該處一切情形、概無所知、而知交又甚少、茫茫然如泛大海之乏舟楫、其所以能進行各事、且

獲優美之結果者、則獲益於湯陳二主筆、指導贊助之功者匪淺也、湯君字日垣學問淵博、性情直爽、宦遊多年、所至有政聲、後乃棄官南遊、居檳城、檳之人莫不仰其學行、聘爲檳城日報主筆、凡所撰述、皆以啟迪民智民德、提倡公益事業爲宗旨、一紙銷行、民風爲之一變、蓋其學識既富、而文筆又足以達之、故其感人之深也如此、余至檳城即往訪之、蒙君指導一切詳情、並爲介紹戴領事、及當地各重要人物、觀其風采、聆其言論、實不愧爲粹然儒者也、陳君字宗山、久居檳城、現爲光華日報主筆、光華日報夙爲革命黨人機關、凡所記述、一本該報革命之宗旨、而加以精密之觀察、切實之研究、必期坐言起行、確有益於民生國計、不徒爲劍拔弩張之態、以叫囂爲能事也、檳之人競喜觀之、該報之銷路、因而大暢、而君之名譽、亦因之日起、凡國內外人士知有光華日報者、莫不知有陳宗山其人也、余始往訪之、見其沈靜寡言、英華內斂、望而知爲一有爲有守之實行家也、蒙君爲之指導一切、知無不言、言無不盡、並偕余同訪吳君世榮、獲益匪淺、余至檳城既獲與湯陳二君結識、未幾遂徧交當地知名之士、且周知各種詳情、其交友之熱誠可見、而其學問德望、爲檳人之所推重、亦可見矣、

中路

【患痢】人生最關重要者、莫過於氣候與飲食、故初至異地之人、往往因氣候不適、飲食不宜、而感發水土不服之病、況余以北方溫帶之人、遠至南洋熱帶之地、氣候乍變、飲食全異、其不能不感發胃腸之病、固其所也、故始至即患胃病、纏綿數月、稍見全可、一日遊公園、徒步烈日之下、爲炎熱所中、已覺不適、是晚在戲園觀戲、適當風扇之下、又飽受風寒、寒熱相激、而大病於是乎作矣、初覺全身忽冷忽熱、以爲偶冒風寒、不足患也、乃飲午時茶少許、疏解之、夜半即小瀉、既覺腹餒、更飲牛乳少許、不意腸內病菌得牛乳以養、而滋生之速度頓增、迨翌日遂變爲痢疾、初僅每小時一次、屢服中醫之藥、均不見效、五六日後、則每數分鐘一次、至夜間尤重、時作昏絕之狀、余將生死問題、早置度外、故病雖劇、而心神不亂、惟思竭力診治之而已、乃求之西醫、而西醫皆印度人、言語且不可通、遑論治病、求之日醫、而日醫惟以注射藥液、爲唯一治法、至於身體之強弱、氣力之虛實、皆非所顧也、且無相當之丸藥以調養之、故余殊躊躇未敢以大病之軀、冒然嘗試

也、已而友人勸以服紅色補丸、謂治痢頗有效、試服之、痢果稍減、飲食亦漸進、于是繼續服之、兼服清導丸以補之、不匝旬而所患若失矣、病起思之、使當昏惘之際、而醫藥雜投、不自審慎、恐已爲庸醫所誤矣、惟能擇相當之藥服之、故能日起而有功也、

【宜改革之三種陋俗】南洋僑民、迷信鬼神之俗、遠過于國內、神祠徧設各地、求福禱病許愿焚香者、無時無之、無處無之、加以財物豐足、於公益事業或吝之、而於賽神報賽之事、則不吝也、相尚以奢侈、相競以富厚、愈演愈進、愈出愈奇、於是有許多怪誕不經之神號、神有出遊日、有生誕日、出遊則賽之途中、生辰則賽之廟內、其賽之也、則焚香也、上供也、演劇也、放爆竹也、懸燈也、插旗幟也、舉所以侫神者、竭力爲之、惟恐不至、故每值其時、香烟則上衝雲霄、供品則羅列滿市、戲劇則互演數日、或數十日不止、爆竹之聲、則徹日夜不息、明燈彩幟、則彌滿椰林膠園之內、男女老稚、羣往焚香拜禱、全市若狂、烈日照於下、香火灼於前、汗氣薰蒸於左右、不畏也、虛擲可貴之光陰、犧牲有用之金錢、尤非所計也、觀其迷信之深、耗費之鉅、舉動之詭異、令人始則悚然以驚、繼則啞然以笑、終則茫然不知其何所爲也、無以名之、强名之曰陋俗而已、此種陋俗、各埠皆有之、更以檳城爲最甚、檳城陋俗固已多矣、又以大伯公出遊、九皇爺及喪家演劇三端、最爲怪誕不經、茲略述其事如下、

裝神騙人者

佛夜遊行時之各隊大旗

(一)大伯公出遊、　大伯公不知何神、或曰、即財神也、每年正月元宵出遊一次、歷遊市中各處、所至商居民居皆懸燈結綵、以賀之設

供桌以祭之、演劇以悅之、然放爆竹以迎送之、神輿前持香燈旗幟、無慮萬數千人、一連遊行三晝夜、燈綵祭席、不絕於目、演劇聲、爆竹聲、不絕於耳、費去金錢不下十數萬、而所損之精神、所耗之光陰、尤無論也、檳城陋俗、莫此爲甚、

(二)九皇爺　九皇爺亦不知其何神、凡寺院之前、道路之旁、多高懸九皇爺三字、叩之迷信者流、則曰、九皇爺可以使人發財、可以醫人疾病、舉凡人間世一切禍福、九皇爺莫不操縱其權、故人皆畏而敬之、祠而祝之云云、觀此則九皇爺蓋一具有萬能之神也、然亦思九皇爺何以能具有萬能、即具有萬能、何以供人驅使、而使之發財愈病、答曰、此禱祀所感應也、信如是、則世人皆將禱祀之、貧民皆徒手發財、世間安有若多之財、以供其發耶、病人皆不藥而愈、世間無復病死之人、地球雖大、安能容納若許人數耶、故迷信九皇爺妄冀徒手發財、則不以執業爲事、足以長人惰、妄冀不藥而愈、則不以衛生爲事、可以促人死、其爲害之大如是、而俗尤信之、其愚可知、

(三)居喪演戲　喪主乎哀、天下之通義也、古有輓歌、所以哀輓死者也、今喪家有鼓樂、亦於弔祭時作哀樂、以表哀情也、是皆無悖喪致乎哀之意也、若夫檳城習俗、則可異矣、人有喪事、戚友家皆以演劇爲餽賻之禮、或一日、或數日、此家未已、彼家繼之、往往對台競演、亘數十日不止、鑼鼓喧闐、歌聲繚繞、弔者爲之大悅、喪家爲之解顏、是則吉凶之禮無別、悲喜之情相混、豈非一大怪事乎、即曰演戲以娛死者、非爲生人觀也、然而死者何知、生人則耳共聞、目共睹矣、娛死者其名、而悅生人耳目其實也、不謂之陋俗得乎、

以上三事、皆怪誕謬妄、揆之於理則不合、度之於情則不可、檳人習焉不察、安焉不改、足以見笑外人、貽羞祖國、改而革之、是所望於檳之有識者、

徵求會員宣言

有切磋始能奮進無團結奚以圖强凡我神明華冑生今之世處今之時無不深感散沙譏誚之可恥亟應携手並進以爭存用是社會林立雄聲遠震榮光故國名播梓桑俯仰人羣曷禁翹企吾漳十屬人士南來有年爲數之鉅當以萬計特以向無組織致使聲氣鮮通於人類相互原則不無缺憾而況民元以還匪氛日熾世事日廡故鄉父老流離顚沛慘痛難言北望家鄉何以自解同人不敏本聲應氣求之旨存愛國救鄉之志共組本會以謀家國幸福所望吾漳同僑踴躍參加則前途光明不在遠矣

（另者本會章程函索即寄）

秘　書　已　經　聘　就

本會館前曾登報聘請秘書各方同鄉投函多至十餘通足見諸君熱心本會殊爲欽仰茲者本會館經一日晚職員會議聘請邱菽園先生爲秘書各投函同鄉恕不另復此啟

民國十八年十月二十三日

星洲南洋漳州十屬會館啟

中法儲蓄會

中國有限公司

有獎儲蓄

國人創辦最早之有獎儲蓄機關……組織完善
額定資本二十萬元……保障鞏固
儲戶其金二百餘萬元……信孚中外
每月提出獎金已有三萬四千餘元……致富可待
獎分特獎頭獎(四號)二三四五獎及小獎(九百二十餘號)……得獎甚易
每月儲欵多少均聽自行認定……認會自由
中途需欵可以抵借應用……辦法便利
到期將儲款原數發還……立致小康
發還儲款時尚給極優紅利……利益重重

◁地址▷
北平總會東交民巷滙昌大樓
上海總分會廣東路四十一號
廣州分會廣州市西提興隆街口五十八號

國內各省均有分會或代理處

詳章函索即奉

第三編　馬六甲

第一章　概要

【歷史】　馬六甲爲歐洲人佔有遠東領土之最早者、當西歷一三七七年、新加坡被爪哇人來攻其地之馬來族、遂相率出亡、而至馬六甲自是以往、馬六甲遂日漸發達、至一五一一年、（距哥侖布發見美洲之時、僅十九年、）

葡萄牙教堂

馬六甲爲葡萄牙人所奪、乃築堅固之砲台、以爲久守之計、後三百年、英人起而代之、深恐爲他人所利用、乃不惜以六萬金之重價毀棄之、今則英人已於其地、改築信號台、以備船舶出入升旂示號之用、雖遺跡尤存、而滄海桑田、誠不能令人無今昔之感矣、當葡人之初得馬六甲也、極力經營、除建築防禦物外、以土人宗教之觀念極重、乃爲建築教堂學校等、以維人心、馬六甲之終得爲東方重要市場之一、葡人之功爲不鮮也、一六四一年、荷蘭繼葡萄牙人而有馬六甲爲時約四十五年、至一七九五年、乃爲英人所佔據以去、

英人自佔領馬六甲後、至一八一一年、始大顯其效用、蓋當時民都之能遠侵爪哇、而爪哇之得爲英領者四年、胥賴此地以爲根據也、至一八一六年、以維也納將爪哇還之荷蘭、此後荷蘭更屢次要求馬六甲海峽南部之治權、一八一八年、英人致不得已又將馬六甲放棄之、迨一八二四年、英荷戰爭之結果、成立荷蘭條約、以蘇門答臘爲交換、割馬六甲歸英、此約訂於倫敦、時一八二四年八月十七日也、茲擇該約內容如下、

英王及奶寶蘭王、因圖相互間根本上之發展計、特將關於東印度之商業及土地二問題、訂爲協約、以爲此後兩國發達之助、並免去前此一切嫉忌、及不同之觀念、茲將一八二四年八月十三日倫敦會議結果、並已由兩國專使簽名刋布於後、

第一條　兩國人民、得自由貿易於東印度羣島、及西羅 Ceylor 各地、但須謹守居留地之規則、

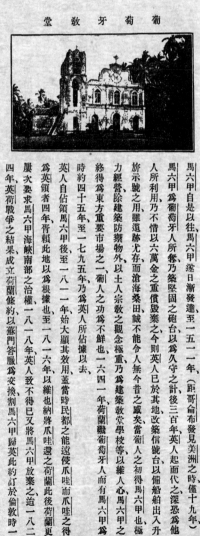

第二條　兩國人民及船隻出入於上舉各埠時、其所納之稅額、不得超過各該埠所屬國民例額之二倍以上、

第三條　高級和約會議決定此後兩國不得任意與土人訂立條約、暗中增加課稅、或用他種明白手段致礙他國在該埠之商業、其前經訂立者、皆依此條之規定廢除之、

第四條　英國及奶實蘭王、因謀兩國之商業自由、不得對於其文武官吏及戰艦下緊急之命令、並不得阻止東部群島土人與兩國所屬埠間之交通、或兩國人與土人所屬埠間之交通、

第五條　兩國應協同掃除海盜、凡有保護及藏匿海盜嫌疑時、兩國共同處理之、凡由盜掠得之贓物、禁其輸入、或拍賣於兩國屬土、

第六條　兩國之官吏或代理人之在東方者、苟非得其本國政府之預先訓令、不得任意在東海岸一帶開拓租借地、

第七條　馬六甲恩龐那 Amboyna 排達 Parda 忒男坦 Ternate 及其附近屬島、苟非由奶實蘭政府放棄其香料專賣權之限制時、不能同享第一二三四條之待遇、但奶實蘭既放棄此專賣權、同時必與各國以商業之利益、英國人民、自當同受此等優待、

第八條　奶實蘭政府、允將印度一切設置、讓與英國、其由此項設置而得種種之利益、亦願放棄之、

第九條　英國將馬爾波魯壘之工廠、及蘇門答臘之產業、讓於奶實蘭王、並自誓此後不在該島再闢租界、或與土人酋長秘訂協約、

第十條　馬六甲砲台及城市、並其屬島、讓與英國、奶實蘭王及其人民、此後不得在該半島再事設備、或與土人酋長秘訂協約、

第十一條　英王對於奶實蘭代表佔領比利吞 Billitor 之抗議、現取消之、

第十二條　奶實蘭王、對於英國人民佔領新加坡之抗議、現取消之、

第十三條　英王此後不加於加里門島 Carrimon 排泰島 Battam 邊通 Bintong 林根 Singing 或新加坡海峽之南部各島、為各種設置、並不得與其土人訂立條約、

第十四條　所有上述之各種讓與物、訂定一八二五年三月一日交付、但兩方不得再有其他要求、

第十五條　高級和約會議所決、第八九十十一十二各欵所述之土地及產業、不得再讓與於第三國、但各該讓與物既經雙方認定、則此後所有權應歸受讓與之國、

第十六條 關於回復爪哇及其他所有權之條件、經兩國議妥、由奶實蘭歲給英國一十萬鎊、至一八二五年停止、

【地理】 馬六甲處馬來半島之西海岸、北界森美蘭、東界柔佛、西臨馬六甲海峽、地當北緯二度十分、東經一百零二度、全面積七百二十方哩、其與新加坡與檳榔嶼間之距離、由新加坡至馬六甲、僅當新加坡與檳榔嶼間距離之三分一也、海上距離新加坡二七里、香港一四六四里、一八二六年、與新加坡檳榔嶼聯邦成爲海峽殖民地也、

區域、 行政共分三區、一爲星屆而 Central 區、一爲亞郎架勤 Alorgajah 區、一爲極省 Jasin 區、

山脈、 境內著名之山有二、一爲蒲愷排泰蔴拉 Bukit Batang Malak 山、一爲蒲愷納來士 Bukit Nyalas 山、他如聖約翰 St. John 山、聖保羅 St.Paul 山、皆甚平坦、

河流、 河流有三、在北境者曰倫琪 Linggi 河、在南境者曰可省 Kosang 河、若馬六甲河、則直貫馬六甲之中心、實境內最大之河流也、

馬六甲河

海角、 有丹戎刻林 T, Kling 海角、在馬六甲市之西、

屬島、 屬島有三、一曰浦樓皮散 Pulau Besar 島、在馬六甲河與可省河口之間、一曰浦樓恩特 P.Undan 島、在馬六甲之南方、有燈塔、用以示航行者、一曰浦樓挨拍 P.Upeh 島、距馬六甲市甚近、

市鎭與村落、 馬六甲之重要市鎭、除馬六甲市外、如極省、亞郎架勤等、皆爲繁盛之區、各駐區長以管理一切市務、餘如亞賽海磨利、毛奔、客來、排蘭等、亦著名之村落也、

【宗教】 英人對於所屬南洋各埠、予人民以信敎之自由、境內佛敎、回敎、婆羅門敎、天主敎、基督敎、莫不有之、中以天主、基督兩敎爲盛、蓋歐洲敎士、原以行敎擴張國勢、有敎權以保護信徒、故從之者甚多、法葡兩國之天主敎師、更極力經營學校、備極宏壯、各埠皆設小學校多處、中下人家子弟、多沾其敎澤、英國國敎、及美國孟斯多敎、傳道亦盛、所設學校、並及兒童寄宿舍、其英文學會、多聘華人司敎授、故海峽殖民地傳敎事、多發展於華僑間焉、回敎無宜敎師、無說法者、惟有禮拜堂、一心領受天神旨趣以自修、無傳道佈敎之

野心、馬來人多宗信之、其俗最以脫帽露頂爲無禮、英人法廳之旁觀、無論何人、必令脫帽、惟對回教徒、則許其戴帽、亦其教律堅定之所致也、至佛教婆羅門教、亦祇有寺廟、無佈教之野心、佛教華人信者較多、馬來人印度人次之、婆羅門教、則惟少數印度人信之而已、馬六甲開闢最先、宗教之發達亦早、有一天主古教堂、建築宏壯、爲歐人初至其地所建、又有一回教大禮拜寺、在火車站附近、每日到寺禮拜者、恒不下數百人、皆須先在水池濯足、始能入殿頂禮也、更有葡人教堂所設之孤兒收容所、亦歷百年之久矣、觀此數者、足徵馬六甲宗教過去發達之情形、而其現在之發達情形、當亦不難推想而知矣、

【金融】馬六甲埠內之金融、全恃銀行爲樞紐、華僑所設之銀行、有和豐銀行一處、設於圭場街、外人所設之銀行、則一爲匯豐銀行、在河邊街、一爲揸打銀行、在伊利街、其中以和豐匯豐兩行之生意較佳、華僑及歐美旅居人士、多與之通往來、其營業皆有蒸蒸日上之勢、陳嘉庚公司及各大信局皆通匯兌、非常便利、

【氣候】馬六甲氣候和平、據一九二七年調查報告、溫度最高之日、爲二月二十七日、計九十二度八分、最低之日、爲一月二十八日、及二月四日、計六十八度、平均八十度七分、雨量七十五米利又十五吋、

【人口】馬六甲人口、據最近調查、約計十五萬三千五百名、以馬來人最佔多數、計八萬六千名、華僑四萬六千名、歐洲人及混血人共佔二千二百名、印度人一萬九千名、除馬來人外、當以華僑人爲多、

禮拜寺

【交通】馬六甲海陸交通、極爲便利、海路與新加坡及其他各埠間、每日皆有輪船往來、除本地不計外、每年平均約計一千餘艘、其中尤以與新加坡間之航路往來爲最密、在新加坡有輪船三四艘、專往來馬六甲巃坡之間、日必有船往來、從不間斷、其最大之船、名吉蘭舟、每日下午四時、由新埠開駛、直達馬六甲、船位頭等二十餘元、二等十餘元、三等一元五角、並可租房間、每人約需一元、翌早

六時、即至馬六甲、若由馬六甲開回新埠之船、則須經巃坡停泊數時、裝卸貨物訖、然後始達新埠也、惟馬六甲港口水淺、往來大洋船舶、必在距海二哩許之處停泊、此其缺點耳、至於陸路交通、則馬來聯邦火車由新埠開行、下午五時即到馬六甲、車價頭等十餘元、二等七元、三等四元五角、境內之汽車路、亦甚發達、

鐵道、 馬來聯邦西海岸鐵道支線由單邊 Tampin 經架特 Gadek 亞郎架動 Alor gajah 白林皮 Belimbing 丟林頓架 Durian Tunggal 排都勃林達 Batu Beren dam 以至馬六甲市、計長二十二英里、其另一線、自柔佛與森美蘭交界之占馬士 Gemas 經極省以至馬六甲、

道路、 馬六甲之一切建築、較其他殖民地、進步雖屬幼稚、然道路交通仍甚發達、其與境外相接者、如柔佛之巃坡 Muar 森美蘭之單邊、雪蘭莪之江口等處、皆可直通汽車、交通極便、

馬來稅局

汽船、 馬六甲與新加坡之間及附近羣島、每日來往汽船、絡繹不絕、平均計之、每年來馬之船隻、約在一千艘以上、故旅斯地者、欲往其他各島游歷或貿易、皆可任意所之、毫無困難、

郵政、 郵政在一九二八年、計滙兌費、四千二百六十七元、郵票收入五千五百〇四元、包裹費一百八十元、郵票四萬一千二百三十一元、其他一千三百三十一元、歲出計局員薪水一萬三千四百十一元、經常費及特別費共四千八百八十一元云、

電報、 馬六甲設有政府電報局、與各處往來電報頗夥、消息因甚靈通、收入亦有加增、在一九二七年之收入、爲四千八百三十二元、至一九二八年、已增至五千八百五十一元、比較增收一千餘元、茲表如下、

年別	歲入	經常支出	特別支出	支出總計	私電號數	公電號數
一九二七	四、八三一	四、〇七九	一一八	四一九八	二四、一四八	六五五

一九二八	五、八五一	四、九八八	四九八八	二六、四六五	七七七

【教育】　馬六甲有馬來師範學校一所、專以培養教育人才爲務、馬來普通學校甚多、弦歌之聲、時入吾人之耳鼓、總計生徒之數、約在五千以上、此外又有高等學校補助學校等、皆以英語教授、其最高程度、與英國鋼橋學校之高級班相等、馬六甲與新加坡共置視學員一人、管理一切教育行政事宜、所有學校均受視學員之監督、視學員隸屬於新加坡教育司長之下、

華僑所辦之學校、最大者、爲培風學校、有學生五六百人、分高等國民數班、總理沈鴻柏、校長顧叔龐、教員沈識民蘇古春諸君、經常費除學費收入外、統恃全埠僑胞捐助、培風女學校學生二三百人、分高等國民數班、總理劉漢屏、校長湘省某女士、其經常費亦仰仗捐助、福建幫所辦者、爲育民學校、學生約百餘人、分二班、教員吳建中、其經費會館基金等、瓊州幫所辦者、爲華南學校、學生二三百人、分四班、總理龍道舜、校長符翰香、教員陳學清諸君、經常費、除學費外、多由僑胞捐助、

僑南夜學校、學生約七八十人、爲困於經濟、全恃學費維持、日在風雨飄颻中、

平民學校有學生二三百人、校長林登瀛、不收學費、全恃捐款、惟人多敎室少、一切設備、限於經濟、不免因陋就簡、

雙勾峇汝有益華學校、學生七八十人、總理鍾錫賢、教員謝季華、除收學費外、多賴捐助、

丹絨益智學校、有學生六七十人、總理蔡光前、經費由全埠捐助、

亞沙漢中華學校、有學生五六十人、係教會人所辦、經費亦多由地方捐助、

也新培新學校、有學生一百餘人、總理吳禮廷、校董禤善庭、校長饒次我、學生分爲三班、校舍寬敞、在一山坡上、四圍椰林、光線空氣皆好、教授法、尤爲適合兒童個性、該埠各界對於該校、熱心愛護、學生日漸增加、誠爲馬六甲外埠之模範學校也、

【實業】　馬六甲開闢最早、雖不如新加坡檳城、然亦爲羣島中重要之市場、該島又爲產米之區、年來產額增高、頗堪注意、椰子、甘

巴薩汽車站

蜜、西米、胡椒、出產尤富、樹膠之進步甚速、錫礦多有發現、其地無大工場、祇有曾江水之造氷廠陳嘉庚之製膠場並有瓊商種植公會米商公會其推銷國貨及洋貨之最大商店、有新華公司振發公司華新公司

【名勝】馬六甲爲羣島之首先開闢者、我國鄭和曾在該埠多年、自葡萄牙佔領後、極力經營、所建之教堂學校、防壘橋梁、無一處不與吾人以憑吊之資料、而其到處風景、誠爲極樂世界、擇要以告游該埠者注意焉、

天主堂

（一）三寶城　建於馬六甲之山峰上、城樓雉堞皆爲中國式、審查其建築年月、當在明成祖二年、旁有古井、名三寶井相傳爲鄭和所掘、土人建亭於旁、內供鄭和神位、取水時羅拜之、亦飲水思源之意歟、

（二）大鐘樓　政府之前、通衢之間、建有大鐘樓一座、高十餘丈、係華僑陳金水君所建、一七八六年、其子若錦復重修之、刻石紀事、四圍花木爭榮、余不時於此處玩賞之、

炮台之古蹟

（三）焜清橋金星橋　埠中最大橋梁有二、因以木架之頽不堅固、重載車輛、往來行人多有戒心、彼時英政府、無法籌措建築、我僑胞陳金星曾焜清慨捐鉅資、改建鐵橋、至今已閱百餘年、堅固如恒、我輩履行其上、能不穆然想見兩先生之遺澤乎、

（四）荷蘭橋　建於海邊、長約百數十丈、伸入海中、橋頭置燈塔、余早晚最喜在此乘凉、練八段錦、如置身海上、遠望往來舟船如織、夜

間燈光點點、誠畫圖也、

(五)稻田　該埠爲產稻區、到處劃地爲畦、一望青波、馬來婦女在田間工作、首蒙各色絹帕、艷媚可人、田歌嬌婉、誠一天然之公園也、

【繁盛地點暨各大商店】　河邊街　Hobenchai　銀行、郵政局、各公司、多在焉、

新街　Campbell Street　飯館、旅社、茶樓、妓館、多在焉、

大街　Large Street　陳嘉庚公司售品所、華新公司、各大銀樓、藥舖、布店、旅館、多在焉、

甲板街　Papan Street　新華公司、各大洋貨店、銀樓、商號、多在焉、

第二章　物產

【椰子】(一)　椰子、亦南洋著名植物之一、其果實可充食品、可爲飲料、更可爲化裝品原料、榨之爲油、尤可作烹調之用、葉之嫩者可食、老者可綑爲器物、或充燃料、木材可供建築之用、全體無一棄物、用途之廣、逈非他種所能及、樹膠獲利雖豐、然其價格漲縮無定、故有時而失敗、椰子則因其用途甚廣、價格常能保其平衡、無漲縮之可虞、故得利雖遜於樹膠、而穩健則勝於樹膠遠甚、實可稱爲萬能之植物、南洋各島中西實業家、以種植椰子而發達者、不勝縷指、試一履其地、則彌望皆高大繁茂之椰子林也、余居星日、值樹膠跌價、失業者甚多、惟椰子營業、轉有蒸蒸日起之勢、乃將其種植及收穫諸法、就見聞所及、彙列於下、以供參攷、

椰子、　原產於印度錫蘭、六世紀時已發達、非如樹膠之突起也、原始祇爲土人食品、近來輸入各國、創設大公司經營、其收入之確實、市價之順漲、培植之容易、較樹膠爲優、惟收益較樹膠稍遜、至少須九年耳、

椰子適宜之氣候土地、　植椰之地、周年溫度須平均華氏七十五度、雨量五吋、若海岸鹽質最多、水分亦足、尤爲適合、近人倡生產限界之說、劃定在南北兩回歸線內、蓋以光熱雨量之關係耳、

椰子輸出額、　南洋輸出額、查千九百十一年、馬來半島及海峽殖民地、爲二百一十五萬零一百六十一鎊、爪哇一千零八十四萬九千九百一十四盾、其餘各島一千六百七十二萬零四百四十一盾、椰實乃土人常食之品、除輸出外、存留尚多、

椰子之用途、　椰子用途日益擴張、白色之肉、可供食品、中存之液、最清涼、可供飲料、並可製酒製醋及酒精、尤含有多量之油分、榨油

後、其渣可供牛馬之養料、其殼可製器具、外包之纖維質可製棕墊軟褥及掃帚毛刷、嫩芽可煮爲食料、蜜中之汁可作糖、葉可織而爲棚、幹可裁而作室、去心可作桶、現椰肉價格年年增高、除作茶點椰粉外、尤可爲化粧品之原料、

栽種費用、 栽培之費借貸土地及除草、伐木、排水、種苗、開墾道路、種種與經營樹膠相等、至每株距離須有二十五呎爲合、一英畝約八十株、既栽種後、無煩難矣、

椰苗

歐人之經營百英畝地者、自初年至八年之費用、列表詳之、

初年、 四千四百四十元（租借、測量、地租、開墾、種植、除草、建築、器物、醫藥、等等設備、）
二年、 一千五百元（本年以下可減輕除草費、）
三年、 一千二百元、
四年、 一千元、
五年、 一千四百元、
六年、 一千三百元、（由本年地租增加、同時約有六百元之收穫、）
七年、 一千三百元、
八年、 一千四百元、
合計 一萬三千五百四十元、內工價一項須增加、

製造廠之設備、 每日可分解一千個之機器、約一萬元、乾燥機兩架、約一千五百元、而副產物之製造、尚須設備、

收穫之概算、 椰子之收穫、因地質種類而異、普通第七年、每月可生一顆、越十二個月而熟、以後逐年遞增、至十年度、平均一樹可得百顆、（爪哇之植）若錫蘭地方土人除摘擲棄置外、一樹不下三十顆、自栽種五年至六年、一樹平均生十顆、十年度就至少計算、亦可得五十顆、以後按年數之增加、結實之數、亦與之增加、最盛期、一樹能得一百五十顆、樹之生命、可七八十年、假如一樹一年之結果

數、爲四十五顆、一百英畝、可種樹七千株、每樹作四十五顆計算、有三十一萬五千顆、椰肉六十噸、各地出產稍異、每噸作二百元算、有一萬二千元、除所需生產費五千二百元、實獲利益六千九百元、

副產之利益、　除椰肉之外、副產利益甚多、除由椰子水分製酢及酒精、爲最近之發明、尙待研究外、但就纖維而言之、錫蘭椰子三十一萬五千顆、可得上品纖維一十九噸、每噸值百元、可得一千九百元、次等纖維七百噸、每噸三十元、可得二千一百元、除製造費、實獲二千元、連上計之、一百英畝之純利、共八千九百元、其九年栽培費、不過一萬三千五百餘元耳、但歲月太長、爲投機者流所不顧、且有種咖啡一業、利亦與椰子等、而時間又短、故趨咖啡於一途、有眼光者須知人棄我取、實有大利於其間也、

椰業近狀、　馬來半島以吉令丹丁家奴二州爲種植椰子最良好之土地、與錫蘭產相伯仲、現有多數資本家、經營雪蘭莪栽植公司、與聯邦政府借貸一萬英畝、初年每畝納租一角、十年加至一元爲止、以後照納、但九百九十九年內、無轉移權、且祗能種椰、該公司現已開辦、並於各地買集椰子、置分解機器、及各種製造品矣、

吡叻州海岸有低地十餘萬英畝、三五年後、當可變成椰林、現在發展日盛、惜中國人多趨重樹膠、不肯爲此種永久之生活也、

靑皮椰水之功用、　靑皮椰水之功用最大、(一)攙入椰油少許、可以治一切毒品、(二)治瘋犬咬傷、用之就傷口洗擦、(三)治身中積毒、(此症須用老靑皮椰水、始見有效)(四)治淋濁寒熱血症、(一二四各項症、宜用最𡥚靑皮椰水)(五)治魚毒、用靑皮椰肉搗爛、取其液飮之即愈、並能治身中種種雜症、如有病人、用此水雜入牛乳、作爲飮料、頗有益於衛生、且購買靑皮椰子極易、價亦甚廉、最合貧人之購用、惟椰子有黃皮靑皮兩種、購者宜注意分別也、

【椰子】(二)　椰子、屬棕櫚科植物、常綠喬木也、幹高四五丈、圍三四尺、葉爲羽狀、簇生幹頂、實爲楕圓形、生於葉根、大尺許、一樹有數十枚、至百枚不等、實之外皮、爲木質硬殼、色淡黃、厚三四分、硬殼內有纖維質一層、厚約五六分、纖維可作毛刷棕墊等器之用、纖維質內、有一黑色硬殼、質極堅、僅亞於鐵、蓋用以保護椰仁者、厚二三分、可作烟盒點心盒等等器皿、做盛飯或取水杓者尤多、即我國北方誤呼爲檳榔杓者是也、黑紫堅殼內、附有白色軟肉一層、厚二三分、此部分功用最大、稱曰椰仁、土人以之爲日常菜食品、椰實成熟摘下後、用斧開之、曝於日中、久之、椰仁變爲黑色、乾裂與黑殼分離、拾而置諸袋中、稱曰椰干、椰實除椰干外、雖皆有用之物、然土人

大概棄之如遺、製物利用者、不多見也、椰干、由內地輸送到口岸、載以船舶、運諸歐美以充商品、各口岸皆有倉庫以貯藏椰干、如我國內地貯糧糧棧然、椰干之在商場、其價值行情、報中每日登載、列爲主要商品之中、椰實可製爲油類、南洋所用食油、大多屬此、各地椰油廠、中國人多經營之者、更可作化粧品原料、及牛油椰粉等食料之用、椰仁內之中空處、淸水貯滿、取之可得數茶杯、味淸可飲、總之椰樹功用甚大、幹可供建築、及製造傢俱之用、嫩葉可養爲食料、長葉可編爲袋類、或充燃料、全體無一棄物、實爲南洋主要物產也、其收穫量之大小、視地質肥瘠、及栽植巧拙而異、計自初植至第七年即結實、初每月可生一顆、閱十二月而熟、一樹均以一年計、約生十顆、此其最初期的收穫量也、自是歷年增加、自初植至三四十年爲最發達時期、計一樹每年可百顆、其生活期限、可達七八十年、椰子本爲南洋及印度洋原產、錫蘭島自六世紀時、已早有種椰子者、向來只供土人作食用、今則始用大資本、以從事於大規模的經營耳、美國暹羅緬甸菲律賓及中國南部的椰子林、皆自印度及南洋方面所移植而來、今將栽椰子區域之大小、列表於左、

栽植地名	椰子畝數（以英畝計）	栽植地名	椰子畝數（以英畝計）
錫蘭島	七十萬、	中央亞非利加	二十五萬、
馬來半島及荷屬美屬南洋羣島、	六十萬、	西印度	十一萬、
南美各國、	五十萬、	亞非利加	十一萬、
英屬印度及其領屬地、	四十萬、	暹羅及交趾中國	十萬、
太平洋諸島、	二十六萬、		

觀上表、總面積約三百萬英畝、以錫蘭島產額爲最巨、馬來半島及南洋羣島次之、其生產界線、以在南北回歸綫以內爲宜、蓋椰子屬熱帶植物、與氣候雨量大有關係也、

椰子、爲南洋最普遍最穩健之種植事業、其獲利雖小、然其用途廣大、易於消耗、（消費品）資本較輕、（與樹膠相較爲十四與十一之比）經營較易、樹膠每二十五英畝、須工人二十五名、椰子、二十五英畝、工人一名即足、銷路平穩、（無大漲亦無大落）故馬來半島

及荷美屬南洋羣島種者最多、大半視爲主要農產物、以其生植所得、轉易布帛稻米以供生活之資、近年來、樹膠事業新興、多有將椰子林伐刈、轉植樹膠者、因而倍徙獲利、固實繁有徒、惟歐戰起後、商業停滯、樹膠一項、無人過問、價格一落千丈、因此破產者、亦指不勝屈、蘇門答臘棉蘭馬腰張鴻南君爲華僑巨子、擁有數千萬家貲、勢力雄厚、爲華僑及荷蘭政府所倚恃、其壽誕日、荷蘭女王、曾派專員賀壽、近聞因受樹膠之累、無法維持、因以病沒、故華僑中有識者、當樹膠盛行獲利之際、即指爲投機事業、危險堪虞、不如椰子之平穩可靠也、今將椰子之種植費收益列表如下、

百英畝椰子種植費概算表

第一年、	四四四〇元、（領地、測量、地租、伐木、燒木、除草、造屋、用人、器具、醫藥等費合計）
第二年、	一五〇〇、
第三年、	一二〇〇、
第四年、	一〇〇〇、
第五年、	一四〇〇、
第六年、	一三〇〇、
第七年、	一三〇〇、
第八年、	一四〇〇、
合計	一三五四〇、

椰子之收穫

百英畝椰子、假定一樹之結實、以四十五顆計算、平均一年、所得利益如下、

總樹數、	七千株、
椰子仁產額、	六十容十分之六噸、
椰子實、	三十一萬五千顆、
價格、	一萬二千一百元、
除生產費、	五千二百元、
贏餘、	六千九百元、

以上係據歐人所計算之數目、至於華僑所經營者、其費用當少於歐人若干、生產當多於歐人若干、蓋勤儉耐勞、華僑所長、歐美民族、遠不能及此、則盡人所知、無庸細爲解釋也、

【油椰子之種植法與榨油法】　種植油椰子之地方、其土壤中必不可少者、則爲石灰、而土壤之成分、概須嚴密檢查、用相當之化學智識與經驗以赴之、至欲考查土壤中、石灰之有無、其最簡單之檢查法、而比較的正確者、則先取土壤四分之一鎊、就日光中曬乾後、取一品脫淸水攪和之、急行煑沸、乃移入玻璃瓶內、又取靑色利特買斯試驗紙浸入、其間若試驗紙變爲紅色、則土壤中定

有酸性腐植土存在、爲調和計、有加石灰之必要矣、又若再加清水而攪拌之、存其瓶底所剩之沙、而以泥水傾入另一瓶中、再用清水入原瓶、將沙中泥土完全洗盡、而原瓶中之泥水、盡行傾入另一瓶中、將此瓶安置數小時、俾其泥盡沉澱於瓶底、乃將上面清水傾去、以瓶底所留之泥、與原瓶中所留之沙、同放於日光下曬乾、分別秤量、即可知沙與泥土含有量之比例、至於檢查石灰之有無、可攪入少量之鹽酸、若土壤中含有炭酸石灰、則此土壤必起泡沫、有經驗者、能看抱沫之多少、而推知其含石灰量之程度、但欲確知石灰之量、可攪入鹽酸後、經過少許時間、再加阿莫尼亞液、而石灰全部變成液體、與泥土分離、此時再攪入蓚酸阿莫尼亞以驗之、則可知最正確之石灰量、但此法非有化學知識與經驗者、不能行也、又在土壤中欲檢查植物質（即腐植土）之含有量、最爲簡單之法、先取土壤就日光中曬之、秤其數量、裝入鐵製或土製之壺中、置爐上燒約一小時、則植物質全部燒去、而其含有量、即可比較得之、

吉寧人上樹摘取椰子

油椰子之種類、亞非利加之土人、不能區別、但依椰子成熟期之早晚、而異其名稱、其實油椰子之種類各別、品質亦不相同、產油量有差至十分之三以上者、有一種油椰子、皮薄而仁較厚、產油則頗少、希拉來恩產者、大概多屬此種、而又一種油椰子、適與之相反、果皮厚而仁較薄、產油量則比較爲多、至充分長成之油椰子、幹高約六十英尺、幹之皮面有枯葉殘托留於其上、幹頂有極大羽狀之葉覆之、其長約十五英尺、幹之長成極緩、種後三年高不過六英寸、乃至九英寸、四五年後、達十二英寸、乃至十八英寸、及十年、則達八英尺及十五年、則達十三四英尺、有六十英尺之高者、約須經過一百二十年之長期歲月、油椰子之實生於房中、最初則粒數多而爲粒小、其後則粒數少、而爲粒大、英國種植家名其成熟之實曰（Heads）、或曰（Hands）、或（Cones）樹之結實每視其土地及氣候之關係而不同、普通結實期、約在種植後、四年至八年、其種植法、則極形簡易、故不論何人、略知一二、即可從事、至西部亞非利加之土人種植油椰子後、概不加以培壅、但椰子既極容易繁殖、不如樹膠時須料理、故亦能長成、

種植油椰子、各樹間之距離、種植家各異其說、普通距離、爲二十五英尺以上、而十年之後、樹枝已可相交矣、與油椰可以同時混種者、爲柯柯與樹膠、而此時各樹間之距離、又不同矣、大約須相距四五十英尺、則成績可以極好、其空地中、則可輪流附種玉蜀黍、生甍落

花生、烟草、婆羅蜜、山薯、豆類等、種植家輪流附種以上各物時、可視市場之需要而決定之、但欲得豐富之收穫、則費用大而利反少矣、亞非利加輪流附種者、以玉蜀黍生薑、豆類爲主、此因西部亞非利加之市場、歡迎此種農產之故也、至南洋情形、與亞非利加不同、故不必仿其先例、此亦種植家、所應注意之點也、

榨油之法、舊時西部亞非利加土人、及一部份歐人所用者、極形簡單、殊多缺點、故歐洲種植家、悉心以謀改良之道、當在歐戰開始之前、研究改良之法最力者、則爲德國人、故前德屬亞非利加得瓦倫得之亞哥油椰種植地、已用新方法榨油、能僅含五六巴仙脂肪之油椰子中、造成上等之椰子油、又歐洲人對於油椰子之種植上、又有一種組織、從事研究、例如一九一四年七月四日、在得瓦倫特之哥台得爾哈非婆爾特開第三次萬國熱帶種植會議決、(一)改良油椰子、現在之耕作法、及擴充油椰子之利用法、(二)改良油椰子輸送機關、(三)改良油椰子收穫後之收藏法、(四)獎勵油椰子之種植、以期增加產額、(五)改用新式器械榨出椰油等、是也、舊榨油法損失既巨、故皆力謀改良、近有新式手搖榨油器二種、其構造皆用希林特拄用法、先將果實放入熱湯中、用希林特拄搗之油與水、即經篩羅流出、便利而清楚、此外一九〇七年至一九〇九年間、英國人曾發明甲乙二類榨油機、甲油機類有二式、在英均有專賣權、A式發明者、爲愛倫經在瓦爾特谷司試驗後、成積極好、故一部油椰子種植家歡迎之、該機發明於一九〇九年、專賣執照號數爲三三五七、B式發明於一九〇七年、發明者爲非律撥專賣執照號數、爲九七三三、該氏在一九一〇年、又加改良、再請註冊、復得專賣執照號數爲一八三七〇、該機之構造、簡單言之、在圓桶狀之圍壁內、裝光滑的希林特圓柱、另備一篩籮、分清油水並果實及纖維、當一九一四年倫敦開萬國樹膠及熱帶物產共進會、該機已經出發、價格五鎊、且搬運極便、故小種植家最爲適用、乙類一種用汽力、一八七七年、英國婆拉特公司所造、行用於西部亞非利加、又一九〇一年、德國殖民協會因獎勵種植油椰子、懸獎募造榨油機、柏林哈開商店得獎、其後、又有一法國商店亦發明一機、均能榨出純良之油、惟產量不多、總之用舊式榨油法、即以前西部亞非利加土人所用者、每噸費用須十鎊至十二鎊、用新式機則可減半、且用新式榨油機、能出極純潔之油、故歐洲工業界、頗形歡迎、所以近來銷路益廣、而將來之發達、更不可限量也、

椰油與尼楠油、　椰油、自昔即爲馬來土著民之副食品、印度人及我國人之久居其地者、亦甚嗜之、故其用途、異常廣大、新加坡及檳

榔嶼又爲南洋兩大椰乾集散地、榨油原料、可謂取之不盡、是以椰油業頗形發達也、至於以牛馬爲動力之舊式小油廠、則鄉間遍地皆是、惟產油量不多耳、新加坡椰油廠數不多、而規模宏大、所用亦皆新式機械、出品除供給本地需要外、每歲約輸出二百餘萬元、十餘年來、未嘗有擴張計劃、故於輸出貿易上、未能佔重要地位、夫植物油脂之用途近已日益擴大、歐美工業國、極重視之、新加坡檳榔嶼等埠、既有豐富之原料、而人工又不昂貴、苟能銳意經營、前途必多希望、新檳兩埠現有之著名椰油廠、計和豐椰油廠新加坡椰油廠殖民椰油廠萬德椰油廠是也、次於椰油業者、爲香水、香皂原料油業、規模概形狹小、廠數亦不多、然南洋各地之產此種香油原料者甚多、歐美銷路亦大、亦一有價值之企業也、經營香油業者、盡爲華人、出品以尼楠油爲主、原料即尼楠葉、尼楠原爲馬來語、今人皆沿稱之、蘇島亞齊產尼楠最多、幾全數銷於檳榔嶼、故檳榔嶼之尼楠油業、較新加坡尤盛、馬六甲華僑亦有經營業者、

海邊之椰林

【胡椒】Pepper 南洋胡椒、爲大宗之出產、由新加坡或檳榔嶼轉口輸出、每歲出口價額、不下一千餘萬元、數目已屬驚人、效胡椒有烏白長三種、（Black, White Andloug）烏白同爲尼格蘭椒（Piper nigrum）之子實、惟採集時期與製法各異耳、尼格蘭椒、原產於錫蘭及南印度一帶、今西印度諸島、非洲、錫蘭、南印度之麻拉巴爪哇蘇島等、皆盛產之、曩昔檳榔嶼之椒業頗盛、今已絕滅無遺、僅馬來半島稍有出產耳、胡椒喜繁殖於平地、以富於腐植土之土壤、及濕熱之氣候、爲最適宜、馬來半島之硬黃粘土地帶、如施以肥料、成績亦佳、胡椒枝蔓之繁殖狀態、與葡萄相似、須有棚架扶持之、然爲其棚架者、須以樹木爲佳、植後三四年、即完全成熟而結實、結實最盛期、在第六七年、如整理得宜、則其生產力、可繼續十二年、乃至十五年、焉胡椒年可收穫二次、首次在三四月、二次在八九月、第六七年後、每蔓可產乾椒三鎊至三鎊半、假如每英畝

植八百八九十戛、則每年可產乾胡椒二千五百鎊、至三千鎊、商業上所稱之烏椒、為已搗碎之子粒、尚附有外皮、其色黑、如先去其外皮、浸於水中而揉搓之、則搗碎之後、即為白椒、換言之、即白椒係採集完全成熟之子實而製成者也、烏椒味較白椒為厚、然商場買賣、則以白椒為貴、胡椒以用於肉腸肉類罐頭、或肉類之保藏製造者為多、其次則日常廚下、或食棹上所用、長椒與前述之胡椒相似、其學名為隆巖椒、(piper Longum) 孟加拉阿薩密及錫蘭等處之土產植物也、土人以之充香料、或作藥品之用、產於爪哇者性更烈、通常稱為爪哇長椒、(javanese Long pepper) 用途亦同也、

【咖啡】Coffee 咖啡多產荷屬、惟馬六甲早年亦有種植者、因獲利不厚、種者日少、與樹膠混種、易受蟲害、損失尤大、適種咖啡之地、以海拔三四千英尺為宜、地高蟲害較少、且樹齡可延至四五十年、故傾斜之地、普通農園皆可種之云、

咖　啡

【白籐】白籐亦林產、為省籐科(Calamus)植物、尤以Calamusrotang種為多、有長三四百英尺者、惟買賣于市場者、概四五十英尺而已、土人以之造橋梁梯帽、及其他用具、我國及歐美諸邦、則以之編製家具、提籃雨傘手棍等用途甚大也、馬來各都市、均有華人開設之籐工家具店、在地方手工業中、地位頗形重要、新加坡華人自辦之南洋工業補習學校、且設籐工科、以謀斯業之改良及發展焉、白籐內地貿易權、亦盡操於中國人、如其他土產然、對中國及香港方面之輸出、華商以地理關係、亦多直接經營之也、

【甘密】英屬海峽殖民地甘密業、史已千有餘年、曩昔華人經營之者極衆、但今已大衰退、今人但知樹膠為大宗農產、而不知極盛時代之甘密、視今之樹膠、尤高出一頭、以當時華人之經營甘密種植業殊衆也、攷植甘密之地、以一千二百尺至五千五百尺之高地為宜、如在一千五百尺以上、產量不免減少焉、甘密喜陽光、但亦不宜太過、以周年有平均光線為宜、又地面須潤濕、平均三千密里之雨量為適度、有以上所舉條件之地、海峽殖民地在此種條件下之甘密、生長極速、如加以注意而打里之、則植後一年、即可得第一次之收穫、此後則每半年收穫一次、可至十五年乃至二十年也、惟土人所種者、其收穫最盛期、僅得五六年、十二年以後、即無收穫矣、夫甘密之主要用途、為鞣革、凡製馬具及皮護腿等之皮革、如不用甘密、則其色之濃淡頗難均一、

且視之亦不甚清潔、惟純甘密價甚高、製普通賤革時、未便使用、如將來能設法減少生產費、則用途亘廣也、絲織工業用甘密之處亦甚多、今法國里昂市多用之、足與亞尼林染料相頡頑也、釀造業亦用之、以澄清飲料、或沈澱蛋白質、醫藥上以之爲收斂劑、南洋土人及印度人、則恒以充嚼料、如檳榔然、惟性質相異耳、製造漁網、及帆布、亦稍用之、以增其濇澁之力、我國唐末有所阿仙藥者、（或稱兒茶）即此物也、其植物名稱、爲安加里亞甘比爾所謂甘密者、即取自此種植物之嫩葉及枝條也、甘密單寧劑之可貴、以有甘密精也、亦含少量之染色劑、克西丁至其成分之多寡、則以製法異、十餘年前之單寧原料、在西歐諸國、每苦於無銷路、今則反是、需要已日見加多、惟温帶不產此種原料、勢非仰給於熱帶不可、但十九世紀之初、世人尙未知其效用之大耳、

檳榔

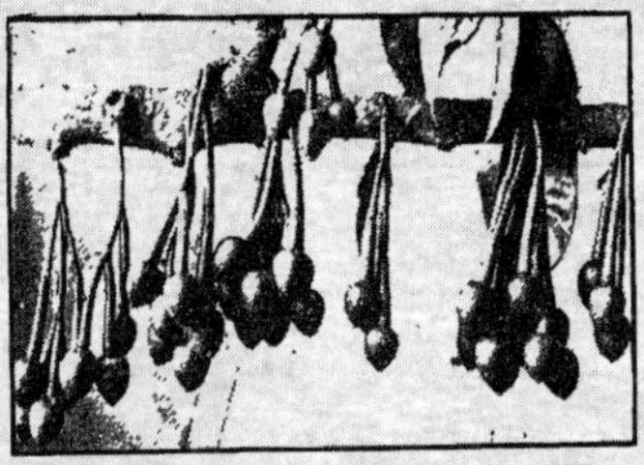

【檳榔】　南洋人咀嚼檳榔之習慣、由來已久、蓋熱帶之水、多原蟲及霍亂菌、而土人又以氣候關係、恒飲生水、故時疫猖獗、往往致人以死、且食物易腐、齒間餘汚、極宜於細菌之滋長、日久即成蛀齒、以檳榔合石灰少許咀嚼之、有殺菌護齒之功、而無害於人體、故咀嚼檳榔、乃爲土人衞生方法之一也、攷檳榔遍產於東亞熱帶、及亞熱帶之地、與其土人之咀嚼檳榔、同有長久之歷史、英屬海峽殖民地之檳榔產額、原不甚豐、但近年頗有銳增之勢、種植檳榔者、以土人爲最多、然成熟後、往往售於中國人、任其採集販賣、故其商權、大半爲華人所掌握、檳榔樹、每英畝可植六七百株、植後無須耘草施肥、亦不畏蟲害、可任其自然生長、植後四五年、即能開花結實、結實期間、通常爲十五年、乃至二十年、果實須乾燥後、乃能上市出售、以日光乾燥者、土語稱之爲布拉檳榔、以檳榔殼爊乾者、曰沙來檳榔、價最昂貴者也、

【鳳梨】　（一）鳳梨之產地及種類　鳳梨又名波蘿蜜、係常綠草本植物、屬鳳梨科、鳳梨屬 Anans Sativus、原產於亞美利加洲熱帶、後移植於南洋羣島、葉爲平行脈、長約二三尺、闊而尖、花淡紫色、密集成叢、果實略似松球狀而大、供食用、一名波羅又名露兜子、馬來語謂那那士 Nanas 英語謂之 Pincappie 其種類頗多、在南洋羣島者有三種、其一我華人通稱曰中國種、土名謂之紅種、其二我華人通稱爲荷蘭種、土名謂之錫蘭種、其三我華人通稱爲錫仔越種、土名則謂之希昭種

(二)各種之形態及鑑別法　中國種、葉作淺綠色、樹身比荷蘭種大、比錫仔越種小、其果實橢圓形、長約五六寸、皮作紅色、其鱗片狀之節目、大而不顯、深入果肉、食時須以刀去其目、肉作淡紅色、味殊不劣、為南洋市場最普通者、荷蘭種、樹身較小、葉作粉綠色、果實瘦而長、皮色深紫、其鱗片狀之節目甚小、且高起於皮面、目不入肉、食時僅割除其外皮而已、其肉作橙黃色、紋細味佳、推為鳳梨中第一云、錫仔越種、葉較闊長、其果實比前二種特大、有重至十磅者、富於果汁、味稍遜、肉作黃白色、食時須去其目、與中國同、以上為各種之特質、至如普通鑑別果實之法、凡目痕深陷入肉、及果實之末稍斜歪者、其果心必折斷、日之眉、(即包) 有三層以上之直堅者、即為已熟之證、其眉垂下者、即為未熟之號、皮外格外顯紅、氣味濃厚、即為過熟、此其大略也、

(三)生食與熟食　鳳梨食法、有生與熟之別、生食者、係直接採樹上已成熟之果、剖而食之、熟食者、係經製造廠煮之以糖、裝入罐頭者、二者則以熟食為優、蓋生食者、非失之未熟、即失過熟、凡未熟之果實、多含有霄酸、有收斂者、誤食之、則呈酸澀之感、太熟之果實、則多醱酵、

鳳梨山

而變壞、失其成分、且易滋生微生物、若熟食、則其果、係經選擇、且加以熱火煑沸、密藏於罐、不但無未熟及過熟之弊、且可杜絕微生物、

(四)裝製法　南洋群島所有鳳梨廠、其裝置鳳梨之法、半用人工、半用機器、其手續頗繁、(一) 須將果實先去其頭與尾、然後再削去其外皮、否則其手必受包鋒之針刺、為果酸之侵食而受傷、(二)除去其心、其法係以洋鐵製成管狀、空其心、從首打進其心自離、(三)切片、此種切法、各有不同、有切成小方塊者、有切成圓片者、或整個者、皆視歐美各公司訂購之式樣如何而定、(四)裝入洋鐵罐中、和以赤糖水、赤糖水愈赤愈適用、蓋其色可以顯襯鳳梨本有之色素也、(五)封罐、鳳梨和糖以後、即緊封罐蓋、僅留一小孔、置於沸水中煑之、藉蒸氣之力、排出罐中空氣、乃以錫封之、裝入箱中、附以商標、便可售之於市、普通以一磅及一磅半為最盛行、

(五)銷路及價格、　鳳梨之在新加坡出口、每日統計約有一百萬箱、全年之中、夏季為當銷、銷路以英國為大宗、次為歐洲各國、及日

本南美洲等處、南美洲原有出產、因土人以南洋出產者氣味特別佳美、故得輸入、然亦有反對者、則藉口裝製不清潔、有碍衞生、價格生降、迄無一定、價昂時每顆有售至一角餘者、廉則不過幾占錢而已、甚有成熟不欲採摘、任其在園臭爛者、蓋因工值超過市價、無利可獲故也、裝成罐者每箱容量四十八罐、價昂時每箱可售九元、價賤時則剩五元餘而已、

（六）氣候及土宜、　鳳梨係熱帶植物、性畏冷、產額最盛者首推南美利加洲、次則馬來半島、喜乾燥膏腴之地、質若過濕、或磽瘠之地、則葉呈紫黃色、不易發育、遇鹹水則枯、

（七）栽種及收成　栽種鳳梨之法分爲二類、純種與附種是也、純種者、係將所有園地、祇種鳳梨一項、別無雜以他種植物於其間之謂也、每英畝、可栽種至三千多株之額、附種者、係園地種以主要植物、如樹膠之類、而將鳳梨間種於其中之謂也、每英畝可種至二千餘株、其距離橫約六尺、縱約三尺、其種子、係取自鳳梨旁生之苗、（俗謂鳳梨鷄）鳳梨種後、至十六個月後便可成、但亦無一定、其地肥者、常有十二三月便成熟、地瘠者、雖屆十六個月、亦未結實、雖實亦甚小、

（八）年齡及副產、　鳳梨之年齡、通常可生至六年之久、而純種者、比附種者、其年齡較長、蓋附種者地中肥料、爲他種植物所分吸、不及純種者養分之多也、葉纖維質性韌可用爲織物、及製紙之原料、其皮含有漂白性之果汁、可利用以洗滌絲織品及棉織品、

（九）栽種方法、　植物之需要人工改良、其道頗多、如選種、播種、接枝、駁枝、及芟雜草、防害蟲、施肥料、鋤土壤等、是栽種鳳梨亦然、其特別應注意者、厥有四端、述之如下、（甲）選種鳳梨爲多年生草本植物、將來壽命之短長、生產之多寡、對於苗種、均有莫大關係、故選擇苗種、當就第一二年所生之苗、擇其身肥葉盛者、庶爲上選、（乙）閹種鳳梨之閹種、言之殊令人訝異、以爲新奇、先以動物經過閹割所呈變態言之、如雄鷄被閹、則其冠不高、其爪不利、如牡猪被閹、則其牙不長、其毛不硬、牡牛被閹、則其角不長、其峯不高、凡茲變態、皆所習見、毋庸多述、試再舉一例、昔者北京清宮太監、年齡雖老、而迄不生鬚、聲音清細、性情柔順、一擧一動、類如婦人、則亦被閹之故也、上述各例、所以證明人工可以改造天然動物如此、植物亦不能例外、蓋鳳梨之葉本生有利刺、耕種者動被刺傷、極感困難、不知經過幾番研究、乃發明改種之法、其法將所選欲栽之種、先倒置向陽之處晒曝、至二十餘天、待其葉稍乾莖稍軟、乃取刀略削去其莖、然後下種、發育後便不生刺、此其手續、雖與閹割動物有異、而其用意改變種類則同、故特名之曰閹種、（丙）去鷄、鳳梨營養、需極多之水分、至

發育時、每由蕊旁萌生許多苗、(俗名鷄西人亦名此種苗爲鷄雛、意謂其如雛之環繞母鷄也、) 若不除去、則水分爲所分吸、母蕊營養缺乏、則結果實亦不能十分肥碩、故栽種鳳梨者、須不時巡視、若見有苗萌生便去之、以無礙母蕊之生長、(丁)拔尾鳳梨果實頂端、有尾甚長、此尾若任其生長、則殊有礙鳳梨之發育、故當其開花時、即須拔去、惟拔後、仍須將原尾置之原位、不可棄去、蓋拔時頂端有孔、若不遍蓋、則雨水可以侵入、太陽可以蒸晒、鳳梨必至腐爛矣、

(十)鳳梨在馬來半島植物界之地位、與僑界種植家之關係、　馬來半島植物土產出品、最大宗者、首推樹膠、其次鳳梨、樹膠各色人種皆有經營、鳳梨一項、則皆我國人所獨操、蓋外人對於此項實業、不甚重視、此地土人兼有種之者、其數甚微、不過只供生食而已、吾僑之經營斯業者、爲數旣衆、以之起家者亦不乏人、如陳嘉庚林義順王水斗皆是、顧多數種植家、大都眼光短小、宗旨不定、價高則爭種、價敗則爭棄、去就進退之間、一以市價爲轉移、毫無計劃、毫無定見、其不失敗者幾希、然亦有抱穩健主義、兼顧並營者、如以種樹膠爲主體、而以其餘地附種鳳梨、此種辦法爲利甚薄、其最著者、爲小資本得以經營較大之事業、蓋樹膠種後、須至六年、方能收成、鳳梨則僅十六個月、以短期收穫之利、補助長期虛耗之費、金融周轉旣便、自能持久不墜、且樹膠園附種他項植物、雜草不易發生、亦可減省雇工芟草之費、而且二者兼種、可無一齊失敗之虞、此亦我僑界種植家、所當注意者也、

鱷魚

【鱷魚】　(一)形狀　鱷魚與蠑螈鯢魚、同爲爬蟲類之一、水陸兩棲、雄者、尤善登陸、性嗜殺而猛惡、全體被堅硬之鱗甲、利刃不能傷、鎗彈亦難入、四足趾有爪、嘴長頸短、不能顧盼、喉口有二綫、以分泌口涎、無舌、食物口仰天、齒極銳、數凡四十餘、尾特長、常潛伏熱帶地河口沼澤間、攫食鷄犬等動物、

(二)性質、　鱷魚性雖殘忍、而與龜則爲狀良洽、或龜登鱷魚之背、或鱷魚玩弄龜之軀幹、融融洩洩、絕不見有張牙舞爪、互相格鬥之狀、又善解人意、海濱漁民、常下水田撈魚被咬者、大呼大伯公多朗五字、輒可免、然亦不過一種鄉談、不可深信、惟其對敵物、則爲捕魚

之鈎釣捕魚者、常以鈎釣置於海中、任魚之游泳而被觸、鱷魚亦常爲所中、故鱷之畏鈎、尤人之畏鱷也、

(三)孵化、　鱷法之孵化、有天然人工二種、天然的受太陽光熱孵化者、居多產卵於海濱沙礫中、任其自然孵化、惟雌鱷亦能製窠、美洲南部鱷魚養殖所、則盛行人工法、在鱷池內設置適當之孵化器、用火油燈保住攝氏三十五度溫度、使之孵化、產卵在六月中、積枯葉爲窠、平均三十個、最多六十個、大約經八星期後、即有長六寸五分之幼魚出來、卵長三寸、闊約二寸、與鵞蛋相似、既孵化之小鱷、長六寸半、不可與大魚同置一處、宜另以下等牛肉喂哺之、好奇之美國婦人、常有以小鱷放於膝上玩弄者、新加坡之印度人賣藥者、多携小鱷以爲招人購藥之吸引品、

(四)長生、　據美國人報告、生長之度、一年約一尺五寸、二年二尺、四年三尺、八年六尺、七尺、十五年一丈二尺、壽最長者、達五六十歲

石芒人之賣冰水者

(五)種類、　大鱷體長一丈餘、常常登岸、襲人害畜、小鱷形體比大鱷小、棲居淡水中、細口而長、體一丈餘、產於印度河伊拉瓦底河（在緬甸）等濁流中、喜食魚族、亦能襲人、

(六)作用、　品物良好之雄鱷皮、自七尺至一丈者、可得代價一百二三十元、下者、亦得五六十元、其他爪牙等物、價亦頗高、如若剝製完全之標本、或將活者售去、亦可得二百元、此據南洋鱷魚養製所所調查者云、

第三章　調查

【南洋人種之概略】　馬六甲開闢最早、而種族則極錯雜、就其大者而言、則有馬來人、中國人、歐洲人、印度人、歐亞混血種人、中馬混血種人、日本人等、而印度人中又有錫蘭人、錫克人、達密你人、孟加拉人、齊智人等之別、此外如爪哇人、菲律賓人、安南人、暹羅人、緬甸人等弱小民族、亦所在皆有、其錯雜之程度、尤以新加坡檳榔嶼等大都會爲甚、有世界人種展覽會之觀焉、

前述各種族、皆非馬來土著、即馬來人亦爲亞利安人也、以其居馬來最久、故以土著目之、眞正之土著、爲石芒人及沙開人、石芒人爲

半島原有之番人、而沙開人則自越南遷來者也、沙開人喜居山中、以遊牧爲生、食野果及野獸云、

【瓊州人南來之歷史及其最近生活狀況】南來之歷史、　自歷史上觀之、中國文化自北而南、瓊島地處極南、故開化較遲、又中國土地肥沃、氣候温和、居其地者、往往因享受天然幸福、而忘卻世間艱難、故中國人向來對於海上事業、少有顧問者、瓊州爲數十里瓊州海峽所隔斷、孤懸海外、中國人幾將其視爲海外之地矣、故無人致究其歷史、觀察其地勢、近百年來、世界文化日進、交通大形便利、歐美商船先後東來、至是我國始揭開從前之深閨顏面、遂與紅髮碧眼之西洋人相周旋、而瓊州人亦於此時南來、其初所到之地、聞諸老輩人言、瓊州人先至安南西貢一帶、次由星州分散至各地、初到時、或爲闢草莽斬荊棘、或自己以捕魚稀植爲生、是說雖傳自老輩、恐難盡信、但頗有研究價值之處、夫安南西貢等處、其開闢實較馬來半島爲早、而馬來半島開闢最速者、則爲星州、然至今不過百有餘年、而瓊州人之南來迄今、已有百二三十年之歷史、由是以觀、瓊州人先至之地、不在星州而在安南、其可信之理由一、又現在瓊州載貨南來之帆船、（亦或載人、）大半先到安南、然後轉來星州、此雖經商必然之過程、但亦可表示愛戀（初到地）之心理、其可信之理由二

馬來人之家庭

但瓊州人何以南來、瓊州人既無記載可考、又少識者指示、但終不出下列之二個範圍、

（一）瓊州四面環海、其人善於泅水、大半以漁業爲生、某年有一隻較大漁船、冒險行使於深海、忽而狂風大作、船不能回、帆檣均被颶風所毀、漂流到安南、船上漁人、仍忍饑耐苦、復謀舊業、漸積金錢、附潮州人之船、回潮州、再買舟回瓊州、抵家之日、鄉人咸來問訊、其人即將經過情形、一一告之、自此以後、各人私自造船赴海外、覓新生活者日多、南洋各島、遂徧瓊州人踪跡矣、

（二）瓊州與雷州半島只隔數十里海峽、當瓊州人未南來之前、瓊雷二州人民、已互相往來矣、其後瓊人見雷州人乘船南來、亦思觀

察新地、於是有五六人同船南來、日後回瓊隨地傳播消息、因此南來之人、日有增加也、

以上第二條理由、比較第一條稍見確實、蓋當南宋之時、元兵南下、宋兵抵抗、帝昺流落崖州、人民各自逃難、有走至南洋一帶、（此即中國人南來最盛時代）、有走至瓊州者、（此即大半瓊州之移瓊始祖）、同在一地之人、而逃難遂分兩途、其後有尋親訪鄰之人來、於是因相見而相親相愛、因相親相愛而述其逃避時種種情形、因而尋出頭緒、商議南來、此即第二條、所謂瓊州人、附雷州人乘船南來之理由也、

最近之生活狀況、　瓊人南來既不挾絕大金錢、爲營業之資本、又無近親遠鄰哀憐而扶助之、是以初到之時、東奔西走、無非徒費精力、左顧右盼、只覺滿目凄涼、然而終能忍耐生活、而不致餓死荒郊、流爲乞丐者、果何恃乎、大祇其人勤於工作、不辭勞苦、不畏艱難、人所不肯爲者、皆肯爲之、人所不能爲者、又能爲之、不以工資微薄爲憂、不以品職卑下爲恥、所憂者、只恐無處工做、無以供養家中之父母、所恥者、是爲遊民乞丐、汚其先人之面目、既具有此種心理、自不難生活於世、至今歷史久長、來者愈衆、根底頗覺穩固、新到者、或在商店中學習生意、或隨親戚至各處學習工業、每月所得之工資甚少、工作時間又最長、以此一滴血一滴汗換來之微細工資、除個人衣食住外、尚須接濟家用之不足、當國家有事時、又須捐輸助餉、盡國民一份子之天職、瓊人負擔既如是之重、故不得不克勤克儉也、近日有一般無賴青年、既不識榮辱廉恥、又不惜血汗換來之金錢、早晚輾轉於賭場戲院之側、日夜徘徊於花街柳巷之間、金錢既消耗殆盡、身體又大受損害、此五年來瓊州青年所染之最大惡習、亦有心志士創辦夜學之所由來也、近來夜學林立、來學者日衆、不但減少其從前惡習、且增進許多智識、養成半工半讀有用之青年、眞可謂瓊州人可喜之事也、但當初辦夜學之一二年、辦學之志士、及入校之學生、皆踴躍爭先、成績甚好、近則瓊人夜學、殆如死灰、半生半死、毫無振作之相、此有識之士、所以爲瓊州人夜校流淚而太息、若不毅力進行、將來前途何堪設想、

馬來人之生活

瓊人此後應負之責任、瓊人工資極賤、而做工時間又最長、既如上述、故欲提高瓊人之身分、不得不先提高其智識程度、欲提高其知識程度、又非從教育上着手不可、瓊州人現在教育、雖盡力提創、但優秀人才、仍不多見、故創辦學校養育人才、爲瓊人第一急務、瓊人雖無千萬貲財之富翁、而亦少見無衣無飯之貧士、是以瓊人無所謂貧富階級之分、因無貧富階級、故其人頗富於互助性、倘有人指導之、聯絡之、未有不樂施好義者、一人辦絕大事業、能力不足、而大多數人爲之、則其力綽綽有餘、此則所望瓊州人共起而圖之也、

【馬來人種考略】（一）馬來人種之起原、近世諸家、攷求馬來人種之歷史者、頗不乏人、如福倫將軍、如塞李倍博士、皆著有專書攷證、馬來人種之起源、至最近出版諸書、則當推菲律檳大學歷史教授格來戈氏所著者、最爲博詳、贍格氏書中、凡論及人種起源、及初民之宗教思想、悉根據福倫將軍之說、據福倫將軍之攷據、馬來人種、實發生於亞洲大陸、受治於印度文化之下、其後南徙渡海、而至馬來半島、其種繁衍、遂散布南洋各地、其留居亞陸而未徙者、即今日印度之馬來人種云、此說自印度馬來兩人種之語言文字攷察之、證據甚多、塞李倍博士、與格來戈氏、皆主張是說者也、然謂馬來人種、起源於印度者、實不自福倫將軍始、當一八八一年、萊頓大學梵語教授寇痕博士、曾以其研究之所得、公布於世、謂梵語與比塞耶塔果拉二人種之語言、多類似處、其後諸家攷求馬來語與印度語者甚衆、惟以塞李倍之說、爲最能推勘詳盡、塞李倍博士、曾取印度語中馬來語中之通用單名辭、一一對照之、而證明印度語與馬來語同源、且謂馬來語、產出於梵語、梵語爲婆羅教所用之文字、而馬來人種之文化、實亦淵源婆羅門者也、博士更曰、吾人就各方面攷察之結果、今日所可斷論者、則古代馬來人種之發生地、及馬來先民之產地、必係崇奉婆羅門教、而操印度語之區域、而此區域、其爲印度大陸、可無疑義、故印度大陸者、實馬來人種之發祥地也、更考（馬來）一字、實起源於印度語、印度語謂山爲馬來 Mala 而塔果拉語、則以（馬來由）Malayo 表遼遠之意、此二字音義均相近、尤足證明馬來族之起源於印度、根福倫將軍之攷證、古代馬來人種、自印度移殖世界各地、散布極廣、其族曾在東非沿岸居住、歷一千年之久、且闢殖民地于好望角、其商業廣被于馬達介斯加 Maladvipas（馬來語稱爲馬來加塞 Malagasa 其命名、亦與馬來人種有關、）馬來提維 Malives or Maladvipas

海邊之馬來人住屋

即溜山島）諸地、印度西岸沿海五百里之地、古代均爲馬來人種之殖民地、至今其地尤名馬來巴爾（印度之一州）其後馬來族勢力南漸、更逾海而殖民於蘇門答臘羣島及其相聯屬馬六甲半島海岸沿長達七百哩、又在爪哇西里伯斯諸大島及摩鹿加羣島中、建立王國、於是南洋諸島乃悉成馬來人種之根據地矣、

（二）馬來人種與小黑人種之混合　當馬來人種入據菲律濱羣島時、島中原住土民、係黑膚蜷髮身材短小之人種、略與澳洲黑種相類似、後西班牙人稱此種土民爲「小黑人」當馬來人種未據菲律濱以前、小黑人種、散布羣島、爲數甚衆、後爲馬來族所侵略、小黑人累受壓迫、種族浸衰、自近古異人種移殖菲律濱、與小黑人種多相混、其族驟減、今則純粹小黑人之住居菲律濱者、僅限於數地、其人數亦日見減少矣、據鮑脩博士之攷究、今日菲律濱土民、多爲馬來人種、小黑人種與漢人之混合種、惟其混合之成分、因馬來人種勢力之强弱、而各有不同、如巴

小黑人之舞拳

拉潞島中所住之巴塔克人種、實係小黑人種、其所含馬來種血統極少、又該島所住塔果拔諾斯人種、則係馬來人種而雜有小黑種之血統者也、

（三）依龍戈人種　在菲律濱住居之部落民族中、更有依龍戈人 Hongots 者、據鮑脩博士之攷察、謂係馬來種、小黑種之最初混合種、身矮髮捲首短鼻闊而扁平、比較的與純小黑種鄰近、雖時與小黑種人敢鬬、而其種族、則確含有小黑種血統無疑、當馬來人種與小黑人種接近時、依龍戈種處於中間之地位、在戰爭中、小黑人習用弓矢、馬來人習用矛戟、而依龍戈種則能兼用弓矢矛戟焉、其他凡依龍戈族之風俗習慣、殆無不淵源於小黑種與馬來種者、

由上言之、今日菲律濱人種、皆小黑種與馬來種之混合種、此兩人種其初互相仇讎、繼則弱種與强種相併、漸至不可分別、而成爲今日之菲律濱人種、此種事實、實人種學上最顯著之遺迹、而爲人種學者、歷史學者所不可多得之材料也、

【馬來人性質】 馬六甲之主人翁、爲馬來人、以歷史上之關係、當然有相當之位置、然於政治上、實業上、覺無資格之可言者、皆由其人委靡怠隋、無自立之精神、並一己之生年日月、及年齡若干、皆不知之、尚何論歷史之感念、謂非生成亡國奴性質不可也、閒其中富有金錢者、頗不乏人、而市中大商店、從無馬來人所經營、而野外大園林、亦無馬來人所開闢、千百年來、但知享天然之福、不知人口日增、而天然之福不增、以致日就衰落、安之如常、久之遂成一種傳遺根性、彼烏知物競天擇、有如是之酷烈耶、查馬來人特有業務、除駕牛車、馬車、自動車外、不過充英人下級水手、及巡查等而已、夫僅恃此種職業、而與大資本之農商業並立、而相爭、豈有不爲資本家所戰勝、而歸於劣敗者哉、

【馬來人之生活及其習俗】 馬來人天性懶惰、腹飽即不思作事、家中無隔日之粮、大有我國太古風、今朝有酒今朝醉、誠爲懶惰民族中之最懶惰者、並無競爭進取之心、且極殘忍兇暴、幸受宗教之感化、及殖民政府之制裁、故蠻風漸滅、生活甚爲簡單、衣食住亦甚簡陋、馬來人處於今日之世界、尚不能與文化民族並趨競進、其前途之危險爲何如耶、茲爲本埠馬來人生活及習俗略述如下、

言語、 馬來人之言語、甚爲繁雜、但其最盛行者、厥爲爪哇語、及馬來語、故經商者須曉馬來語、及爪哇語、若旣嫺馬來語及爪哇語、則貿易可無往不利、即政府長官、亦皆習馬來語、而爪哇語次之、

飲食、 馬來人尋常之食品、以米、椰、鷄、鴨、鹽、糖、椰油、牛、羊、及魚類爲主、惟最守回教戒律、不食猪肉、其烹調之法、無論何物、必以胡椒、辣、薑、椰子、等混合而成、一種特別之加里、（中國本無此名、由巫語所譯成者） 食時以芭蕉葉代碟、置諸地上、然亦有陳設几桌碗碟者、斯較完美矣、以手代箸、湯類則以杓盛之、烹飪之爐竈、甚爲簡單、其築法以三四片尖形之石、置諸地上、即爲爐、亦有模倣中國式者、其在鄉間之馬來人、則不用爐竈法、以木築一架、鍋而繩懸於架之上面、離地尺許、燒火於鍋釜之下、而烹煑之、可云離奇之烹法矣、其餐食時間、可分朝食、與晚食、晨曦初升、必先沐浴、拜日、

蠻俗之射虎

然後飲咖啡一杯、朝食時間爲十時至十一時、晚食時間爲六時至七時、有一種極怪異之習俗、以一種蔞葉包裹檳榔石炭、含於口中、時吐赤色之涎沫、誠爲人類嗜好中之罕見者也、

衣服、馬來人爲今日世界半開化之民族、其衣著之陋劣、無可諱言、馬來人喜着色布、尤喜紅色、與靑色、或綠黃間之布、而所需之布、大半爲日貨、蓋以日貨美觀而價廉也、其服式男女皆着紗籠、男子之衣短闊而無襟、有若吾國疇昔之短衣式、頭戴紅黃綠或烏色之圓形絨帽、或白色之布帽、常年赤足、雖有着皮鞋者、但不着襪、女子之服式、在家時亦有着短衣者、而外出則衣寬大之衣、其長過膝、甚有至足根者、足則着絨拖鞋、其在鄉間者、亦多不着拖鞋、並用一障紗遮於頭上、僅露兩目、無論老少、一概如是、似甚羞見人者、據人云、此其中亦有緣故在也、嘗詢諸馬來人、但終不肯以實情告、我國僑胞土生女子、多喜學馬來裝束、除不用紗籠障面、及其所着之色布、稍岢外、其他裝束竟與馬來人逼肖、有所謂十一點裝者、有謂爲半老妹裝者、亦有謂爲馬來裝者、名詞亦殊不一、既不美觀、又極耗費、因所着之衣服既長且闊、需布甚多、故也、噫、棄我堂堂華冑之裝束於不用、（如我國上海婦女之服裝、即所謂時世裝、）而竟倣效半開化馬來人之裝束、斯誠僑胞女界之羞也、我親愛女界之僑胞、馬來裝既不經濟，又不美觀、盍翻然變計、效祖國之時世裝乎、

吉寧人之結婚

居住、一部份馬來人住在市場以內、其稍富者之居室、多倣中國式建築、材料多用鋅板、或磚瓦等、室中亦設有客廳、餐室、而在鄉間之馬來人、則多用亞答蓋屋、亦有用竹蓋屋者、爲數甚少、其房屋之式、多爲四方形、而狹小、與我華僑巍巍大厦相比、誠有霄壤之別、我國人造屋、柱須深入土內四五尺、馬來人則不然、其造屋之法、則用平方之石、置於地上、而柱即置於石上、其所住之房屋、高必離地四五尺、即俗語所謂半樓式、較之吾國鄉下住於地上者、略爲適宜、鄉間馬來人之房屋、汚穢不堪、其屋下或附近、皆有穢物堆積如山、絕不從事洒掃、即其所穿之衣服、亦有二三月不洗者、故與彼接近時、覺有一種奇臭逼人鼻孔、噫、可謂汙濁矣、

婚禮、　馬來人之婚禮甚爲簡單、與吾國買賣式略同、我國一女子之身價、最多不過百元、而馬來人之行一婚禮、費去一二百元、即可了事、其富有之家、亦多不過千元、貧苦之家、即數十元亦可成婚、此可見馬來人婚禮之簡單也、在未婚以前、亦有媒介向二家商說、而由二方之父兄作主、結婚時、富有之家、宰牛殺羊、以宴賓客、並跳舞助興、貧者則草草成禮、而已結婚後、新郎須到女家、尤如吾國之入贅、數日後、新婦須到男家居留數日、再回母家、新郎新婦之往返皆步行、除有一人爲持傘外、別有十數人與之同行、（按此與日本鄉村風俗略同、）新郎則男子爲之陪隨、新婦則婦女爲陪隨、馬來人之結婚、多爲入贅式、亦有娶歸者、然爲數不過什一耳、

葬禮、　世界從來喪葬之法、不外土葬與火葬、吾國除少數佛教徒用火葬外、餘皆用土葬、國人每舉行一葬禮、常耗中人十戶之資、且有種種之迷信、如作功德、看風水等、馬來人亦用土葬、其葬禮頗簡、富有之家、舉一葬禮、多不過百餘元、貧苦之家、一二十元已可、其葬法、人死後一日即葬、最久不過二日、不若吾國有停棺之舉、未葬以前、必佈告親友、親友必齊集喪家弔哀、出殯時、則隨棺後共唱薤露之歌、其聲哀婉、令人聞之生悲、但絕無女子送殯者、棺材僅一片闊板、置死體於上、以布蓋之、上置鮮花、出殯時、死尸必至教堂洗滌、然後五六人將棺舁於肩上而行、絕不奏樂、出殯之時間、約下午五六時、既葬之後、則於墓上種植花木、以留紀念、

沙蓋人之傘虎木籠

齋日、　馬來人齋日之俗、（馬來語謂之嫁紗、）於陰歷行之、其計算年月之法、則用回回歷、與吾國之陰歷不同、馬來人於新年之前一月內、必禁食一月、即嫁紗是也、其嫁紗之首日、必宰牛殺羊、大食一餐、此後一月中、日間絕對禁止飲食、雖餓極亦不敢偷食、苟日間飲食、爲同族窺見、往告鄉長、必嚴加懲罰、同族皆疾視之、故馬來人對於嫁紗之習尚、相戒不敢稍違、在嫁紗期內、可飲食之時間、即爲昏六時、一聞教堂擊鼓之聲、馬來人無不喜氣揚眉、蓋若輩是時皆可飯食矣、及至深夜四時、又聞擊鼓之聲、蓋警告若輩停止飲食也、如是者、須一月、嫁紗之末日、即馬來人之元旦也、馬來人亦循例作種種之娛樂、以點綴之、方其斷食也、各人清潔屋舍、添製新衣、蓋爲新年準備也、據馬來人云、在嫁紗期內、不但不能飲食、即口涎亦不許下咽也云、

馬來人割生殖器之怪俗、　馬來人無論男女、必須割去其生殖器少許、即吾國回教之作損也、稍富之家、男子大概至五六歲、或七八歲、或十一十二歲、即爲割生殖器之時期矣、至以十四五歲爲止、蓋十五歲以上之童子、已屆發育之期、不宜任意割傷、割生殖器時、亦有宴賓客或行跳舞之舉、貧者則於出胎後、三四月或一二歲時爲之、而女孩皆於出胎後三四日即行割禮、其割法男童則割去陽具之皮少許、女孩則割陰門之內部少許、割後即以藥塗之、數日即可痊愈、據馬來人云、凡未割生殖器者、不能結婚、且人皆不認其爲同族、設有人入其籍者、亦須行割禮、方可、噫、眞宗教習俗之奇特者矣、

【沙蓋族之生活及其習俗】馬來半島之沙蓋族、一說爲馬來人之來自安南者、又一說爲來自蘇島者、故沙蓋族尚未有確定之來源、但據最近調查、則沙蓋族實來自安南、而其歷史業有數百年之久、此種沙蓋人生性懶惰、而殘忍、蠢若鹿豕、乏競爭互助之精神、更無文化之可言、迨我僑南來、荒地日闢、沙蓋人自不能與優秀之民族競爭、而漸歸淘汰、據父老言、約五十年前、雪蘭莪方面之沙蓋人、爲數甚衆、常爲我僑患、有廣東惠籍華僑葉來者、招集僑衆與之角鬬、沙蓋人卒敗北、遂蟄居山中、不與世相接、後葉來被舉爲吉隆坡甲必丹之第一人、華僑南渡日衆、斬草除荆、荒野日益開拓、而沙蓋人入山亦愈深、遂與禽獸爲伍矣、今散處馬來半島之沙蓋人、要以馬來聯邦爲最多、約有二千餘人之衆、而數仍年年減少不已、夫優勝劣敗、天演公理、物以競爭而生存、不競爭而滅亡、人類又何獨不然、黑種人不能競爭、見汰於非洲、紅種人不能競爭、見滅於美洲、櫻色人種不能競爭、見逐於大洋洲、白種人富有競爭心、日事奮鬥、將進而爲世界主人翁、噫、競爭與人類生存之關係、有如是乎、今沙蓋人不能競爭、欲免滅種之憂得乎、

馬來聯邦沙蓋人最多、以彭亨爲最、因是地山高而僻、易於潛伏、但爲數亦不過數百耳、是處之沙蓋人、合數百之衆而成一小國焉、有國王一、管轄附近之沙蓋人、王宮築於最高之處、宮內懸有絕大之獸皮鼓一、凡沙蓋人獵得巨大之野獸、非三五人所能盡食者、則報告於王、王即擊鼓召羣衆分而食之、設遇意外之事發生、亦以擊鼓爲號、但以擊次之多少爲區別耳、然則沙蓋人亦非全無合羣互助之精神者、獨此二事然耳、他事則不能如是矣、其他馬來聯邦三州中有沙蓋人集居者、約數十區、每區十餘人或數十人不等、區有酋長一人、判斷一切爭執事件、沙蓋人之酋長係世世相襲者、與往時帝王制度無異、具有判斷沙蓋人訴訟之權、而無專制沙蓋人之力、平時待沙蓋人甚寬、沙蓋人遇之亦甚敬、平日彼此有如友朋焉、

沙蓋人可分爲生熟二種、其居處離市場稍近者、而常以獸皮、蛇胆、虎骨、藤等物、與市人交易者、謂之熟沙蓋人、其所需之物、大都爲油鹽米烟之類、蓋若輩亦稍知烹食也、其裝飾與馬來人無異、嫻熟馬來語、居室亦同馬來式、似有與馬來人同化之概、此種沙蓋人、雖稍有馬來化、然在山中男女皆裸體、不著一絲、故吾人入山行獵、或採集標本、須引吭高揚、或擊竹木之類、使其聞聲預備、若吾人唐突至其居所、又値其未及預備、實屬危險之舉、因沙蓋人之度量極小、輒因羞成怒、因怒而起野性、難免重演殺人之慘劇、故吾人入山、必須注意及此、沙蓋人嗜紙煙、苟吾人入山、遇有沙蓋人、給以紙烟數枝、彼即表示一種歡迎之狀態、但分送務須週到、如遇數沙蓋人、切不可僅給一人、因未得者、以爲奇辱、尋仇者、必相引而來、不可不愼也、其與市人隔絕者、謂之生沙蓋人、此種沙蓋人之野性、筆難盡述、其食物也、如獵得一野獸、即以火熟而食之、無所謂烹調也、居則茅屋、其築法即以竹木築一小屋之式、上蓋葵葉、或山亞答、四面皆空、並無籬圍、蓋僅以避風雨耳、沙蓋人常以毒藥置諸地、以獵野獸、其法擇野獸常走之處、在地上滿掘圓形小孔、闊約五六寸、深約寸許、毒藥則與尖小之竹屑相攙雜、置於小孔中、野獸蹈之、必斃命、昔者有二礦工、入山採礦、其一不幸、誤蹈此種小孔、即不能行動矣、顫抖不已、狀極可懼、俟毒入於內、約經半句鐘、即斃、其同伴坐視其死、無法營救、故吾人入山時、必須格外注意、此外則爲沙蓋人獵獸之毒箭、其佈箭之法、設毒箭於叢草、或深林中、觸機即發、發則必中、百無一失、中箭者、約經半句鐘即斃命、上述二種毒物、亦有解救之方、但得設置毒物者之醫治、即可藥到毒解、然其事所以難者、其原因有二、(一)時間過於迫促、(二)難得設毒者之醫治、故中毒者、惟有瞑目待斃而已、

沙蓋人武器之最重要者、爲吹筒、此種武器最爲利害、無異吾人之有槍炮也、能於百步內外傷人、此實爲沙蓋人護身之寶也、其射擊之遠近、視乎吹者之氣力而定、吹筒之製法、以直徑約一吋長約六七呎之長節竹管爲之、先以火熏之、再以油擦之、如是者十餘次、至竹管堅硬爲止、外則刻以花紋、以爲美觀、吹筒之放射物爲毒針、其製法以山椰葉之骨幹爲之、長約五六吋、以火熏堅後、浸以毒藥、苟此毒針入肉、不即割去、則腐爛及於全身、此種吹筒、各處博物院中、均有陳列、無庸細述、此外熟沙蓋人之武器、亦有戈、刀斧等類、尙有一種沙蓋人、身上有寸許長毛、與元始人類無異、蓋因無衣服保護身體、故不能不生毛髮以自衞、此造物自然之公例也、嘗聞人言、吾人苟深居山中、斷絕熟食、住則山穴、常年裸體、居久遍體亦能生毛云、理之有無、固不敢深信、但其說甚可怪也、聞此種沙蓋人性兇獷

異常矯捷如猿、飲血茹毛、不着衣服、遇生人則攫而噬之、

沙蓋人之結婚、生沙蓋人之結婚、乃由男女自由戀愛定婚、與我國買賣婚式從媒作弄之婚禮相去、眞有天壤之別、結婚之日、男女各携所用之器具、置於結婚之處、（其結婚之地、皆在平廣之處）蓋其意似另組新家庭也者、男女之家屬、對面而立、由長發令、新婦即發足疾走、新郎則緊逐其後、新婦爲新郎捉獲後、婚禮即告成功、若新婦與新郎情篤者、則故意緩走、若新婦別有所戀者、則疾馳不爲新郎所獲、而婚約即可取消、誠可稱爲奇異之結婚禮矣、熟沙蓋人之結婚、與馬來人之結婚稍同、但甚簡單、結婚時亦有跳舞等禮、

沙蓋人之風俗、調査甚難明瞭、如宗教屢經調査、終不得其要領、（沙蓋人之名稱、爲馬來語、沙蓋云者、馬來人謂爲無智識未開化之意）

馬來婦人之織布

【馬來之機織業】 馬來之機織業、久被壓倒於近世之大資本生產制度、今半島西部之有斯業者、不過海岸少數部落耳、惟半島東部、尚有可觀者在、如吉蘭丹登加樓彭亨等東海岸地方之機織品、其精巧美麗、自古然也、染料今已通用化學顏料、但土產色料中、如或種樹液、及以樹皮或薑黃根熬成之顏料、亦極優美、用之者尙多也、馬來裙即土語所稱之紗籠、男女日常所著者也、往昔皆馬來織機所出、自大資本生產制度下之機織品輸入後、已大見衰落、馬來機織品有緯以金銀絲者、鮮艷奪目、今登加樓亦產之、而以來自蘇島者爲最優、此種織法、蓋習自印度也、菩提花布、爲馬來機織品中之別有風味者、其經線、在未上織機前、施以特別染色、織成後、遂見別緻之斑點焉、馬來機織品中、往往有非馬來產者、貼金綢緞及印花綢緞、皆屬此類、前者大抵爲荷屬西里伯島之武吉斯人所製、登加樓吉打彭亨雪蘭莪森美蘭亦有其類、此品、爪哇人且利用歐洲船來之定頭、而施以同樣之工作、惟此等機織品、不能入水洗濯、僅王公貴族於特定時日著之、印花綢緞之底料、多來自中

國日本顏色白而彌者、始合用登加樓人亦往往以本地綢爲之、用途以婦人頭巾及紗籠爲最多、馬來人之機織品原料、昔嘗取給於本地之棉、或其他纖維、今則概以外國產之洋紗絲經、或亂絲頭充之矣、

【馬來刀劍製造品】　馬來武器種類甚多、有灣曲如角者、有類似中國劍者、有作梳形之斧者、（與月牙形相似、）有專供戰爭用者、有爲護身用者、有以攻犀虎等猛獸之用者、此等武器、類皆用鑌鐵製成、波紋閃鑠、光彩耀人、柄以獸角或堅硬之木材製之、狀多獰猙鬼怪、武器之最佳者、來自西里伯島、而工藝最精者、則推爪哇及巴里島半島特有之、馬來刀爲大年刀（Patani weapon）鞘作爪哇風、較刀頁爲長、以足跟蹴鞘尖、乘勢以手握柄、則刀可自肩上出、鞘柄之構造、位置亦極便於用力、然此等武器之製造、今已衰滅、蓋時勢使然也、

【馬來土器】　馬來土器製造地、向以霹靂爲最、霹靂河上流之普羅的加村、（Pulautiga）沙雍村（Sayong）及陵崗（Lenggong）附近之某小村落、今尚有相當出產、運銷外地焉、但其實況、亦已極形凋零、有將步番薯山（Bukit Gantang）後塵之概、蓋番薯山在昔亦嘗盛產土器、今已久歸廢滅矣、馬來壺爲馬來之代表土器、森美蘭之瓜拉比拉（Kuala pilah）附近彭亨之淡比嶺（Tembeling）一帶、吉蘭丹之瓜拉克來及吉打之一部、皆產之、而此等產地、亦即今日製造土器之惟一地也、馬來人與中印兩國人、雖已接觸數百年、然中印兩國陶師所用之旋轉機、尚未見於馬來彭亨人所用者、爲籐製之圓形簸箕、製壺時、以一手迴轉之、霹靂則以小皿代簸箕之用、此外亦有一種滑車、貫以木軸、使其迴轉、蓋與普通陶師所用之旋轉機近似也、馬來土器中之最普通者、爲水缸水瓶、土鍋香爐、茶碗、小碟等、水缸、今尚爲土人家庭之貧困者所通用、以產於森美蘭者爲多、馬來人稱之曰公底、似起源於印度種族之堅的（Kendi）也、惟明時已有同樣之水缸、自中國流入東印度、是今之馬來水缸其形或脫胎於中國、抑或當時中國人以其原有之形式、稍加改製、而後輸出於南洋、以迎合土人之嗜好、亦未可料、考數世紀以前、中國商品已多輸出於南洋、古陶器中、如小碟等類、或則附以阿拉伯語之名稱、或則以類似阿拉伯

土人之製陶器

語之名加入而中國產之琺瑯器、且作暹羅式焉、馬來水壺蓋小碟一枚、小碟之作用有二、一以爲壺蓋、一則以爲盌座、貧民家庭所用之碗、概爲椰殼蓋、尙未脫原始之生活方法也、較此稍進一步者、亦不過椰殼形之土盌而已、陶器製造工具之旋轉機代用品、前已言之矣、此外尙有簡單用具數事、（一）小木棒、用以製壺形之器、其凹處、即以此成之、（二）竹刀、以刮不平之處、（三）圓形石英石、以磨器之表面、彭亨尙有一種環形銅具、其鋒銳利、以刮未入窰之壺盌內面、蓋求其薄而求均勻也、如欲於土器施以裝飾、則用竹刀刻畫、或以緊張之線爲之、亦可成種種花樣、彭亨土器出窰後、着以淡紅色、靂霹產者、在昔爲黑色、其後漸改灰色、吉蘭丹產爲淡紅色、間以雲母石鱗片、森美蘭產概爲淡紅色、各地出產、不特以色異、其質之優劣、亦頗有別、霹靂彭亨土蓋所用之粘土、研磨最細、且極鮮夾雜他物、故質亦較優焉、馬來土器、入窰燒製法、亦極簡單、試以霹靂爲例、其窰爲長方形之小室、中實以薪、燒製時、不過製已成形之粘土於其上、以俟其成耳、

馬來婦人刺繡

【馬來金屬製造品】　馬來金屬工藝品、無論爲黃銅、紅銅、或金、或銀、皆有印度風、黃銅盤、吊燈、水壺、痰盂、香爐等、尤甚、然亦有馬來意匠雜於其間、不全似印度人或錫蘭人之作品也、雖然、銅器之中、殊鮮馬來人之特徵、反而近於蘇島風派焉、作葉狀之馬來金銀器之模型、尙有若干遺留於爪哇大佛塔（BoroBudur）之劍壁上、腰帶扣、多作蓮花形、佛座下亦爲蓮台、足見回敎未入馬來以前、巨港王國佛敎極盛時之影響於美術工藝也、即今馬來半島之北部、以受暹羅佛敎影響、故亦尙有其特異之點在也、馬來所出精美銀器之處、以霹靂爲最、森美蘭之彫鏤工藝品亦精、有蘇島風、蓋其民移自密南加保（Minang ka-bau）也、彭亨柔佛之銀器、則爲里莪派、爪哇之印度美術、雖以受回敎洗禮而致蕩失、而馬來銀工、則反因回敎而局限於花草樹葉等模型之彫鏤、不以奇禽、馬來古金工藝品中、有圓形、或八方形之鐘鏢式匣、頗有歐洲古風、受中國工藝感化之處亦多、據英之瑞登咸之言、馬來古代金屬工藝品之發達、實起因於封建制度、生活對於封建制度下之匠人、其畢生之衣食處所、皆有朝廷爲保障、一切器具、悉由土酋供給、且社會上之地位亦甚高、故能

專心創作云、但近代之馬來王族、已多傾心於美洲之金銀美術工藝品、其固有之馬來風、已隨時代變遷、且英人勢力侵入以前、因知識及技能關係金之成分、不能純淨、故古時之貴金屬工藝品、每多鎔煉改製、今不易得之矣、今馬來金屬工藝品之最精美者、當推金線工藝品、其木體爲堅硬之材料、以金線盤於四周、或其上部、作細珠形、或爲魚卵、或爲胡椒子、皆馬來固有風味、臂環、戒指、耳環、及銀匣之花草等、多以此法爲之、製金線時、常施以藥力、故作濃艷之赤色、其他金器亦然、今馬來通都大邑之金銀工藝品、雖皆華人製作、但已染有馬來風、及西洋風、而非純粹之中國派也、

馬來婦人提花

【馬來彫刻品】　馬來屋內施彫刻之處頗多、故彫刻術自昔即已發達、家具及裝飾品中、如婚禮時之衣架、床、華美者頗類寧波床、衣箱、金銀寶石箱、木器等、亦往往施以精美之彫刻焉、木彫圖案、多作葉形、或蓮花之狀、與見於銀器者無異、登加樓出精小之彫刻品甚多、有作動物形者、爲登加樓所獨有、蓋佛敎與回敎之混合美術品也、其他彫刻動物之木器、多爲椰殼、但馬來彫刻、今亦見衰矣、

【馬來刺繡】　馬來人甚喜刺繡、装如緞帶衣類等、均以此飾之、且鑲以金屬之物、意匠甚工也、其最普通者、爲食品之被單、枕之兩端、拖鞋之面、大禮時之墊子、帷幔、水瓶、檳榔盒之被單等、惟數者之中、當推大禮時之用品爲最、其刺繡鑲薄之華貴表麗、實罕有其匹、餘皆不甚引人注目也、今之馬來刺繡、雖已體裁一新、迥異往昔、然古代之刺繡品、亦頗有其特長、花樣雖似單調、而單調之中、寓有異美、令人一見生愛焉、今霹靂之葫蘆江秀（Kuala Kangsar）及其他二三地方、尚有此等出品、可供吾人之賞玩、舉例以言、則富貴家庭、婚時之墊褥帷幔等、皆是最美者、爲正方形之坐褥、概鑲繡二三羽之育卵鷄、供奉於王宮者、則爲七羽、霹靂河上流之沙雍今尚產之、尤不失古風也、此等華貴刺繡品、往往有施以珠飾者、珠作藍色、鮮艷若釣魚郎、當製造之時、須有極純熟之手腕、務求毫無俗氣、乃可、婚禮之時帷幔、或於幔之四周、配以銀製之綵鏤、益增艷麗、其他刺繡、應用金銀薄之處、或凸或凹、皆無異於我國之描金法、所不同者、特意匠耳、

【馬來草蓆及蓆籃製造業】 鄉間馬來婦女、大抵皆知蓆編製法、蓋蓆爲馬來人家通常所舖設之物、利用範圍異常廣大、故也、凡旅行日本者、莫不知日人家庭遍地皆舖薦蓆、馬來人亦然、不特飲食起居於蓆上、有時且暴米穀於其上、以爲乾燥場焉、馬來蓆原料、殆全爲班打納斯（pandanus）之葉、先抽爲條、浸於水中、然後試之、使發光澤、乃以織蓆、手續甚煩也、如織花蓆、須先染其葉條顏料、今尚多以馬來土產充之、吉蘭丹之蓆、最稱優美、但出數甚少、僅足供本地土人之用、銷於外者絕鮮、馬六甲之蓆籃極精巧美麗、森美蘭之波得申土人婦女、亦精於籃袋蓆帽等之編織、彭亨之爪拉立比（Kunla Lipis）及淡馬魯區（Temerloh）產蓆頗多、且以美麗著名、馬六甲及波得申之蓆籃、其工作之精、配色之優、在馬來產同類物品中、實爲出類拔萃、其籃概作長方形、或六方形、三角形、亦偶有之、原料之班打馬斯漸久漸成銀灰色、益增其雅趣也、

馬來人以蓆編物

【培風學校】 培風初中學校規模甚大、現有學生數百人、馬六甲最大之學校也、余至馬六甲曾往調查、茲就見聞所及、將該校過去之歷史、及現在之狀況分期述之、

（一）創始時期、 以時期之困難萬倍於今日、其原因有三、其一馬六甲之社會爲最舊式之社會、當民國紀元前、大多數華僑無不滿載四書五經狀元宰相於腦海中、卒然語以教育之普及、其格格不相入、當可想而知矣、其二紀元之初、國內各學校之教職員位置、尚不免事浮於人之歎、其在海外、當更可想、其三辦事人不過實業界之要人、爲潮流所激盪、爲環境所偪迫、憬然覺悟、知小學教育爲救國之本、遂起而辦理教育、實則教育原理、究竟何在、恐未嘗加以研究也、有此三困難、必不能免、茲將該校民國二三年之董事議案、摘錄數條、即可知其困難之眞相矣、

二年六月十四日、 本校定名爲培風兩等小學校、試辦地址、暫設於米郊商務局樓下、租金每月二十元、中英文教員、原聘丘文紹先生、來函請別人暫代、擬聘沈雄亮君、以不能兼任辭、擬聘卜振宗君、又有事不就、所置學校桌椅圖書儀器等、其欵由陳齊賢君、曾江水君、各借銀三百元、學額暫定一百名、經華蘿公司等招生處、極力鼓吹、報名者僅六十餘人、其風氣未開可知、

同年七月十二日、聘定楊校長、不就職、乃由沈鴻柏赴叻、央道南學校林鼎華代職、建設費不敷尙鉅、

同年九月二十一日、校長職權、可照養正學校章程施行、本校經費、現因乳價迭降、議待明春始行勸捐、

同年十二月七日、本校預備金、應如何籌畫、校長宜速聘熟識學務者、英文教員、尤宜設法速聘、沈鴻柏君決辭監理之職、

三年二月十五日、沈鴻柏君再辭監理職、校長一席、公推學董曾君青萍兼任、

同年四月二十八日、決議暫時解散高小班、並裁去教員一名、

觀以上各項議案、則該校創始之困難可知、而在此困難期、若曾江水丘仰峯沈鴻柏張文軒劉翼鵬黎垂正張順吉陳齊賢諸君、均能堅持到底、百折不撓、而沈君鴻柏尤爲不辭勞苦、不憚奔走、急謀校務進行之主動人也、故該校得有今日、實以上諸人艱難締造之功、(二)興盛時期、　該校既由創始諸人、以熱心毅力、打破第一重難關、則由逆而順、亦事實上必然之程序、故自民五爲始、而民六民七、遂如竿頭之日、寸寸直上、至民八民九、實爲最興盛之時期、此中亦有數原因焉、一則風氣漸開、經文化各機關之鼓吹、而舊腦筋之華僑、亦漸知子弟讀書之必要、二則優待敎職員、凡由國內聘請者、另給川資、能在任二年、更給回國川資、又如敎員、每月薪金六十元、繼續一年、即增月薪五元、至月薪八十元爲止、由是國內師範科、及與師範同等學校之畢業生、均欣然南航就聘、三則敎授訓練、既入正軌、成績漸著、而家屬之信仰、遂與日俱增、故該校當最興盛時、其在董事部方面、則校舍成立矣、各商店及各個人之月捐成立矣、樹膠捐成立矣、東家蚋街有民房五間、作爲該校基金、籌得建築校舍費一萬數千金、後因不敷建築、改爲基金、其在敎務部方面、則學生增至三百餘人、敎員增至十三人、初高兩級、增至九敎室、又組織童子軍、發行培風校刊、其興盛之程度可知、不料時過境遷、南洋之形勢大變、而該校之形勢、亦因之忽然衰落、蓋自歐戰起、而南洋樹膠之價、一落千丈、華僑各界、方自救之不贍、何暇顧及學校、由是捐欵大減、經費奇絀、敎職員紛紛辭職回國、而經濟之窘迫、竟陷于無米爲炊之慘境、此民十民十一兩年間情形也、

馬來之蓆織品

(三)復興時期、 迨至民十二年、歐洲既定、華僑之喘息漸復、始得以其餘力、謀該校之整理、於是董事部、發起演劇籌欵、得銀五千餘元、學生則由五十、而百八十、而二百、而三百數十、學級由高小合級、而分級、而特別級、而初級中學、正式成立、復經教務長顧君、竭力整頓、訂立新章、成效燦然可觀、該校前途之發達、正未可限量也、

【殖民地之意義】 余在馬六甲一日晚間海邊納涼、適有友人某君在座、某君固爲地理及社會學專家、譚及殖民地之意義、及其特徵、友人詳細解釋、不愧學者之名言、今撮其要而錄之、以告讀者、某君云、殖民地之意義、自昔即有多種解釋、其說最普通者、謂以本國人民之一部、移殖本國以外之地、使隸屬於本國同一文明之社會、是謂殖民、而殖民地云者、則指在此組織下之地域而言、故南洋一帶、我國僑民雖佔其人口之重要部份、但能稱爲我國之移民地、而非殖民地、蓋其統治權不在我也、而研究殖民學者、恒據地理之關係、分殖民地爲極帶、（寒帶及熱帶）及溫帶兩種、玆特論極帶殖民地之特徵、夫極帶殖民地之人口、佔其大部份者、恒爲土人、本國人數遠在其下、此由於極帶氣候、不適於本國人之健康、故自本國移居其地之人極鮮、移居後、繁殖力亦不若其國內之大也、又混血種人之多、亦恒爲極帶殖民地之一大特殊現象也、南洋諸國皆在熱帶及亞熱帶、所異者、混血種人遠不若土著人之多、而另有多數非殖民國之異國人、移住其地耳、此種移民在南洋各地、則以中國人爲最多、觀英屬馬來土著民數、爲一百六十萬、中國人則一百二三十萬、概可知矣、殖民地之本國人數既少、而開發其產業、莫不賴土人及外國人之自由移民、或契約移民等之力也、其極熱殖民地之土地所有者、及投資者、多爲本國大資本家、或股份公司、而任其開墾之勞役、則所述之土人、或外國人契約移民也、土人之文明程度甚低、其生計非依賴地方或資本家不可、而外來移民、什九又屬無字階級、其一舉一動、悉爲勞動契約所限、而不得自由、故社會之支配權、恒爲少數本國人所把持、此與富有獨立自治精神之溫帶殖民地、甚相懸絕者也、加以殖民地之住民、不僅本國人及土人兩種、混血種及異國人移民亦甚多、階級錯雜、平等觀念往往不易發生、即使有獨立自治之觀念、然欲其實現於政治上、蓋甚難也、蓋殖民地之本國人數、既往往遠在土人之下、使一旦以平等觀念而承認其自治、則土人將挾其大多數之勢力、以與異種人抗、彼少數之本國人之利益、將不免受限制、而失其殖民之本質矣、以故此種殖民地之政治、恒爲本國官吏所把持、而於必要時、設一諮詢機關、不過使土人稍得吐露其意見而已、此種現象、在南洋各白種人殖民地中、均無以異、此外極帶殖民地之移民、婦女恒居少數、男子

有組織家庭之機會、社會單位、恆爲個人風紀廢弛、道德淪亡、娼妓遍見、罪惡流行、而宗教傳教則甚易、此由於土人文明程度甚低、經濟上、學術上、在在無抵抗温帶人之能力所致也、云云

平民之售煙者

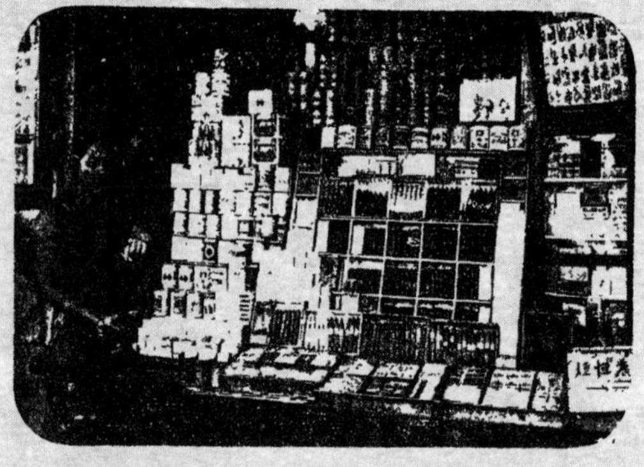

【南洋寶庫爲吸引東西洋人之原動力】　當余旅居馬六甲也、日事商業、提倡國貨、每於商餘之暇、輒與當地僑胞、譚論華僑今昔南來故事、藉以研究移民之消長、一日有老於南洋某君、言及南洋最初所來中西各國之人、强半爲珍寶所誘惑、致成今日之富庶、所言頗有根據、某君云、

南洋地當熱帶、頗多珍貴之物、若珍珠翠玉鑽石黃金、爲其最著者也、曩昔交通不便、偶有人以珍貴之熱帶物產、攜至温帶、獲利輒數十百倍、叩其人以異國狀況、更多動人聽聞、夫好奇好利之心、人皆有之、富於冒險精神者、遂以遠遊相約、一旦實行失敗者、固比比皆是、而僥倖成功者、亦頗有其人、於是起而效之者、踵相接、甚至有妬嫉而相仇殺者、有以一己之利、而誘拐他人以充船夫僕役者、有結托外人而販賣猪仔者、形形色色、無非爲利、亦無非爲異國珍寶也、彼西人之東來也、蓋亦耳南洋諸國物產、而思有以開疆拓土、乃其後起之連帶的需要耳、惟是三百年前之南洋、其經濟狀況、尚在原始界內、物產云云、不過藥草香料寶石之屬而已、以非温帶所有、故一物之微、價等黃金、例如胡椒豆蔻、及阿仙藥等、今視之固極平常、且於南洋產業亦不佔重要地位、然曩昔則異乎是、苟有人焉、駕船舶、破巨浪、鼓勇而至南洋、期年而歸、香料藥草、實其舟、則斯人已可富甲鄉里、所至受人崇敬、有志青年、爭相效之、日人暗其方言、娶其子女、置根據於商業中心之地、日事拓殖、勢力益張、然彼閩粵人之冒險者、又豈料及後我而至之白種人、竟以其重商主義、乃至近世資本主義、移殖於我所視爲珍寶產地之南洋、而爲大規模之開墾採礦、至於咖啡也、茶也、蔗糖也、煙草也、錫也、石油也、樹膠也、無一非大資本主義之產物、

更無一非吸引中國人海外移民之原動力、而向之珍寶、反於產業經濟界居最末之地位也、雖然、昔之珍寶、今之大資本實業、要皆吸引吾人之經濟的原動力也云、

【海峽殖民地語言之龐雜】余旅居海峽殖民地、每感語言之困難、以故事多阻碍、此中最大原因、乃人種雜、則語言亦雜、此必然之理也、故在馬六甲逆旅中、特爲詳細考查、其中惟馬來語簡便易學、遂爲通用語、然外國人之馬來語、與馬來人之馬來語、其文法發音、均有區別、雖士生華僑亦鮮能爲正確之馬來語、至中國僑民固有之方言、計有六種、即福州語、閩南語、客話、廣府話、瓊州話、普通語、是六種方言、文法雖同、而發音各異、故雖本國人間之談話、亦多用馬來語、或英語、但自辦學校以來、普通語普及、範圍日廣、任至一地、或入一商店會館、皆有能解普通語者、中國人方言、雖不盡同、而文字則一律、故語言不通、可借筆談以達之、及之印度人、則語言文字、均因種族而異、欲彼此了解、其難甚於中國人十倍、更不得不借馬來語或英語、以爲交涉之助也、故海峽殖民地普通用語、則下等社會爲馬來話、中等以上多爲英語、而吾國僑民、最宜勉習國語、俾期普通、不特商業因之有益、且彼此感情、必易融洽、此華僑有識之士、所宜竭力提倡者也、

街市

【華僑學校一覽】培風學校荷蘭街　培德女學校雞場街　平民學校無呀勞也門牌一三五號、華南學校雞場街　育民學校荷蘭街　覺僑半夜學校門雅加龍　益智學校馬六甲屬丹絨　培新學校馬六甲屬野新　培羣學校馬六甲屬豊萬　中華學校馬六甲屬亞沙漢　啟蒙學校馬六甲屬流連東卡　益華學校馬六甲屬昔仔碼汝

【華僑會館社團一覽】福建會館雞場街　茶陽會館雞場街　雷州會館雞場街　韓江會館雞場街　瓊州會館雞場街　永春會館荷蘭街　三水會館觀音亭街　岡州會館觀音亭街　五邑會館觀音亭街　增龍會館觀音亭街　嘉應會館監光于

汝
【貧
生路、
養豬、
平均
棚架
即撓、
養鷄
壯、新
販鷄
種花、
要、妓
菜、韮菜、
用者、大
次、可得
洗衣之
須五日
日不有
割膠之

沈鴻柏先生之子慕震與陳娥實女士慕卿與林紫雅女士同時結婚之合影

縱不旺、而普通之工價、决可必得此、皆就毫無技藝之人而言、其工價總較本國、高出三四倍以上、至其他各項工匠、所得工資、無不較本國高出五六倍之多、

【華僑之結婚禮】 向來沿用吾國之舊儀式、始則納采納幣、所納之物、不外首飾衣服猪羊鵞酒之屬、結婚之日、皆用吉事人身著紅衣、以頭頂之形狀令人失笑、不用喜轎、而用綵輿、輿前鼓樂爲導、路遠者、樂部亦以汽車載之而行、新婦成禮時、戴鳳冠、披霞帔、行跪拜之禮、皆與內地之舊式婚禮無異、逮至近來內地新人物、習用歐式婚禮之風頗盛、所謂文明結婚也、於是僑民效之、亦多有用歐式結婚者、或假學校爲禮堂、或假俱樂部爲禮堂、奉基督敎者、則在敎堂行之、成禮之時、男女兩方主婚人、證婚人、皆蒞禮堂簽字、有贊禮者以贊之、有樂隊以鼓吹之、來賓有贈花圈者、有贈祝詞者、祝詞以紙或綢書之、其詞爲愛神永固之類、裝以鏡框、懸諸禮堂、又有將祝詞登於報上、而不送之禮堂者、亦可謂生面別開者矣、至於土人之結婚、其儀式頗繁、大抵仍保存其番族之舊習慣而已、

【日本商店】 馬六甲開闢最早、商業之權、又操諸華僑掌握中、而地又褊小、無復擴張之餘地、故日本商人、頗難插足其間、現全埠日人商店、只有二家、一爲雜貨店、設於市內、前爲商店、後則眷屬居之、營業不甚發達、然仍慘淡經營、力圖奮鬥也、一爲照相館、設於

海邊、亦携有眷屬、規模甚小、更無發達之望、然亦能竭力支持、迄今依然存在、日人性質之堅忍、殊令人可畏也、

【市場】　市場、馬來語謂之巴殺、馬六甲市中、計有巴殺三處、一名新巴殺、規模極爲宏大、凡飲食所需各物、無不售之、與吾國北平之廣安市場頗相似、早晚兩餐時、購物者紛至場中、頗形熱閙、一名舊巴殺、在焜清橋邊、規模較新巴殺稍小、而生意之繁盛、亦略遜之、以上兩巴殺、其中小飯館及飯攤甚多、市人競往食之、所售菜肴皆烹調甚佳、別饒風味、余亦頗喜食之、尤憶一日余食麵包、已將黃油敷訖、而腹中覺飽、不克再進、棄之未免可惜、乃喚一苦人與之食、詎其人竟不肯受、更覓一苦人與之、仍不受、歷試十餘人皆然、蓋其地謀生甚易、雖屬苦人、而每日兩餐、亦不外麪包魚肉之類、故與之麵包、皆不屑受也、一名牛巴殺、在四排埔、其中專售牛肉營業最盛、所有小飯館飯攤、皆馬來人、吉寧人營之、所售不外噶里飯、噶里肉、噶里魚等物、食之者亦以馬來人吉寧人居多數、食時不以雙箸挾取、惟用右手四指撈而送之口中、蓋猶未脫野蠻時代之風焉、所有食物皆腥羶之氣撲鼻、令人欲嘔、彼雖食之甚甘、而非吾人所敢問津焉、

三寶城

【三寶城】　距馬六甲市約一條石、(即一英里、)有古城一座、建於山峯上、名爲三寶城、城樓雉堞皆具、純爲中國式之建築、故老相傳、謂係明成祖二年、太監鄭和巡視南洋至馬六甲時所建、以歷史推之、其說當係屬實、城垣上嵌一長方白石、上刻西歷一千五百十一年字、距今已歷四百餘年、尚巍然存在、亦古蹟之彌可寶貴者矣、惟記建築之時代、不書明帝年號、而以西歷記之、不知何意、城外更有一古井、名三寶井、亦傳爲鄭和所掘、水極清冽甘美、市人競喜飲之、馬來人則羣集井畔、汲其水以冲凉、謂可却病延年、故井上汲水者、終日紛紜不絕、亦一奇觀、井旁有寶山亭、供奉鄭和神主、土人時有入內膜拜者、或亦飲水思源之意歟、井後有山曰三寶山、爲華僑塋墓所在、相傳鄭和居馬六甲時、從人有死之者、即葬於是間、其後華僑因以其地爲公共墓地云、

【升旗山與荷蘭橋】　升旗山爲馬六甲近海最高之峯、凡有輪船進口、或經過時、則於山上升旗以爲誌、各船皆編列號數、視其

荷蘭橋

旗上所標號數、即識爲某船、故最便於行旅、其於風向晴雨、亦皆升旗報告、夜則以燈、若遇重要人物登岸時、則於山上鳴炮以示敬禮之意焉、馬六甲駐防軍隊亦駐於此、

荷蘭橋在河邊街、橋長約百數十丈、自海岸伸入海中、蓋爲停泊船舶而設也、橋頭盡處、置有燈塔、晚間電燈大明、光耀海面數里、埠中人士、每喜於日暮後至橋上乘凉、馬來人則乘夜垂釣者甚多、海中有異魚一種、名光魚、其體恆於夜中發光、或紅、或藍、或白、時時無定、映於水面、極詭異可觀、亦一奇也、余每晚恆喜至是間乘凉、海風拂面、心神爲之一爽、星光月色、映入海中、更爲有趣、靜坐觀之、往往樂而忘返、每至夜深、尤見海中輪船往來不斷、船中燈光、點點照耀海面、與天空之星光上下相映、船中機輪、絞水聲、靜中彷彿聞之、詢之父老、謂此橋係當年荷蘭人佔領馬六甲時所築、故以名之、惟近年橋之附近、海水漸淺、大船已不能停泊矣、

【金星橋與焜清橋】 馬六甲埠中、有金星焜清二橋、爲全埠橋梁之冠、蓋昔日之橋梁、皆以木爲之、頗不堅固、且不能經久、重載貨車及往來行人多感不便、當地英政府擬改建鐵橋、而建築之費極鉅、無法籌措、爰商之於我華僑大資本家陳金星曾焜清兩先生、請兩先生捐助鉅資、改建鐵橋、以利交通、兩先生因係公益之舉、慨然捐資鉅萬、助之興作、而馬六甲有名二大鐵橋、遂以成功、二橋

純以鐵質築之、堅固無比、至今已閱百餘年、猶完整如昔、重載往來、異常便利、故當落成之後、英政府義之、全埠人士感之、因以兩先生之名名其橋、一曰金星橋、一曰焜清橋、至今履橋而過者、猶穆然想見兩先生之遺澤、其名蓋與二橋同垂不朽矣、古云、太上立德、其次立功、若兩先生之捐建鐵橋、立功異域、誠華僑中之絕好模範、今南洋各埠中可作之事業多矣、有志之士、曷起而效兩先生、所爲建立百年之偉業、冀與兩先生之名、同垂不朽乎、

【各種車輛】　馬六甲面積甚小、如乘汽車環遊全埠一周、歷時不過二十餘分鐘、故尋常外出、皆以步行、所需車輛無幾、如汽車一種、皆往來各外埠、用之本埠、殊無用之必要、海口距市甚近、市中有小河一道、直達海口、有划船、可以減運出入口貨物、故運貨之牛車、亦無須用之、現有之牛車、不過數十輛而已、人力車、尤非需要之物、可有可無、故現有之數、不過百餘輛、而每日所獲甚微、且多不甚富饒、未足爲餬口之計、現在美領菲律濱羣島已廢止人力車、荷屬各埠華僑繼起爲廢止之運動、英領各埠、近亦有人提倡廢止之論、風氣所趨、遲早皆當實現、馬六甲土地甚小、人力車本非需要之物、而其數不過百餘、以全埠工場商店、及膠園椰園等、消納此百餘人力車夫、其事實至簡而易行、故英領各埠、如實行廢止人力車、當自馬六甲爲始、因其人力車夫、最居少數、最易消納、絕無失業之患故也、馬六甲不乏熱心社會人士、盍起而提倡之乎、

水車

【客棧】　馬六甲市中、客棧最有名者、爲益泰酒店、設於武雅拿野、係廣東人所經營、樓房極寬敞整潔、房間高大、室中器物及被褥等、均潔淨異常、光綫空氣亦皆適宜、冲涼房之清潔、尤令人快意、每室頭等三元、二等二元、三等一元五角、樓下前部賣酒、後部賣中西餐、所作食品亦鮮美有味、余至馬六甲時、寓於其處者、爲日最多、次爲東商客棧、設於武雅拿野、亦廣東人所設、規模設備稍遜於益泰酒店、房價亦略減少、余曾寓居其間、亦頗令人適意也、此外又有益商悅來二棧、亦在武雅拿野、各埠往來工人多寓其間、房價甚廉、內容設置殊簡陋、視前二處夐乎遠矣、

【廟宇】馬六甲埠內、廟宇甚多、其著名者可得五處、一爲靑雲亭在居務角內祀觀世音菩薩、有僧徒數十人居之、市民多往拜禱、遇朔望二日、香火尤盛、一爲王爺宮在伊日所祀不知何神、但稱之爲王爺而已、一爲寶山亭在三寶井旁、祀明太監鄭和華人及馬來人競往汲取井中之水、謂井係鄭和所掘、以供飲料、或冲凉之用、則靈異可却百病、以是虔祀鄭和香火爲之大盛、一爲玉霄宮在東街祀玉皇大帝、內有道士居之、一爲觀音廟在觀音亭街廟前設有戲台、禱祀者常演戲以酧神、市民空巷往觀、香火之盛、尤過於以上各廟、馬六甲之迷信神佛、於此可見、

鐘樓

【天主敎堂】馬六甲天主敎堂建築最久、爲數百年之古物、十字架高揷天際、堂壁上苔蘚叢生、靑碧斑斕、似表示其閱盡人世滄桑之意、觀之彌覺古雅、且有深意寓於其間、堂前古木數本、綠葉參天、甬道旁花草繁茂、爭妍競艶、蜂蝶飛舞、尤爲可愛、每日晨午二時、鋼琴聲錚錚然、出自堂中、悠揚上下、挾以誦經之聲、亦彌覺可聽、又於夕陽後、傳敎西婦、輒携幼童數輩、嬉戲堂前、以樂天眞、觀其藹然可親之狀足徵西婦之善於敎育子女也、堂後臨河邊街處、有大時鐘一、相傳設置亦甚古、鐘絕鉅、四周皆現模糊斑斕之色、每晚鐘聲嘹喨然、頗足發人深省、

吉寧人理髮舖中之眷屬

【鐘樓】鐘樓建於馬六甲市中、在政府之前、其高數丈、巍然立於通衢之間、四面行人、皆可望而見之、爲華僑陳君金水捐資所建築、至一七八六年、其子若錦君復光大先人之遺業、重修整之、樓上刻石紀其事、余於海峽三埠中、華僑之建築物、最重視者有三、一爲新加坡之陳篤生醫院一爲檳榔嶼之黃務美公市其一即此鐘樓也、是皆能於海外殖民地、爲吾民留宏大之紀念品、使後之遊其地

者、觀其規模之宏麗、工程之浩大、穆然想見先民之遺烈、即外人觀之、亦將生其景仰之心、豈非不朽之盛業乎、華僑資本家、不乏興建之舉、觀於此樓、宜知所以取法矣、

【吉寧人理髮館】馬六甲市中廣東人所設之理髮館、頗不多覯、雖有二三家、率皆規模簡陋、屋宇湫溢、所用器俱、多不清潔、上流社會之人、頗不喜之、惟吉寧人所設理髮館、計有六七家、設備尚不惡、屋內有電扇、可隨時開動、一切器物、亦潔淨異常、理髮匠皆身著白衣、頭蓄博士髮、櫻色之面部、及兩手皆以白粉敷之、藉掩其醜、使不為顧客所惱、其竭力要好之心、殊不可及也、余居馬六甲時、恆以廣東理髮館之不潔為苦、迺見吉寧理髮館竭力要好、頗動其好奇之心、爰至一吉寧理髮館理之、彼等見余衣服整齊、歡迎甚至、刮面時惟恐有不潔之處、用力反復刮之、余因其用力過猛、稍覺作痛、即以手撫之、詎彼見余撫摸、益用力刮之、蓋誤以余之撫摸、為嫌其不潔也、其後余因其用心要好、恆至其處理髮、雖言語不通、偶有誤會、亦非所計也、

第四章　名人

鄭成快君

【鄭成快君】鄭君成快、字奕良、閩永春人、性坦率、廣度量、讀二年、即遊南洋、從事商業、首終在馬六甲、或為傭、或為販、十年困苦、至三十二歲、始逐見發迹、現年五十矣、建樹甚多、商店有崇豐號、樹膠較有和隆廠、墾荒數千畝、遍種膠樹、備栽大薯果子等、為甲坡最有名之種植家、君崇尚革命、民國前、即與沈鴻柏等共組織同盟會支部於甲、前後傾資數千、以充軍費、許崇智及諸偉人等、每到甲則首謁君、其見重殊於常人如此、君為南洋興學之卓卓者、甲坡培風培德二校、皆首捐巨款以成之、其尤膾炙人口者、永春某學校經費仔肩獨挑、計四年中、凡捐二萬餘金、此外鄰埠各學校、聞風而來勸捐者、尤難枚舉、至有將捐帖預書君姓名及款額、以呈君認可者、君一一依擬而交、其慷慨類如此、君待人接物、悉以和平為主、交友情恕理遣、職是之故、貽累之者亦頗多、嘗為某友擔保數十萬金、友不能償、君亦適困、現尚按月還息數千元、不言一悔字、其恢宏廣度又如此、有日本女名窩亞雙者、慕君為人、願充外婦、君並娶之、窩乎窈窕不妬、庭幃肅肅、其樂也融融云、

【曾江水君】 曾君江水字右甘原籍福建思明而生於馬來半島之馬六甲者也、品性仁厚、商才綦優、在甲開張承龍發號復置橡膠田數千畝、建築物不動產又若干、爲甲坡一大資本家、賦性謙虛、無諂無驕、以貲爲善、要以敎育獨多、捐於甲之培風學校凡一萬七千五百金、捐於星洲華僑中學且萬金、捐地一大段與甲之中華學校爲建築校舍之用、值三千餘金、其他善舉、或百或千於僑界、如福建會館如培風培德二校、如中華商會及一切團體、多舉之爲總理董事、英政府亦舉爲簡府、君無愧爲甲坡之最有名譽者也、

【楊焜郡君】 楊君焜郡閩之晉江洋塘鄉人、爲人慈祥愷悌、心事犖犖、年二十一、南來馬六甲坡、治商、創業益隆號及和隆橡皮、較聲名昭鑠一時、君挂名革黨、早在辛亥前六年、當時黨人殊少、詆諆者、不遺餘力、謂革命無槍炮土地、決不能成功、君應曰、患無民氣耳、有民氣則鋤櫌棘矜、足勝鉤戟長鎩、糕之熟也、豈必火爲直接、被其氣而已耳、辛亥民軍旣興、君奔走籌餉、心力俱瘁、無何、袁氏竊國、亦復傾帑千數、助其軍實、其重國疏財如此、君助資社會、尤有可紀者、甲坡培風培德二學校也、閩書報社也、祖國賑災團及紅十字會也、在在得君之巨資而後成之、君素崇人道主義、對於老者安之、幼者懷之、不失孔氏之道、人多欽之云、

【陳其矸君】 陳君其矸福建同安馬巷曾厝籍、爲人身行儉約、在事精勤、復鯁直廉潔、幼業稼穡、年十五、隨兄其盤渡馬六甲供職協泰商號、四年回國結婚、旋復渡甲、開泉泰酒莊、未幾、續開餘發齋酒號、並闢美地八十畝、爲樹膠之墾藝、年來膠値奇漲、家資豐贍矣、熱心社會事業、尤力提倡教育、爲國育才、發起開辦籍鄉學校、慨捐校舍一座、約萬餘値、里閈譽不容口、歷任馬六甲培風學校校董、爲福建會館會員、所爲善舉、更僕難數云、

【沈鴻柏君】 沈君德周字鴻栢閩之泉郡人也、性剛介、貌謹嚴、平居寡言笑、就與譚、則和藹可親、人有所委、勿輕諾、諾輒力踐其言也、中日一役、我國台灣彭湖羣島被割、東南藩屏、一旦盡喪、君目擊痛心之、越年、會兄鴻恩在南洋馬六甲經營之碩莪山、乏人佐理、招君往、時君方二十一歲、年富力强、正有遠游之心、母氏素嘉君志、亦令速就道、遂慨然南游、助之擘畫、後出其餘力、從事闢植碩莪樹膠、披荆斬棘、事必躬親、不數年、業大起、衣食贍足、迎養母氏於甲、遂家焉、然君夙懷大志、視苟安衣食、每引爲恥、旣而孫中山先生、以謀復淸政、在南洋著名各埠、設立同盟會號召同志、以期大舉、君聞之曰、斯足以展吾志矣、遂入會、洎辛亥秋、義師起武漢、連以巨款接濟、事成、辭功不居、一意謀海外敎育發展商業爲己任、先時國人南遷者、歷唐宋以來、已達數萬、從各不相關、毫無互助之精神、自君以事

無大小、莫不推誠與謀、衆感君德、漸有款恰、不似從前矣、至是君來甲已十九年矣、期年而培風學校中華商會產焉、又一年、而培德女校亦以君力成立、未幾、爲二校監督員、他埠興學者、以君知教育、莫不投門就商、君不惟殷勤招待、且具以所知、悉爲詳告、遠近公益慈善事之賴以舉者、更繁集難僂指數、始甲地中華書報社苦費絀、且募且殆、君曰、吾黨之同志、余忍作壁上人耶、遂出而相助、所張弛盡出君謀、一時優秀之士、靡向風入社、驟達一百五十餘人、嗣爲總理、更駸駸乎有進取之意、未幾觸當局忌、被封、社員解散、君幾罹法網、時民國四年、袁氏稱帝、勸進之聲、正囂塵上、君義不帝袁、卒以此被嫌、君微時、家固非素封、兄鴻恩既就馬六甲承龍發書記之職、君居家待養、佐母氏理家政、雖樵蘇浣濯、任何賤役、無不親躬爲之、以去母之勞也、其篤於孝行也如此、雲南唐繼堯督軍、學之陳司令、以君嘗宣勞國事、先後頒給獎章、今君已天命之年、華顚齒豁、貌已若六十許人、而邇年政學商三界事益紛集一身、自朝至夕、無俄頃安、其急公好義、本出天性、加以明練卓識、將來造福社會、可限量哉、余始到馬六甲、與君識、暢談國事、終日不倦、其愛國熱誠、溢於言表、令人欽敬、此後時相過從、一切多蒙君指導焉、

沈鴻柏君

【曾有美君】　曾君有美、福建思明石埠頭人、天性樸儉溫純、年十四、南渡馬六甲、依父治理萬茂萬昌二商店、二年、父卒、念創業巨艱、益肆力保守、願股友異志而分業、遂以萬昌歸友、自承萬茂、以君商才俊逸、長袖善舞、所業旋見遂心、現置樹膠園千有餘吉、及屋宇業於馬六甲及柔佛波德申等處、並開萬慶米郊、民國八年、又創長利美記樹膠廠於爪羅庇勝、民國九年、又與友合開慶成樹膠廠、民國十年、附巨股於裕隆樹膠公司、民國十三年、更自創萬茂機各號、皆極恢宏、以春秋少年、覺能負重致遠、克家揚親如此、所見亦僅矣、民元以來、國政粃繆、知正本清源、惟在教育、既而凡甲埠建學、必多所提倡而資助之、培風學校及中華平民各學校、均擔任財政、培德女校任董事、一度任米郊公局總理、此外賑災濟困、輸財尤巨、博施濟衆、君可當之無愧矣、

【林金沙君】　林君金沙、福建思明禾山人、弱冠之年、南至馬六甲、至則被聘爲司理於開成商號、旬年間、竭盡商戰之能力、於是營業以蓬勃焉、顧以蓄念自立、乃邀友陳金課等合力開豐美米郊、先難後獲、垂業二十餘年矣、查君所建樹、除商業而外、樹膠園業、又

千有餘畝、至屋宇業、又若干間、和豐銀行股份、新裕成樹膠較業等、又若干萬值、致富之驟、殊可驚人、性直諒樸實、處事不茍、嵩目國運之崎嶇、知匪興教樹化、不足以奏昇平之域、於是廈門某中學之募基金、則慨捐一千五百金、馬六甲培風學校前後輸捐數千金、此外甲坡諸學校、及丹絨益智泉州培元等校亦均歷輸巨資、於社會文化事業、提倡尤不遺餘力、益羣報江聲報均認多股、至賑災黎、惠貧窮、助醫院等、尤書不勝書矣、爲芝蘭亭存懷林會員、中華商會議員、米郊公局協理、福建會館總理、益智學校名譽總理、中華書報社職員、培風中華培德平民諸校董事云、

【褟樹勳君】　褟君樹勳廣東文昌人、學業優博能詩、弱冠南至英屬之馬六甲以儉約得蓄積、與友人合資、創聯通樹膠較公司以股東資格、兼任書記、民國十年、又與弟共設協和興號於惹申埠營雜貨、頗發展、爲人克己待人、厚重淵懿、對於甲埠國事社會、屢能竭盡財力爲匡襄、培德培風平民華南諸學校、及明星演劇社瓊州會館皆曾資助、諸團體學校、亦嘗董事、辛亥革命軍興、尤多助餉、同盟會亦列名爲會員云、

【吳禮庭君】　吳君禮庭字伯雄廣東大埔湖鄉人、幼家貧、年二十、南渡星洲任同安棧藥材經紀、凡六年、邀友在馬六甲建藥材店、號華漢又六年、脫股、到也新埠開藥材號曰共和濟才欲斷手、忽遭回祿災、已乃變營雜貨業、號其店曰瑞昌民國七年、又附股于遠公司爲窖業、頗有利、已得置有膠樹田數千畝、君爲愛國者、辛亥前在甲入同盟會對於改革之事、多所翼助、在也倡辦培新學校首終捐金千數、甲埠各學校、各社團、佽助尤多、嘗任培新學校總理、財政諸要職、余所帶各種國貨、多蒙介紹、至今感之、

【林大典君】　君字希傑廣東潮陽人、父培彥母鄭氏生三子、君其仲、性恭默、有志行、弱冠後、作客新加坡傭於順利商店爲書記、未幾、受馬六甲亦桐商東之聘、遂任該號司理、在甲後、交遊日廣、因得某君介紹、而入國民黨爲甲支部會計幹事員、自是國事社會、逐漸與及之、甲地報社學堂商會等職員表、無不以得載君名爲榮、君學術頗正、言行無疵、亦後進中之佳者也、

【李祖金君】　李君祖金福建永春仁莊鄉人、十七歲、南來馬六甲幇乃兄治商、爲人樂交友、商事以諳練稱、故客甲未幾、遂得擴充陳永昌及鄰甲各小埠支店、自亦開有新永和號幷置橡樹園數百畝、年僅三十餘、便能蓄藏建樹如此、求之青年人、殊不易得、永春會館舉之爲董事、務德青年會爲財政員、甲坡育民學校舉之爲正財政員云、

【李俊賢君】李君俊賢臣其名也、福建永春太平人、年十七、至馬六甲、傭於振泰雜貨店數年、轉之巴雙、佐同志丘聰理開辦雜貨店、並附股於其中、凡數年、始出自開泰發布疋雜貨店、垂業二十一年、盈十餘萬金、前途方欲大展布、乃民國十一年四月間、不幸卒於巴雙埠、聞之莫不婉惜、執紼者達數百人、亦可謂生榮死哀矣、君於社會行誼、多有可紀、略考之、歷任總理董事於永春會館、而華商公所職業學校中華女學校華僑樹膠公會吉隆坡商會等、均曾捐金而與事、至中華學校實發起者之一、又輸巨資於報舘、及教育諸善舉、準是厥功亦偉矣、

【余國榮君】余君國榮廣東台山人、生長英屬檳榔嶼、畢業聖方濟英文校、就華民政務司署英漢文書記職、兼習通譯、既畢業、調往馬六甲轄屬亞勞呀吔審判廳任通譯員、服務二年、轉調於新加坡華民政務司署任繙譯員職、西歷一千九百二十六年某月、華民護衛司施打靈君、坐堂訊劉某夫婦訟案、婦失口不願從劉、劉某持匕首逞兇刺婦、婦逃公案側、倒於地、施君趨救之、因刺施君、傷重亦倒、當時左右惶急、不知所措、余君在樓、聞人聲喧擾、下樓見狀、出其不意、急揮拳毆兇、兇手被毆失刀、余君又急以兩手抱之、堂役大集、始拘兇懲辦、政府嘉君勇以救人、特賞金錶、上鐫政府贈送、以旌表之、一千九百二十七年、調檳城華民政務司署任繙譯員、君通中英二種語言文字、生平見義勇為、對於慈善公益、無不極力提倡、青年如此、亦可欽矣、

【林登瀛君】林君傳洲字登瀛、福建閩侯人、為林鴻年殿撰中丞嫡派、君弱冠、肄業福州馬江船政學堂、歷任海軍要職、清末首先剪髮易服、為軍界倡、革命時、曾在南京加入同盟會、鎮江都督林述慶深器重之、時方從軍起義、適母病、棄職回籍、未幾母故妻亡、悲憤交加、無心世事、乃南京政界同志、函電交馳、力促出山、辛亥閩省戰役、功成身退、民二之年、慨然遊南洋、既到馬來半島之馬六甲、遂得沈鴻栢君之介紹、充任培風學校學監、中華閱書報社坐辦、是年倡辦培德學校、與同志奔走籌款、約十萬金、一度為中華商會坐辦、同時倡辦通俗半夜學校、平民學校、慈善醫院等、天性任俠、憂國忘家、雖小善必為之、余到馬六甲、頗得君之指導、獲益甚多、

【顏克奇君】顏君克奇永春東山鄉人、幼家貧、二十一歲、南來馬冬馬甲良民濟地方傭工、薪水非豐、而粒積足以致富、初由該地方購地種薯、荷鋤理穢、作苦躬親、人憐其苦、而君自甘焉、已而收獲皆豐、遂漸展布、所墾闢薯園膠園、大皆千畝以上、馬六甲迺置泉合棧號、以為該園出產交易之機關、今成大資本家矣、天性豪邁、胸無機械、濟人利物之舉、與鄉成快、君齊名、交友重情愫、求無宿諾、二

十年來戚友債項、貽累數逹十餘萬金、不言一悔字、其難能可貴如此、辛亥國體改革之役、民軍方面報效糈餉甚多、甲埠培風培德兩學校、捐基金二千元、平民育民二學校、以及福建會舘永春會舘中華總商會檳城魯國棠鄉籍育賢養正二學校、上海華洋義賑會皆捐巨欵、其急公好義、又如此、國內團體、戴君爲名譽總理、爲董事、爲財政員者、殊多云、

【周卿昌君】周君文熾、字卿昌、號炳焜、父帝山、爲馬六甲名商、君年十三、南來馬六甲、代父理商業、多稱職、及父與諸伯叔相繼謝世、君方弱冠、遺大投艱、設非素有商才、何能勝任、今者名益遠揚、業亦發達、分支店於各甲房烘、並開惹申碩莪製造廠、墾闢種植園、多植不動產、光譽令聞、天生好義、種族深明、辛亥前、與同志組織同盟於甲、義師既起、與衆力合作、捐資不少、民二三年、許崇智遊甲、勸同志籌資倒袁、時君爲財政員、運動甚力、祖國頗以是欽敬、民國之成立後、名益震、育民學校、遂戴爲總理、培風培德平民三校、亦均推爲學董職員、永春會舘存懷俱樂部明星劇社樹膠商會俱舉職員、又處事公平、人有糾爭、嘗請君處斷、復友愛、諸伯叔逝後、諸弟輩尚幼、力教督之、故皆成人焉、

吳建中君

【吳建中君】吳君建中、字衡、父浙江樂清縣人、年十九、畢業於浙江第十中學、已而治任如日本、進東京理化專門學校、越年、轉學於南京暨南學校師範特科、畢業後、歷充南洋荷屬網甲島勿理洋及檳港華校教員多年、旋遊馬來半島、歷任柔佛甚加末中正培正及巴雙中華諸校校長、今仍執教鞭於馬六甲育民學校、爲人熱心教育、能文工詩、復精通英文、誠教育界不可多得之材也、一生崇拜孫中山之三民主義、爲國民黨黨員、近以馬六甲文化之閉塞、僑生之忘祖、亟思所以啟迪之、擬與同志等組織中華日報、以促進文化、喚醒僑魂、誠可敬也、余游甲埠、每日相談甚歡、

【謝永嘉君】謝君永嘉、字元度、原籍廣東之潮州澄海、生長於南洋馬六甲、家貧、幼入牙民萬蘭皇家學校、讀英文、僅二年、即輟焉、時其父振聲、立有振成號、該號營業、係汽車鐘錶等、君在店幫理、及父謝世、業仍振作、乃西歷一千九百十年、將該店賣與英人、改組爲有限公司、仍以君爲總經理、君亦自置有樹膠園千畝、性謙遜、富有種族國家觀念、民國甫成立、遂同友侶回國、北平上海漢口九江天津等處名勝、足跡殆遍焉、若夫潮汕水災、檳城組有救災團、衆曾舉君爲理事、此外韓江學校舉任董事、廣東及汀洲會舘爲信理員、

歐洲紅十字會及各處賑恤事皆量力輸資云、

【蔡光前君】

蔡君光前字子嚴閩永春花石大割鄉人、未冠棄讀南來、服賈于柔佛屬之麻坡二十歲、歸國旋里、翌年又來、仍居麻坡爲商、稍有蓄積、遂再回國婚娶、時年二十四歲、性尙俠義、好武功、曾一度投身行伍、累升至把總、因厭武人橫行、棄去之、復商於南洋馬六甲已而在甲漸有拓業、未幾、得某協統薦拔、又回國署烏洋汛約一年、因探悉南洋土產起價、樹膠業興盛、復來甲招股開設同元布莊、更另創設穿粉廠業於麻坡約數年、不利、歇業、至五十三歲、又創立永成號專交易橡皮爲大宗、更購置橡樹園數百畝、至是成素封矣、君謙冲悃愊、慈善公益、知無不爲、祖國賑災捐、赤十字捐、潮汕地震捐等、要無不量力爲助、至於馬六甲等處學校、及諸團體、輸資尤巨、更足膾炙人口者、丹絨益智學校既爲發起、復首終維持其經濟、現任該校總理、甲之育民學校亦爲董事、務德青年會亦爲職員、樂善如此、故爲之記、余至丹絨、君適他往、令人悵悵、

【周公戩君】

周君公戩閩永春前溪鄉人、學名熙凱、號詠而、公戩其字也、君幼讀書、性倜儻、能文善書、設帳授徒、諄諄善誘、科舉廢、慨然有投筆從戎之志、遂應縣試、考選赴省、肄業陸軍武備學校、君名列冠軍、因值休考、乃始入普通中學校肄業、成績優著、爲當時教員所器重、竟以最優等畢業、旋在鄉辦理教育、頗爲社會所欽重、至二十八歲南來、初旅巴雙坡、任某店簿書之職、旋爲某校聘爲教員、未幾賦歸祖國、而任中學教員、嗣以內地戰事蜂起、荆棘叢生、遂還家南渡、現寓馬六甲萬振興號、職掌簿書、君本精于會計、頗爲東主所倚、性好善、凡遇公益善舉、尤樂爲提倡、登任各社團書記、並爲育民學校監督、亦社會中之翹楚也、

【李金轉君】

李君金轉廣東新寧人、西歷一千八百七十八年、生於馬六甲坡、攻英文、畢業後、任吉隆坡高等審判廳書記、凡十餘年、卒以目疾休養、後此專爲人立契約文件、及拍賣貨物等爲生涯、十餘年前、雖曾包辦椰水利爲酒業、然不利、停業焉、爲人好善、英政府授太平局紳、及老人院議員、至於僑界所立團體、君嘗爲發起、或贊成、在團體中爲董事者、尤多云、

【譚松祐君】

譚君松祐字蔭棠、廣東台山縣白水鄉人、年二十、南來英屬之馬六甲、初到習建築土木工、凡八年、始精熟梓人術、於是自創廣萬源號、該號專以包辦土木建築諸工程、近年復置樹乳園數百畝、屋業及不動產殊多、該廣萬源營業號垂今三十五年矣、不可謂不久遠也、爲人忠直謹愼、交友多情、貧病求無不應、於敎育尤堪熱心、該埠平民學校曾以巨資助成、亦一度爲總理、而通俗

半夜學校亦爲名譽總理、書報社爲名譽社長、對於各學校各慈善團體、無不捐助、於是實至而名歸、英政府賜以太平局紳、而保良局亦爲議員云、

【謝丕勇君】　謝君丕勇字冠三世居閩省海澄三都爐坑鄉性剛强尙義任俠、旅行南洋英屬新加坡治商、平夙以滿淸政治日見黑暗、遂無心仕進、乃隻身又赴荷屬游、不得志、徙居英轄之馬六甲爲某商號記室、時內地革命鼎沸、孫黃等南來運動軍餉、君喜躍曰、大丈夫勿雌伏、宜雄飛、聞鷄起舞、運甓待機、此其時也、亟集甲坡同志、組織書報社爲革命機關、衆推之爲司理、無何、回廣東有所擧動、乃爲某方所阻、失敗逃回海澄辛亥武漢功成、廣東反正、復入廣州受粤督胡漢民委任、爲華僑北伐隊籌辦處要職、時袁氏當國、政治之專制如昔、君目睹心傷、知急切難爲、遂再到南洋從事於商務實業、有暇隙、則旁及社會公益教育等事耳、

【徐石泉君】　徐君石泉福建省思明縣人、少年英俊、年二十四、到新加坡經理商號、未幾、得馬六甲某商見重、聘爲司事、並妻之以女、後自亦啟有怡安號專業樹膠土產、得道多助、交易如雲、而仗義輸財、戚里常沾賙郵、年來益傾心教育、及各慈善事業、甲坡各學校、各團體、皆有助資、並兼任務、民國二年、入國民黨、國事常介於心、亦救時之青年也、

【劉開鼎君】　劉君漢屏字開鼎世居廣東大埔湖寮社弱冠作客南洋新加坡傭工自給、嗣赴馬六甲與兄翼鵬共開張華羣公司陳列歐美各種物品、與祖國百貨、交易孔多、聲名烜赫、君風骨秀整、靜氣迎人、僑人士多樂與遊、辛亥前二年、經人介紹、挂名同盟會爲會員、與兄翼鵬同一宗旨、對於倒淸誅袁諸役、除助資於民軍外、嘗以嘉謀嘉猷、爲機關擘畫、同人深感之、至甲坡男女二校之成立、書報社之組織、亦莫不須君之資助、其關心於國計民瘼如此、余到甲埠所帶之國貨、多由君批購、更竭力鼓吹、令人欽感、

【丘成文君】　丘君成文名仰峯成文其字也、天性敏惠、十四能文、成童之年、棄筆南游、曾任馬六甲某商號書記、得東主器重、多所分潤、至二十二歲、遂自創商店、曰長振興營業以橡皮米類爲大宗、近復墾闢荒地數百畝、遍植橡皮樹、生息尤厚、爲人湛湛翯翯儀姿英邁、望之偉然、十餘年來、輸誠民國捐款社會、多有可紀、如辛亥前二年、入同盟會首終資助民軍至四五次之多、數在千計、又如培風培德二校之發起、如閱書報社之發起、如商會及各團體之組織、在在捐巨資以成之、至於祖國災變、僑界施報、親戚故舊之周恤、無不慷慨輸將、余經沈鴻柏君之介紹、與君暢談國事以後、時相晤面、頗經其指導一切、

【張順吉君】張君順吉閩省思明曾厝垵人、十八歲來馬六甲與兄共治商業、商號恒豐所經營係大宗油米橡皮、及料理川行叻甲輪船事務、家由是富繞、爲人謙冲仁厚、翼翼小心、於商界信用、最爲充分、民國前之三年、在馬坡得聞李竹癡君演說革命救國、遂入同盟會、堅持救國拯民宗旨、故關於倒滿誅袁諸役、捐助民軍餉資頗亘、而在甲倡辦學堂報社、倡組賑災團、賑濟國內同胞諸舉、傾囊尤多、當革命甫起也、君嘗曰、內地革命傷命、南洋革命傷財、傷命傷財、相去霄壤矣、南洋華僑同胞、不可不爲之奮起、眞閱歷名言也、

【嚴明君】君姓嚴名明、子輝其字也、父階平、業商、母王氏、生五子、君其長也、幼讀於鄉塾、稍長、移讀某學校、後畢業于廈門公立中學堂、能文工詩、稍識英文、尤耽於醫學及動物學、在同安馬巷思明嶺兜等學校、執教鞭數年、因厭家鄉踽踽、與乘桴浮海之思、年二十六、隻身南渡、初在星洲崇正學校爲敎員、亡何、改任和豐銀行會計、惟勤惟愼、任內累黍不差、總事以其才、擢爲馬六甲分行總會計、蒞甲後、見該埠培風培德二學校財政紊亂、學規不整、上壁書之書於學董、學董以其謀善、共推之爲二校學監、先是、該二校長自由進退敎員、庇親排疏、自謂拔茅連茹、但人浮於事、月費非二千元不辦、全局幾欲破產、君既爲學監、亟爲整飭章程、裁冗節費、約每月可節省一千元左右、而生徒學業、更有進焉、君於二學校定後、復發起務德靑年會育民半夜學堂、忙碌勞動、數閱月、始克成立、其爲國爲稱勞心努力、有如此者、君爲革命黨員、當辛亥鄂省既首義、閩垣亦光復、廈島革軍、乘時響應之、君應編入伍、光復廈島、初清政府素忌閩中多革黨、每以偵探僞爲敎員、應各學校之聘、以便偵察、時廈門中學適聘到一敎員、與君頗交好、自言爲滿人者、某暗中囑探廈中革命黨動止於君、君僞爲不知、言次並出軍符示君、當時中學生徒、多入革黨、各生箱簏、盡有革命文件、君急通知同志謹防之、故廈中機關、首終不破焉、其智謀縝密又如此、配林氏、子二、長秋、次波

【陳齊賢君】君祖籍閩省海澄縣、父德源、宿客英屬之馬六甲坡、因家焉、君以是生長於斯、爲人克允惟明、練達事體、頗通西文、中文亦經三年讀、精嫻植物學、南洋橡皮樹最早種植者、爲馬六甲坡、而該坡最先下種以爲衆倡者、即君也、君既下種後、對其樹栽法、收穫法、培壅法、及產額銷路溢息等、嘗演講衆前、衆既瞭曉、競相闢土墾荒、或十畝、或百畝、或千畝、甚而阡陌區界、亦櫌而不輟、年來甲坡培風學校之欲謀始也、君尚非大富饒、慨然以一萬七千五百金爲倡、已而倍富於君者、皆勉如其數而輸將、遜富於君者、尤皆欽其豪、而步其塵焉、今該校舍嵬嵬、學子數百、追流遡源、君自是最有功力者、君爲革命黨員、投貲於倒滿淸建民國二事、不下數千元、年四

十六卒、聞者無不哀悼、出殯之日、黨友親朋、貢詞賻賵、爲類甚蕃、執紼者滿塗、橡皮公司以君爲發明種橡皮樹之第一人、至欲爲立銅像紀念之、人謂生長於甲地之開通者、君爲空前之第一人、洵不誣也、

【吳萬里君】 吳萬里君、閩南安霞梧社人、久商於南洋馬來半島之馬六甲坡、爲辛亥革命巨子、敏慧能文、商事餘閒、好閱報觀書、尤愛讀鋼鑑及新譯西籍、嘗曰、韶華不再、日月其除、可飽食終日、無所用心乎、甲坡素無書報社、君憂之、即與同志沈鴻柏等倡辦焉、甲坡素無學堂、又與同志倡興之、捐巨資所不靳、供奔走尤不辭、眞有樂此不疲之慨、生平强直、自行其心之所安、一切浮屠術數陰陽拘忌、閉口不談、其嶔崎歷落有如此者、君廣交遊、樂施濟、里族待其舉火者、無慮十家、師門故舊、賙卹備極隆豐、至於爲人排解紛難、口角陽春、猶其餘事耳、顧君行仁如此、宜其長壽矣、乃民國三年、疾作而卒、四方聞訃、無不悼傷、配曾氏、子男二、長壽星、次壽全、均幼、讀於培風學校、女一、攻英文、

【李嘉瑤君】 李君嘉瑤、字月池、廣東茶陽三河壩人、弱冠之年、南來英屬之馬六甲、任西谷粉廠書記、年二十六、商業常識既宏、友侶交游尤廣、遂在甲自張裕興隆商店、數年間、獲利不貲、性慷慨任俠、凡國事社會、每樂出活動、不知者、訾爲沽名也、年二十八、會內地革命四起、南僑響應尤烈、知清祚已終、漢土必復、遂乘機入同盟會、旋邀古哲明、劉翼鵬、汪精衛等組織中華閱書報社、蓋其時汪君亦恰在甲也、閱書報社既成立、同盟會遷其中、君連任支部五年、書報社亦連任社長四年、待同志如骨肉、當革軍之起也、黨人奔馳如梭織、甲坡素無清秘旅館、君乃賃租一幽雅舍、專納同志、七十二烈士之中、如陳文波君、欲回粵起事、時苦乏資斧、君除將舊貸九百餘金、一筆勾消外、尤厚爲助裝、他如組織上海華僑聯合會甲坡分會、柔佛六條石中華書報社、及中華學校等、胥盡財以助、且任其會長職員多年、對於國事社會犧牲如此、夫豈常人可及哉、宜乎先總理旌其義也、

【龍道舜君】 君名道舜、字哲華、年十五、隨父來甲、轉進英校肄業數載、家讓翁辭世、即隨柩返國、鄉友親朋、聞訃弔唁、貢詞賻賵、執紼滿途、君於是哀感同僑漂流海外、出資兩萬、租船一艘、同載共有千人、川資旅費、概行蠲免、葬禮畢、買棹南旋、承家讓翁商業、慷慨之望既孚於僑衆、遂舉瓊州會館總理、英人亦以君能、擢君爲瓊僑領袖、居恆每嘆滿廷專制、暴斂四民、時抱改革思想、適海內外志士、提倡革新、爰於民國紀元前一年、入同盟會、輸財助餉、款逾巨萬、民國成立、長馬六甲民黨支部、祖國政府、晉贈徽章、以奬功德、義聲卓

著、同志俱仰其名、如李烈鈞胡漢民朱執信鄧鏗諸君子、先後南來、靡不趨謁其門、共商大計、君每以羈絆南荒、不能任奔走爲憾事也、平素提倡設立中華書報社瓊商種植公所以啟迪民智、聯絡僑情、並捐巨資、建設培風平民華南諸校、甲埠文化、於是斐然可觀矣、

馬六甲籌賑遊藝會開幕盛況

第五章　參觀

【培風學校十二週年紀念會】馬六甲培風學校成立於民國二年七月七日、至十四年七月七日、適爲十二週年之期、乃於是日舉行紀念會、兼舉行懇親會、下午二時、兼開成績展覽會、是日下午余往參觀、校門高懸國旗及英國旗、並有紙匾上書懇親會三大字、是時來賓及該校董事、到者已不下數百人、皆由招待員導至各教室、參觀成績、各科成績、以國文爲最多、壁間則懸以圖畫、成績皆優美可觀、而中學學生沈慕周等十餘人、拾取海濱之貝殼類、堆成一假山、名曰民國桃源、中爲巨湖、四周則有田有園、有阡有陌、有亭台、有樓閣、其人物則有讀書者、有耕田者、有垂釣者、有負薪者、而飛禽走獸、林木花草、亦無不有之、且山上有水噴溢下流、若瀑布然、尤覺精妙異常、此種成績品、實爲該校展覽會生色不少、已而振鈴開會、來賓校董教員、及本埠培德女學校學生、齊集禮堂、首由校董柳其杰諸君演說、次爲來賓吳建中諸君演說、次爲教員沈職民演說、次則學生沈慕卿許金崙劉始燊諸人演說、繼由學生唱國歌、校歌、紀念歌、唱畢散會、餘興則爲籃球比賽、分甲乙二隊、結果甲隊勝利、校董獎以優勝旗一面、校中並備茶點、招待來賓、觀衆贊揚不置、盡歡而散、

【明星社之演劇籌欵】　明星劇社爲華僑靑年子弟所立、以演習白話新劇、補助各慈善事業者也、內容組織極完美、成立以來、成績大著、嗣又於社中附設閱報所、購備祖國及馬來半島各種華文報紙、任人隨時入閱、藉以促進普通社會之知識、該社社長林君大典、更因勞動界終日辛勤、對於衞生上、頗不易加以注意、因而易罹疾病、旣病之後、又無力延醫服藥、其困難情形、至可憐憫、乃公開會議、討論救濟方法、決定附設醫社、施治患病之苦工、惟預算所需開辦及經常費用、極爲浩大、而社中又無存欵、復決定由男女社友合演白話新劇二口、以期籌得巨欵、爲開辦醫社之需、是時余方旅居馬六甲、爰於第一晚往參觀焉、門外國旗飄動、燈綵齊明、極盡輝煌之致、購票而入、於時尙未開幕、而座客已滿、續至者方絡繹不絕也、已而樂作矣、幕開矣、演員登場矣、滿座之喧嘩立止、視線併集於台上矣、演員之扮相、惟妙惟肖、男則精神活潑、女則體態輕盈、加以說白之流利可聽、表情之細膩動人、滿場拍掌之聲、遂相繼而不止矣、直至夜深戲止、始欣然出場而歸、次日復往觀之、座客較第一日猶擁擠、所演之劇、情節亦較之第一日爲佳、聞兩日所得票資、不下數千元、有此鉅款、想醫社之成立不難矣、

附明星社演劇籌欵宣言　芸芸衆生、誰無善心、然鼓而敵之則常動、閉而塞之則常伏、點頑石之頭、非賴有生公說法乎、故救世之術、莫先於社會敎育、而戲劇猶爲社會敎育之要素、仝人中忝具有先覺之明者、爰有白話劇之組織、一以協助公益、一以勸導人心、迄今垂兩載、對於社會、不無成效之可言、然猶未焉、或謂戲劇不過一時之衝動、必更有靜的、定的、美的、善的、軟化的、緩進的、統系的、無量限的、一種普通知識以增益之、所謂報紙是也、仝人深韙之、今年春即有附設閱報所之擧、爲同僑人生觀與世界觀之採納機關、然猶未焉、寄居是邦者、勞動界實居多數、常戴酷烈之日光、慣冒狂驟之風雨、侵以外感、釀以內邪、寧能免疾病癘疫之慮、乃室如懸罄、囊乏餘積、求藥則無方、求醫則無資、煢煢孑影、得無束手待斃乎、王陽明云、知而不行不可爲知、仝人旣洞悉苦情、不得不毅然決然、發表即日附設醫社之成議、準是則敝社除屋稅需費、器具需費、佈景需費、化粧需費外、益以報紙需費、今又益以醫藥需費、惟經濟問題之困難、明眼人可不當言而喻、但仝人旣迫於義不容辭、責無旁貸、猶幸本坡多樂善好施之士、敝社之得有今日、固重賴熱心諸君子之厚賜、爲此萬不得已、定於九月十九二十兩晚、男女會友、合演最新之白話劇、鑼鼓劇、以購票所得之資、悉數充作以上所述慈善之公費、竊念是擧焉關係於各界熱心慈善之君子、屆時千金一擲、惠然偕來、仁漿義粟、造福

無疆、敝社同人不禁鞠躬以待、

【僑南夜校週年紀念會】　僑南夜校係海南人所立、肄業學生、以工人居多數、課程亦係半工半讀、蓋一工人補習學校也、校長林君學初教務長林君冰如皆富于科學知識、熱心教育、自就職後、從事整頓、不遺餘力、故學業日見進步、學生亦日見增多、某日爲成立一週年之期、舉行紀念會、是日余偕數友往參觀焉、來賓到者數百人、午十二時、振鈴開會、首由主席宣布開會宗旨、次職教員率學生向國旗行三鞠躬禮、次學生唱國歌、次唱紀念歌、次來賓演說、當有培風學校校長顧君叔廉華南學校校長符君漢香民智學校校長劉君國英相繼演說、皆能慷慨動人、滿場鼓掌聲相屬、次教職員沈君職民林君鵬程相繼演說、次學生黃德鴻張夢學韓培光相繼演說、所說皆頗有條理、娓娓可聽、次讀頌詞、次唱校歌、次答謝來賓、乃畢會茶話、全體攝影而散、

【育民學校三週年紀念會】　余居馬六甲、適値育民學校舉行三週年紀念會、並行畢業式、友人邀往參觀、欣然從之、上午九時、至該校、見門前交揷國旗、懸燈結綵、來賓紛至沓來、頗具炫赫之致、迨至校內、則該校董事及來賓、到者已不下四五百人、十時奏樂開會、首由校董及職教員率學生向國旗行三鞠躬禮、次學生唱國歌、次主席宣布開會宗旨、次唱歡迎歌、次總理發給畢業生文憑、次總理董事依次致訓詞、略述辦理校務之困難情形、並勉勵學生以繼續求學、將來爲國家致力、次來賓演說、即有數人相繼登台演說、皆能痛快淋漓、發揮盡致、滿場鼓掌之聲不絕、次職教員演說、次學生演說、次畢業生致答詞、次唱紀念歌、唱畢、共撮一影、用爲紀念、乃振鈴閉會、聞是晚尙有學生演劇以助餘興、余因他事牽纏、未及往觀、殊爲可惜、

【瓊商種植公會】　瓊商種植公會設於邑務街、會長龍君道順性慷慨熱心公益、尤富於革命思想、年來革命要人之至馬埠者、皆竭誠款接、無不滿意而去、自爲種植公會會長、竭力振興會務、瓊人種植事業、因之日有進步、會員以龍姓居多數、會所爲樓房一所、四圍皆有隙地、空氣極佳、司理爲張君招漢、嫻於英語、余參觀該會時、蒙慇懃招待、對於祖國土產、竭力提倡、亦一有志之士也、

【培新學校演劇籌欵】　也新埠培新學校自吳君禮庭任正總理、饒君次我任教務長以來、校務大見進步、學生亦日見增多、因而欵項之支出頓增、經費遂益加困難矣、不得已、乃有演劇籌欵之舉、定於某月日、假座本埠新安路一景園開演電影劇二日、是時余方遊該埠、即於第一晚往觀焉、戲園門外、懸國旗、結燈綵、點綴頗佳、購票入門、即有招待員、殷勤招待、時僅七時餘、而樓上樓下、座客

已滿、九時奏樂開幕、首由該校全體學生登台唱國歌及校歌、次則表演各種舞蹈、姿勢皆甚優美、訓練亦極純熟、毫無雜亂不整之弊、加以歌聲清脆可聽、滿場鼓掌之聲大起、次由饒君次我演說該校籌款之困難、及演劇之原因、激昂慷慨、聞者皆爲之感動、鼓掌之聲不絕、最後開演電影、所演爲中國負有盛名之玉梨魂、光綫亦甚充足、至十二時餘演畢而散、次晚余因事未往、聞座客較第一日猶多、統計二日所售票價約在二三千元左右、該校得此鉅款、當能維持數月、亦可謂不無小補矣、

【培德女學校展覽會及運動會】　余居馬六甲値培德女學校舉行高級生畢業式、並假培風學校開成績品展覽會、並運動會、是日余偕友人往參觀焉、至培風校門、見國旗高懸空際、來賓到者極衆、展覽會場、設在培風教室、左爲美術部陳列處、右爲算術地理自然部陳列處、中爲文藝部陳列處、其中以刺繡一科最爲出色、圖畫及國文、亦各有專長、足徵其平日教授之有法矣、觀畢、至運動會場、即培風之操場也、周圍懸掛萬國旗、繞以生花、中設評判台、右爲女賓席、左爲救護處、兩旁爲各校學生、及男賓席、全場秩序、佈置井井有條、參觀運動者、計一千餘人、運動節目、三十有二、開會後、依次運動、皆精神活潑、動作整齊、尤以各種舞蹈最爲優美可觀、來賓鼓掌不絕、直至七時餘、始演畢而散、

【參觀平民學校】　平民學校設於無吻勞也專爲教育平民子弟無力求學者而設也、所招學生、皆不收學費、現有學生四班、共約百餘人、惟因經濟困難、不能擴充校舍、故規模甚小、四班分佔樓之上下、已無多隙地、其成績室、所列各科成績、均有可觀、校長林君登瀛閩人、對於該校非常熱心、經費不足、則竭力設法以募之、該校開辦數年、成績大著、而林君募捐之痛苦、可想而知矣、余至該校參觀時、林君招待極至、因余來自祖國、殷殷以政治之狀況、民生之疾苦見詢、余爲略述所知、林君聞之、立現悲憫之容、嗟歎

女學生之運動

不已、觀其關心國事之眞切、足徵其爲熱心志士矣、旣因余行將歸國、即託爲在平代聘國語教員、期以正確之國音、教授國語、爲該埠國語之標準、其辦事之細心、即此可見、

【米郊公所】馬六甲爲產米最盛之區、米商之營業、極爲發達、故有米郊公所之組織、公所設於無吗嘮也局面極爲闊大、中爲壯麗之樓房一所、四圍環以椰林、景物殊幽靜可喜、每至晚間、在會之米業鉅商數十家、均至其間會議、關於銷路之盛衰、行情之起落、以及市場之種種情況、皆詳加討論、以爲營業上一致之方針、近來除經營本埠產米外、亦頗運銷暹羅仰光之米、營業之範圍、日見擴張、蓋得力於會議之效者不少也、總理爲邱君仰峯、司理爲陳君祝齡、皆富於商業知識、爲僑商所信仰、余至馬埠後、沈君鴻柏招宴、家中同邱君同席、相談甚洽、嗣往公所參觀、蒙邱君優予招待、導至樓中各處參觀、見其設備之完美、經畫之周密、殊令人欽佩不已、附設閱書報室、所備書報雜誌甚多、其有益於會員、誠非淺鮮也、邱君對本埠教育事業、亦熱心提倡、各學校捐款甚多、而其提倡國貨之熱心、尤非他人所及也、又公所中餘屋甚多、各埠友人來此者、皆可寄宿其中、極爲便利、

第六章　娛樂

【飯館】馬六甲市中、飯館不少、而規模宏大者、不過二三家、其最著者、爲醉瓊林、設於武雅拿野、專售西餐、建築宏麗、設置雅潔、所作菜肴、皆精良適口、廳中設有電扇、每一開動、頓覺滿座風生、消人煩熱、早餐每人一元五角、晚餐二元、凡上流社會中人、恆就該館宴客、故生意頗興隆也、次爲清閑居、在新街、所售粵菜、最有名、因其滋味甚佳、而菜又豐滿、故人皆樂往食之、所作魚蝦之類、尤鮮美耐人尋味、故其營業亦甚佳、惟地距妓館不遠、晝夜喧囂、殊使座客爲之不快耳、除此二處外、餘皆小飯館、規模簡陋、不足道矣、

【戲園】馬六甲戲園、只廣東戲院一處、設於新街、專演粵調大戲、內容頗宏敞、每座優等一元、普通座五六角、多於晚間演之、偶演本戲、恆達旦始輟演、華僑極喜至該園觀劇、生意頗有發達之勢、惟地距妓館甚近、所備器物、尤汙垢不潔、殊令人不快耳、此外電影園計三處、一名焜濟園、在焜濟律(律即胡同也)設置頗整潔有法、所演多外國影片、一名景陽園、在荷蘭街、一名一景園、在甘光內、皆常演中國影片、每座優等者五六角、前數排三四角、演時皆有菲律濱人及馬來人作樂助興、所奏鋼琴威耳鑒等聲調極佳、令人聞之、彌

增愉快、爲戲園中生色不少、

【觀蛇戲】余居馬六甲時、恆喜於夕陽西下後、散步於馬來人村落間、其村落雖不十分清潔、然在樹膠椰子林中、架木爲屋、殊饒天然風趣、兒童嬉戲其下、天眞爛熳之狀、令人可喜、婦女則濃裝淡抹、各勤職業、其艷媚之態、亦殊覺動人、蓋其間別具一種瀟洒樸野之致、以視市中十丈紅塵、固不可同日語也、一日見林中多人聚處、近觀之、則居其中者、爲印度人之一老一幼、其一則中年人也、地上置席簍五六、徑二尺、高尺餘、皆以蓋覆之、其中之物不可見、既而中年印人去其一蓋、余不知其中是何奇異之物、方注目視之、中年人以掌拍簍側、突一巨蛇騰躍而出、出余不意、爲之驚悸不已、蛇既出、即蠕蠕然環場而行、意似擴充地盤者然、行跡所至、觀者皆退避不遑、已而蟠臥場中、不復動、中年人乃取一樂器、形似管而凸起其中之一部、略如中字狀、向蛇吹之、其聲頗近笛簫、亦有節奏、蛇聞之、忽昂其首以聽、似解其音律者、並吐其舌、作伸縮擺動之勢、更似與其聲之高下疾徐相應者、久之聲止、其蛇亦俯首不復動、是爲一場、其人即向觀者索錢、如是者數場、其後復於巨簍中出一蛇、粗等兒臂、紅質而白章、印度小兒立其旁、蛇即盤繞其身、小兒力不勝、幾至仆地、又一蛇、性極不馴、既出、即向人叢中亂竄、觀者皆惶駭退避、經印度老人用力拽回、猶跳擲不已、余觀至此、種蠢然動物、本足駭人、所演亦毫無藝術之可觀、視吾國乞丐之弄蛇駭人者、所勝無幾、而馬來人猶羣聚觀之、若深有興趣者、其無識可知矣、

印度人之蛇戲

【妓館】馬六甲有妓館數十處、皆在新街、其人皆中下之材、無一上等人物、所居房屋湫隘、器物更汚穢不堪、以醜惡之人、居卑汚之地、其爲下等社會之所趨集、而上流人所不屑顧盼、不問可知、士人妓館、及日本人妓館、皆未之見、惟操秘密賣淫業者、則頗有所聞、

各旅館皆可代爲招致、聞其人貌不甚佳、且多染惡疾、亦非上品也、

【海濱觀釣】余居馬六甲、每至夕陽西下、即至海濱鐵橋與風橋之左右、馬來人垂釣者頗多、其法亦用長繩繫鉤餌、以鉛錘擲海中、與他處馬來人之垂釣無異、每晚人可得魚數斤、海中又時見一種明魚、體發特別光彩、不知其名、或曰即烏賊也、不知確否、每當觀釣之時、海邊寥闊、萬籟無聲、而釣者與觀釣者、亦皆屏氣息聲、靜以待之、恐魚類所聞將驚怖不前也、久之、頗以爲樂、每至日夕、即思往觀、既至、則煩躁之念、一時俱去、誠養心之妙法也、

馬來人之垂釣

【觀猴戲】南洋各島、山林中產猴甚多、其性頗慧黠、善解人意、馬來人捕而豢之、教以種種戲劇、携至村落中演之、華僑及馬來婦孺、每喜觀之、亦馬來人生活之一法也、余居馬六甲時、偶至市外閒步、見椰林中男婦老稚數十人、團聚一處、不知何作、迫而察之、則一馬來人、携猴八九頭、就地爲場、方演猴戲也、乃立而觀之、其猴皆著民國大禮服、或軍服、各持假槍、作戰鬪狀、進退起伏之勢、頗敏捷可觀、而其跳擲顧盼之態、尤令人爲之失笑、每終一節、即輟演、令猴向觀者伸手索錢、觀者競取錢與之、約可得一二元之譜、演至數節、所得當不下數元矣、此亦可見南洋人經濟充裕之一斑、吾國亦有往南洋演猴戲者、而荷猴牽羊、華僑尤樂觀、每天所得亦有三四元之譜云、

猴戲（一）

【丹戎觀潮】丹戎距馬六甲約四五英里、地瀕大海、每日子午二潮、波瀾壯闊、爲馬六甲沿海各地所不及、而九月之秋季大潮、尤具奇觀、故馬六甲人競往觀焉、余居馬六甲、適値秋日、聞友人艷稱丹戎大潮之勝、堪與我國浙江大潮相頡頏、往讀古籍、觀其所述浙江大潮之勝、謂如萬馬奔騰、千軍劇戰、誠天下之詭異奇觀、不禁心焉嚮往、惜未得機緣、不能目擊其奇詭雄麗之盛況、一擴平生眼

福、時時引爲憾事、今聞丹戎大潮之勝、可與浙江大潮相比儗、於是躍然而起、鼓掌狂笑曰、浙江大潮縱不能見、而與浙江大潮同等齊觀之丹戎大潮、近在咫尺、烏可不一往、以償多年之夙願乎、爰於陰歷九月某日、潮至之時、偕友人數輩、同往觀之、乘汽車行不數十分即至、途中見馬六甲鉅賈富紳、及歐美人士乘汽車往觀者、絡繹不絕、比至、則觀潮者、或盤桓於海岸、或休憩於樓頭、已不下千數百人矣、余輩亦登友人之樓、坐賞海景、於時天氣晴明、微風時起、遠望海天一色、空曠無際、土人所棹之小艇、因避潮水衝激、皆繫於岸上、漠漠海天中、惟見海燕飛翔於雲際、海鷗出沒於水中、相與享其自然生活之樂趣而已、既而海風劇變、波瀾大起、海水頓易爲深黑色、閒遊人爭指而目之曰、視之視之、潮將至矣、余急隨人所指而視之、見數十百里外、海面忽現一綫銀白之色、其長不知若干里、直向海岸而來、漸行漸近、愈近愈速、比至距岸不遠、則其行度之速、較急矢尤遠過之、潮頭高約數丈、挾以風雨雷霆之勢、奔騰澎湃、波涌濤翻、勢如山崩、聲如雷震、使人心爲之懾、目爲之眩、精神爲之衝動而不寧、誠天下之詭異奇觀、雖方之萬馬奔騰、千軍劇戰、猶未足以道其十百之一也、迨潮水駛至岸邊、與海中亂石衝擊、其勢益猛烈可怖、浪花水沫、飛濺至數十丈外、觀者多却立以避之、久之潮水漸退、風濤亦漸平息、觀者紛紛散去、余等乃下樓至海邊眺覽、直至浪靜波平、恢復海面原狀、始興盡而返、晚間人靜、追憶大潮之壯觀、猶覺精神飛躍、極興會淋漓之致、浙江大潮、不知視此何如、

猴戲（二）

海潮

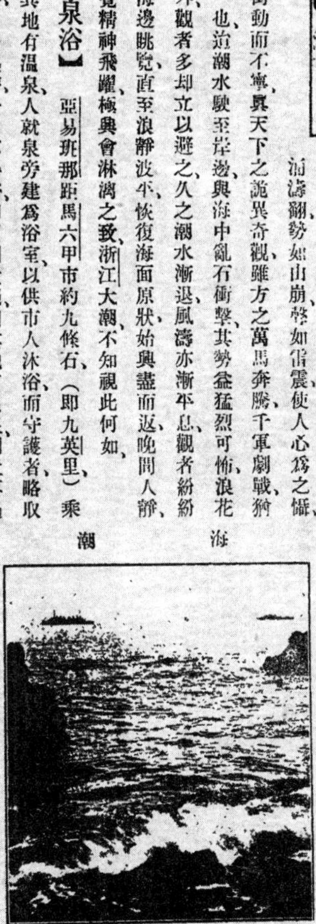

【亞易班那之溫泉浴】亞易班那距馬六甲市約九條石、（即九英里）乘汽車行數分時即至、其地有溫泉、人就泉旁建爲浴室、以供市人沐浴、而守護者略取酬資、余性好潔而喜浴、自居熱帶、一日不得浴、即煩悶欲絕、聞其地有溫泉、則大喜過

望、乃與培風學校校長顧君叔廉、同乘曾君江水之汽車往浴、顧君並自帶毛巾胰皂等物、浴室規模頗宏敞、內分男女二部、門外有馬來人守之、無事則鍵其門、有人來浴、始啟門放入、余等入而沐浴、其池形正方、可容二三人、水極清澈、而溫度頗高、較吾國湯山之溫泉尤過之、水中硫磺氣尚不甚濃、余等坐臥其中、盡情洗浴、覺精神舒適、其樂不可言狀、良久始已、即與以一元之酬資而出、復於浴室附近徘徊散步、踰一時許、仍乘汽車返馬六甲、浴室外有白石一方、上刻我僑胞發明此泉之姓名年月、惜余未暇記清、俟再版時、定當派專人調查、詳細列入、以誌不忘、

第七章　遊記

【稻田】　南洋各島、多產稻之區、而馬六甲所產、尤見稱於世、其種植之法、劃地爲畦、插苗於畦、恃雨水以資灌溉、無需溝澮汲引之勞、因其地日必有雨也、以此爲業者、概屬土著之馬來人、以其體健而性尤耐勞也、工作時、以婦女爲最多、每値插秧或收割之時、馬來婦女、首蒙各色絹帕、在田間俯首力作、目不旁瞬、其勞動之勤奮、亦有不可及者、馬來婦女、膚色雖帶櫻色、而姿容艷秀者亦不少、値其立而休憩、遠望之、殊娟媚可人、偶作田歌、亦復嬌婉可聽、此種景況、大與吾國江南插田時、相彷彿也、迨稻既收割、除供本地食用外、餘則運銷各國、故馬六甲之出口貨、以稻米爲一大宗、

溫泉旁之小樓

【遊淡邊】　由馬六甲乘火車或乘汽車、皆可至淡邊、汽車費約五六角、沿途地勢平坦、稻田一望無際、經小村落數處、逾鐵道即至淡邊、其地有街市一道、商店百餘家、旅館十餘家、地爲馬六甲與雪蘭莪交界處、故商業繁茂、市面頗具富庶之觀、車至街頭、有木柵限之、雪蘭莪設稅局於此、須經檢查後、始開柵放行、兩地法律稅則、皆有不同、蓋一爲馬來聯邦、一海峽殖民地也、有學校一所、名育英學校、學生百餘人、校長黃君英良、基督敎人、熱心敎育、每晚並就校中宣道、埠人多敬愛之、余遊此地時、適値市中演戲、男女羣聚而觀之、晝夜不絕、由淡邊入雪蘭境、即至芙蓉、汽車費一元餘、余本擬往其地一遊、惜爲事所牽、不果往、乃就育英學校少憩、仍乘車回馬六甲、

【遊丹絨】　由馬六甲乘汽車而西、沿海岸行、所經多大資本家別墅、樓閣壯麗、花木繁榮、各具優美之致、海邊漁舟、往來風帆、隱現

於波光雲影之間、令人心神俱爽、有頃、即至丹絨其地、爲赴雙勾峇汝必由之路、有市街一條、商店三四十家、又有學校一所、名益智學校、學生六七十人、總理蔡君光前最熱心公益事業、故該校之成績、頗爲可觀、該埠以濱海故、風景甚佳、氣候亦較涼爽、各大資本家、多就其附近建築花園、爲公餘納涼之地、花木亭台、各擅其勝、遊覽數區、爲時已久、乃乘汽車逕赴雙勾峇汝而去、

稻田

【海中孤島】　馬六甲海中、距岸二三哩、有小島一、乘帆船或汽船往、約數十分鐘可達、島中風景絕佳、爲海中名勝之區、余居馬六甲時、聞其名、偕友二人往遊焉、共乘一帆船、適遇順風、其行頗速、立船頭上、眺覽海中風景、頓覺海闊天空、胸襟爲之一暢、船至島下、泊舟登岸、島雖甚小、而形勢聳拔、頗具獨立不倚之態、乃自海濱迤邐而登、途中林木叢茂、花香鳥語、悅人耳目、恍如別一洞天、峯頂有大伯公廟、建築宏麗異常、聞每值朔望之日、埠人多渡海來拜大伯公、而乘是日來遊者亦不少、登峰四望、全島風景、歷歷在目、海中之輪船帆船、往來如梭、極爲可觀、暢遊良久、至一酒肆中暢飲傾談、直至日輪西墜、乃下至泊舟處、仍乘帆船返迴、望孤島、漸漫沒於茫茫大海中矣、

亞沙漢建築水池時之撮影

【遊亞沙漢】　亞沙漢亦馬六甲所屬一小埠也、由也新乘汽車行二三十里、踰一小埠、即至其地、沿途多膠林椰園、吉寧婦女、打草者、割膠者、時時見之、工作頗勤苦、埠中有街市一條、商店四五十家、書報社、學校各一處、學校名中華學校、爲教會所創辦、學生約三四十人、規模殊小、成績亦有可觀、又有一福建會館、建築設備、皆舊式、堂中猶供佛像、辦事人現

擬振刷精神改良矣、其地華僑人物、最有名者、為陳文源羅蘭汀二君、皆熱心公益事業、且隸國民黨、為僑民所推重者也、該埠向無北平人足跡、余遊其地、實為北平人初來之第一人也、故陳羅諸君、對余異常歡迎、極盡地主之誼、惟余因事務牽纏、當晚即返馬六甲、未及與諸君作長時間之盤桓、至今猶覺耿耿也、又聞數年前、該埠附近發現錫礦一處、埠人籌集資金招工開採、出錫之量甚豐、於是闔埠之商業、大見發達、後因出錫漸少、遂停工云、

古廟

【遊觀音廟會】觀音廟在觀音亭街、為馬六甲廟宇之最大者、其中大殿五楹、飛簷複棟、氣象萬千、純為中國式之建築、其旁配殿、亦宏麗可觀、殿後方丈院、花木幽深、尤有出塵之致、余往遊時、適為二月十九日觀音聖誕之期、對面廣場之戲樓、晝夜演戲、埠中僑民男女、傾巷往觀、焚香拜禱者、比肩接踵、前仆後繼、備極虔誠之意、雖香烟繚繞於前、汗氣薰蒸於左右、皆不覺也、僑民對佛教信仰之深、於此可見、

【遊也新】也新馬六甲所屬一小埠也、距馬六甲二三十里、余居馬六甲時、首往遊之、乘汽車行、轉瞬即至、其地有街市二條、商店四五十家、其重要商店、為金興新萬義等號、市中道路甚整潔、汽車之往來其間者、絡繹不絕、有學校一處、名培新學校、學生約百餘人、校舍非常宏麗、而光線空氣、均極適宜、設備亦極完備、總理為吳君禮庭、校長為饒君次我、皆熱心教育之士、故校務方發達未已也、附近多膠林、物產以樹膠檳榔為盛、又有警察所一處、其地華僑人物、以祁善庭梁長安林半凡諸君為最著、皆國民黨員也、尤以吳君禮庭最

雙勾峇汝沿途之風景

熱心社會事業、能任勞怨、埠中有紛難之事、輒出而排解之、必使和平了結而後已、其任俠尚義、爲他人所不及、埠中人莫不愛而敬之、

【遊雙勾峇汝】由丹絨乘汽車二十餘里、而至雙勾峇汝、汽車路至此而止、再進則路尚未修、雖可通車、恐不勝其顛播矣、其地有街市一條、商店數十家、前有學校二所、嗣因學生無多、乃合併爲一、名益華學校、總理鍾錫賢、校長謝季華二君、皆熱心教育、雖學生不多、猶竭力振作、力謀校務之發達、其毅力殊可佩也、埠內居民、除營商業外、多以植樹膠爲業、附近徧植膠林、一望無際、每年產額甚鉅、故工商業均甚發達、前途殊未可量、又該埠向無郵局、近始設立、亦可見其發達之一斑也、

第八章　雜記

【訪曾江水】馬六甲中華商會會長曾君江水、原籍閩省、居馬六甲已數代、爲馬六甲最大之資本家、沈君鴻柏偕余往訪之、其人年四十餘、體甚瘦、而精神飽滿、兩目炯炯有光、望而知爲堅忍精幹之實行家、余與談話時、有某君爲譯閩語、余問其離祖國已數世、尚有思鄉之念乎、君曰、祖宗墳墓、皆在中國、焉有不念之理、雖舉所有資本、携至祖國、辦理實業、皆所樂爲、但國內時局不靖、未敢冒昧從事耳、又談及華僑大資本家黃仲涵、對於祖國、如秦越之相視、漠不關心、而以受庇外人爲得計、君亦極不以其人爲然、又談及祖國土產、近來製造甚精、銷路亦見進步、君聞之甚喜、並主張華僑各學校、一致提倡國語、使學生皆能作普通語、則對祖國之觀念日深、而各地僑民之感情、亦可日見融洽、蓋提倡國語與提倡國貨、均爲華僑間最重要之事、當同時進行者也、君於國內外公益事業、皆能慨捐鉅資、提倡不遺餘力、馬六甲培風學校及廈門醫院、皆捐欵踰數萬、既又暢談國內各方面情形、歷數時不倦、後因有事他出、乃派人伴余、乘汽車環遊全市、並至溫泉沐浴、浴後、復乘汽車至海邊、則君之別墅在焉、廣約數十畝、中爲宏大之樓房、共約數十間、其中中西飯廳、客廳、浴室、書室、臥室、皆佈置殊井井有序、器物亦極精美、樓外環以寬闊之院落、古木凌雲、雜花滿地、點綴之佳、殆鮮其匹、登樓遠眺、則海闊天空、烟波無際、時有風帆烟突、往來出沒其間、心胸頓覺一暢、誠修養之勝地也、憩息久之、仍以汽車送余返、

【沈鴻柏家中之宴會】沈君鴻柏爲馬六甲思想最新之人物、自二十餘年前、即入同盟會、從事於革命事業、孫中山黃克強諸君、皆異而重之、每有所事、輒諮詢其意見、以爲進行之方針、君則爲之深思長慮、以策之、籌鉅資以供給之、故所舉、往往有功、君之名

由是大著、凡革命人物之馬六甲者、莫不以得見沈君爲快、即非革命人物、亦莫不以一見沈君爲榮也、余至馬六甲、即偕培風學校校長顧君叔龐往訪之、君於國內北方情形、及上海五三事變、垂詢至切、纖細靡遺、暢談竟日不絕、並命將行李移至寄廬俱樂部寄宿、其中寄廬俱樂部者、即君所創辦、而爲之總理者也、余以其地爲君與同志籌謀要務之所、居之殊多不便、因婉謝之、既又請余移寓培風學校、並設宴家中、爲余洗塵、徧邀馬六甲知名之士、爲之介紹相見、請將國內情形、報告衆人知之、翌日、更偕余往訪商會會長曾君江水、此老年近六旬、而對於國事之熱心壯志、視中年人尤過之、即其對余之竭誠照拂、亦非恒人所及、謂非學養深到、曷克臻此、

【資本家之概略】南洋華僑中、號稱資本家者、不勝縷指、資本多者、乃逾千萬以上、次則數百萬、百餘萬、最少亦數十萬、十餘萬、其資本有承父兄遺業者、有自身經營所得者、亦有偶逢幸運、陡然而富者、其資本之來源不同、故其運用資本之方法亦大異、要而言之、可分五種、

白手創業之資本家

（一）仗父兄餘蔭、毫不知創業艱難之資本家、　此種資本家、席父兄之餘蔭、毫不知創業之艱難、終日養尊處優、以浮華相尚、以奢麗相跨、洋樓務極其高大、汽車務極其華美、衣服務極其都麗、飲食務極其肥甘、狂嫖豪賭、一擲動輒萬金、至其產業之現狀如何、金錢之來源如何、概不置諸念慮、而於僑胞之如何提携、公益事業之如何贊助、亦絕不著之腦想、其心目中、祗知英政府爲皇家、英政府有所需求、則竭其力之所至而報效之、而於祖國、則置於度外也久矣、此等資本家、以僑生佔最多數、蓋濡染於外人者深、故其傾向於外人也亦切、而又無學無識、不知世界之大勢、其造成此種不中不西之人物、固亦其所、

（二）仗父兄餘蔭、光而大之之資本家、　此種資本家、自幼隨其父兄經濟實業、已具有實業家之知識經驗、迨襲其父兄遺產、即本其知識經驗、推廣之、擴充之、發揮而光大之、於是事業乃蒸蒸日上、較之乃父乃兄時、有過之而無不及、其初一小資本家也、一躍而爲大資本家、本大資本也、一躍而爲數一數二之最大資本家矣、觀其事業之發展、前途之遠大、且將進而與世界大資本家併駕而齊驅焉、

此種資本家、實爲資本家之中堅人物、其頭腦甚新、知識甚富、故其於祖國有休戚相關之思、於僑胞有禍福與共之意、有災患則竭力以援之、有公益事業、則竭力以提倡之、南洋教育慈善諸事、大抵皆此種資本家、提倡之力所成也、惟其人視權利義務之界過嚴、對於所屬工場商店職員、往往失之苛刻、故不能得大有爲之才、爲作股肱心腹、助成偉大事業、此其一短也、

(三)白手創業之資本家、　此種資本家、其初或爲工場之工人、或爲商店之夥友、苦心勞力、終日辛勤、所得工資、有所餘則積之、爲時既久、經驗已深、資本亦稍有成數、乃自創一小工場、或小商店、獨力經營之、營業漸廣、資本漸富、不十數年、遂卓然爲一資本家矣、此種資本家、起自寒微、深知貧寒況味、故對於周邺貧寒一切善舉、不惜傾鉅資以助成之、亦可謂資本家之重要人物也、

(四)偶逢幸運之資本家、　此種資本家、其初或爲工、或爲商、不過庸庸碌碌、但求衣食飽煖、不褒凍餒足矣、本無遠大之志、欲爲資本家也、不意偶逢幸運之來、爲工爲商、則所貨騰價、置地皮、則地價陡增、置礦產、則礦苗忽然大旺、於是不數年、即一躍而爲大資本家矣、此種資本家、大抵慷慨好義、對於公益事業、不惜捐助鉅資、且具有堅忍耐勞之性、樸實誠信之德、故能偶逢此種時會、用以起家、非徒恃運命者、所可希冀者也、

(五)功成身退之資本家、　此種資本家、或襲父兄餘蔭、或由白手成家、迨至事業已成、即懍老氏知足知止之訓、但求保守已成之業、不復作進取之思、蓋恐冒險進取、偶爾失機、一蹶不振、並已成之業、且不可保也、故多於風景之地、築別墅居之、優游歲月、終其天年、此種資本家、可謂之消極的資本家、惟因其有優游自娛之意、其子弟亦於無形中、爲所濡染、往往流爲聲色自恣之人、將來竟成爲第一種資本家者、數見不

馬六甲華僑資本家之婦女賣煙助賑團

鮮、此亦消極的資本家所當知也、

【住民之狀況】馬六甲開闢最早、居民多富於篤舊思想、大資本家室中、徧設梗木花梨几案、上嵌大理石螺鈿之屬、壁間懸鶴鹿同春挂屏、及對聯等、堂中多供佛像、逢朔望日、焚香叩拜、入其室中、宛然國內舊家之氣象也、雖多身衣馬來服、口作馬來語、而對於祖國之觀念特深、所有禮教習俗、皆能保持勿失、不爲外人所同化、以視輕浮少年、一受外人之薰染、即舍吾本而逐其末者、相去何可以道里計耶、惟衣馬來服、作馬來語、與土人交際間、固較便利、然非所以保守吾民之舊也、謂宜提倡國語、以存吾民之語言文字、革去馬來服、以復吾民之故服、始爲不悖於篤舊之觀念、矧以堂堂大國之民、而下儕於亡國半開化之族、尤爲可恥之甚者乎、馬六甲不乏有志之士、盍起而圖之、

培風學校臨海宿舍

【培風學校之暢聚】余至馬六甲、首與沈君鴻柏相晤、沈君因余以北人、遠道南來、嘉其意志之堅定、而冀其事業之發展、故極盡地主之誼、初擬介紹寓於俱樂部中、嗣以俱樂部係娛樂機關、終日來往之人不絕、晚間尤喧囂擾人清睡、乃爲之介於培風學校、移寓其中、宿舍設於學校對面、後臨海濱、林木掩映、碧草如茵、風物殊清閟可人、校長顧君叔旗招待尤極優渥、爲擇一最適之室、所備床帳襆被、並清潔異常、每日兩餐、皆供以特別肴蔬、顧君爲江蘇人、其菜作江南風味、鮮美可食、每至晚餐後、顧君及教員沈質民諸君、與余歡聚一室、暢談國內外各方面情況、引據古今、批評中外、議論風生、歡笑彌至、並贈以南洋書籍地圖多種、余即按圖上所繪、歷詢其一切情形、按書中所述、歷詢各種事實、諸君即爲之指陳剖釋、不厭求詳、其後余遊各地、辦理一切事務、皆能有備無患、措置裕如者、皆出諸君預爲指導之賜、至今尤拳拳不能忘也、每當晨起無事、常登屋頂、向海中遠眺、又時隨諸君至埠中名勝之區、瀏覽風景、蓋居此數月、直無一日一時之不適也、

【勸剪髮放足】馬六甲開闢較早、華僑之居於其地也最先、故其舊風俗舊習慣之存留於今日者亦最多、且其人之保守性、亦

視他埠爲最大、頗有牢不可破之槪、如保皇黨一派、至今仍蓄髮辮、而不肯剪去者、尙多有之、搖搖於人羣之中、恬然不以爲怪、斯固個人之自由、無悖於道德法律、然其性情之頑固、思想之陳舊、亦由此可見、且身居外人之地、不能吸收新知識、新思想、競爭於新世界之中、而斤斤焉保守舊習、甘居於劣敗之地、豈不爲外人所竊笑乎、至於閩省婦女、初到南洋者、類皆纏足、而天足者甚少、南洋各埠、皆時常見之、尤以馬六甲一埠爲最多、其幼齡女子之新纏足者、雖已不可復睹、而中年以上之已纏足者、則多不肯毅然解放、以復天然之舊觀、此不但於所生兒女身體之强弱、有莫大關係、即其自身、亦不免行動遲緩、作事不力之痛苦、且每行街市、外人見之、尤多嘲笑之意、此二事、實爲我僑胞之恥、甚願該埠明達之士、設法提倡、竭力勸導、務期有以革此陋俗、煥然改觀、使中外人士、皆一新其感想也、或曰、剪髮之事、一舉手之勞而已、其事固易之、若夫已纏之足、其筋骨已成固定之形、縱使毅然解而放之、豈能恢復天然之舊觀耶、余曰、是亦不爲無見、然余嘗遊晉北大同、聞其放足之法矣、其法每日用溫水洗足二次、各指之縫、塡以棉花、久而習之、雖不能筋骨復原、亦使足漸漸放大也、此法殊覺近理、華僑婦女、果有志放足者、何不倣而行之、縱不能收十分效果、當亦有利而無害也、

【樹穴中之病夫】 余居馬六甲因夙疾未痊、每早趣至海邊吃風、偶見古樹一株、本空如巨穴、有人斜倚其中、不知何作、迫而察之、見其自膝以下皆浮腫、似患足疾、不良於行、其飢餓困頓之狀、殊使人棖觸不已、蓋余與其人境遇雖大相懸殊、而同居海外、同在病中、遂不禁起同情之感焉、乃贈以洋一元、使作醫藥之貲、後至其地、時以錢自樹後擲其襟袖間、不令知爲余所贈也、旬日後、其人足纏白布、已能緩步而行、想服藥數日、漸有起色矣、嗣余因事返檳城、竟不能再以錢贈之、雖始終不知其人姓名、而每一念之、則同情之感、輙悽然以生、此亦可爲余在馬六甲病中一小小因緣也、

【海邊鐵橋之兩學生】 余居馬六甲晚間恆至海邊鐵橋吃風、橋長數十丈、伸入海中、蓋昔日之碼頭、今廢矣、其上設有燈塔、今仍用之、燈光照耀海面、數十里外可見也、本埠之人、每晚多往其上吃風、四望空闊、恍如身在海中、余甚樂之、每至夜深、猶流連不忍去、一夜靜坐甚久、遊人已稀、見幼童二人、皆作學生裝、各提一籃、一賣瓜子、一賣餅乾、余方異之、忽賣瓜子者謂余曰、夜已深矣、請先生速歸、恐過晚則來巡警之干涉矣、余聞其能作普通語、尤異之、乃作戲語詐之曰、余方自中國來此、舉目無親、無所投止、直至此時、尙未得一飽、去此將安所之、賣瓜子者、聞余言、即作閩語向賣餅乾者曰、此郎來自唐山、此時尙未吃飯、汝可以餅乾與之、使暫充飢、賣餅乾

者、即數其所餘餅乾、除本錢外、尚盈十餘枚、遂盡以付余、賣瓜子者、更益以瓜子數包、余至是、更大異之、夫以此種慷慨行爲、出諸富而好名之人、且不易易、今乃出於小本營業之兒童、詎非難得之事、遂詳詢二童家世、則皆無父之孤兒、晝間肄業於培風學校、晚即營小本營業、半工半讀、以謀生活者也、觀其慷慨助余之舉、殆亦發於同病相憐之念耳、余既感其熱誠、復憫其孤苦、遂各贈以一元、助其學費、並將餅乾瓜子退還之、是日曾詢及二童姓名住址、後因事忙、不復記憶、他日倘有機緣、仍當助以學費、俾成有用之才、茲事雖微、然至今猶念念不能去懷也、

【與胡少炎君之暢酌】胡君少炎福建人、營商於峇都巴哈、性慷慨、喜交遊、峇埠人士、莫不親而敬之、余遊峇埠時、所攜國貨、多經其介紹出售、且爲之慨墊鉅款、其豪爽之氣、殊非恆人所能及也、其後余居馬六甲、一日偶在市中與君相遇、蓋君有親戚在馬六甲、適來探望也、相見後、握談甚歡、即邀余在清閒居便酌、座中有莊君者、亦曾相識、君因爲北人、擇館中特別佳肴以餉之、席間暢談別後情形、歡洽甚至、飯後又偕至各俱樂部各社團參觀、時已薄暮、始殷殷握手而別、厥後遇事得君之助力尤多、實余南遊中一益友也、

胡少炎君

【國貨之暢銷】此次南行、道經上海時、各大工廠委託代銷所製出品者頗多、既抵新加坡、適有上海模範工廠派人携大宗出品赴南洋推銷、該廠係慈善性質、所有出品、皆日用必需之物、如毛巾、牙刷、衣刷、胰皂、文具、毡毯、玻璃器之屬、不下數十種、乃託余遊歷各埠時、便中代爲推銷、値余將赴馬六甲、即携樣品在馬六甲爲之試行推銷、當與華新公司劉漢屏、震發公司林大典、新華公司袁舜擧、及他各大公司接洽、將各種樣品陳列、請彼等審查批購、並說明該工廠爲慈善事業、務望特別幫忙、倘此次能代爲銷售、將來逐漸擴充、即可直接向該公司交易、遂經劉君等逐件閱看後、加以批評、以爲此等國貨、較之前數年、進步極爲迅速、視各國洋貨、當亦不相上下、且定價甚廉、不難暢銷、爲之稱讚不置、即由各公司爭先批購、所有定單、共計數千元之多、蓋華僑對於國貨、極樂用之、果有人爲之實力推廣、未嘗不可暢銷也、

【酒店中之醉漢】余至南洋、每寓旅館中、輒因旅客雜沓、徹夜喧囂、不能成寐、深以爲苦、久之、竟患失眠之症、比至馬六甲、居瓊

人所設酒店中房價雖昂然以其去市稍遠、旅客不多、頗能穩睡、故亦安之、一日夜已十二時餘、余靜坐後、方欲成眠、忽隔壁室中、來一馬來貴族、偕友數輩、並侍者多人、其人已大醉、滿室喧譁、聲徹四壁、余爲之驚覺、不復成寐、其人須用人爲之捶背擊腿、少不如意、則大聲呵叱之、久之、其聲愈厲、余不堪其擾、欲移他屋避之、即又不可得、遂終夜未能成眠、在彼馬來人、本一亡國之民、未受文明教育、終日昏昏、醉生夢死、不知公德爲何物、其肆擾也、原無足深怪、第念余方欲睡、無端受其驚擾、終夜失眠、豈非冤枉冤哉、故記之以見旅行困難之一斑、

柔佛王宮前海邊

【馬來車夫之狡猾】馬六甲營業汽車、多馬來人御之、其人習於狡詐、乘客每爲所欺、一日余自蔴坡乘車赴馬六甲、言明車費一元、帶有行李二件、行至蔴坡與馬六甲分界之檢驗處、車夫示意檢驗之巡丁、以余爲新客、令其多索小費、巡丁即要求非與咖啡資（即茶資也）五元不能放行、余以每次檢驗小費、不過數角、今竟勒索至數倍之多、堅不肯與、余行李中、並無違禁之物、即檢察何害、即令其任意檢察、彼遂逐物剖視、所携藥品、亦扯破其紙裹、因而遺落損傷者甚多、迨未獲違禁之物、始放之行、車夫見計不得逞、至甲埠後、竟要索車費三元、意在人一元、行李二件各一元也、余謂僱車時、言明一元、未嘗提及行李、此時豈得多索、彼乃扣余行李、以爲要挾之計、爭論久之、路人有爲之不平者、乃用馬來語、向車夫解釋、並告以將至警察所申理之、車夫始有懼色、不復勒索、此等情形、初至南洋者、不可不知也、

【由新加坡至馬六甲之路程】由新加坡至馬六甲之間、陸海交通均極便利、海路乘輪船行馬六甲海峽中、約十餘時即至馬六甲海中風平浪靜、風景絕佳、如携有行李並可在船中穩睡、較火車之轆轆擾人、尤爲安適、艙位以二等爲普通、價五六元、頭等十餘元、並有西餐、如居海上旅館中、惟小輪能逕入港口、大輪則不能入港、須改乘摩托船、或小划船登岸耳、陸路由新加坡乘火車經柔佛冷金居鑾金馬士等大站、則至淡邊由淡邊換車即至馬六甲惟須候車一時餘、不

若由淡邊改乘汽車、亦可至馬六甲、所費約五六角、至於汽車路、由新加坡乘汽車、先至柔佛、約行一時許、車費五六角、途中時與火車並行、所經多大樹茂林、車行樹蔭中、淸風習習、凉爽異常、時過山路坡陀處、亦甚平坦、因所有汽車路、概爲漆路故也、所經有烏登等六小站、各站之旁皆有零星小商店數十家、車皆穿市而過、又經怡和樹膠廠永發汎籐廠及林義順之馬西嶺楊萬慶之蕪湖園陳齊賢之鎮江園林文慶之漢口園各園規模皆甚大、種植之得法、堪與歐人所營之膠園併駕齊驅、轉瞬至柔佛長隄、隄建於十餘年前、近始落成、爲新加坡與柔佛間渡海之捷徑、其上有鐵道、汽車道、人行道、蔚然一大工程、車行其上、見兩旁漁舟出沒、風帆上下、大小輪船、亦多碇泊於此、長隄之兩端、皆有稅局、車行至此、經檢察後、始能放行、既過長隄、即至柔佛、柔佛又名新山、馬來屬邦柔佛之首府也、有街市五六條、商店千餘家、商會一處、俱樂部二處、學校一處、名寬柔學校、有學生百餘人、由新至此、車費五六角、乃換車而行、換車處在巴薩(即市場也)之旁、由是折而南、經馬來王宮、其地多馬來人村落、結茅爲屋、男女怡然自樂、椰林中時有馬來人猱升高木、摘取椰實、更有就海濱架木版爲屋者、屋前繫小艇數艘、尤具天然樂趣、更經陳嘉庚第四黃梨廠日新公司、並渡一橋而至六條石、其地有書報社學校各一處、商店三四十家、車穿街市而過、又行一時餘、而至龜來車暫停、乘客皆飯於市中、車亦上油上水、市中有商店數十家、附近多黃梨山、飯訖而行、路漸荒僻、所見膠林多甫經開闢者、樹皆短稚、行列殊齊整可觀、更有未闢荒林、方放火焚燒之、烟篠彌滿空際、蓋亦焚去荒林闢地、以植樹膠也、所見竹林及椶櫚亦甚多、皆深密無際、有高至數丈者、翠葉碧竿、隨風翩翩而舞、令人可愛、更有長竿下垂至地、如垂釣之狀者、尤具別致、道旁時有小溪、自深林密菁中流出、水淸見底、潺潺之聲可聽、行二時許、即至峇株巴轄、其地一名朋加檻居峇株巴轄河畔、爲柔佛邦大市鎮之一、居民萬餘人、商店數百家、俱樂部數十家、書報社一處、有愛羣學校學生數百人、規模甚大、有女子正修學校學生百餘人、有電影園戲園二處、附近有日人採辦之鐵礦一處、工人數百人、十餘年前、尙

峇株巴轄之渡口

未成街市、今則人烟稠密、晝夜喧闐、誠一繁華富麗之區矣、附近樹膠園甚多、椰子檳榔出產亦富、由柔佛至此、車費一元數角、由是渡峇株巴轄河、河中設有摩托船、專爲往來過渡之用、自用汽車渡費一元、乘客渡費不過數分耳、渡河又換車行、經巴東有商店數十家、俱樂部一處、聞現正籌畫開辦學校、再行即至蔴坡、車費亦一元餘、蔴坡一名坤蘭居、蔴河畔、爲柔佛邦最大之商埠、居民約二萬人、有街市六七條、商店三百餘家、中有日本商店六七家、吉寧人馬來人商店共二十餘家、英人商店數家、餘皆華人商店也、所營商業最重要者、爲樹膠、至公共事業、則有啟智閱書報社一處、學校六七處、其中最大者二處、一名中華學校一名化南女學校、中華學校頗注重國語、而英文次之、現有學生三百餘人、教員十餘人、校長方君之棟人極熱心、竭力擴充校舍、已有中學一級、高小二級、國民四級、其發達之勢可見、化南女校在三馬路、校長洪斌女士湘人、學生二百餘人、教員九人、其進步亦甚可觀、除此二校外、其餘小埠學校尚有十餘處、並有夜校兩三處、其地附近林木甚多、物產以樹膠爲大宗、椰子檳榔碩莪榴蓮等次之、至此又舍車渡河、河即蔴河也、渡過情形、與峇株巴轄河同、既渡、更換車行、經數小埠、又過一橋、橋旁有馬來人稅局、車過時、須經其檢察、始能放行、既過此橋、即入馬六甲境矣、沿途均已開闢、膠林椰園、彌望無際、檳榔芭蕉亦觸目皆是、馬來人之村落、時隱現於喬木茂林中、並經馬來學校數

由新加坡至柔佛之長堤

處、又經一小埠、名孟呙車行街市中、旁有商店四五十家、有教會學校一處、郵局一處、踰此則地勢開展、沿途稻田萬頃、漠漠無際、馬來婦女揷苗田中、口唱田歌、其聲嫋婉可聽、其小兒則牽水牛飲溪畔、口中亦呦呦度曲、田中多水鳥飛翔、或游泳水中、更有白鷺飛集牛背上、其牛若無所覺、亳不現驚擾之意、觀之尤有奇趣、吾國江南水田風景、不得專美於前矣、所經村落較多、村中男婦往來、兒童嬉戲、雞鳴犬吠之聲不絕、蓋其地之開闢久矣、迨近海濱、見舊日之砲台、巋然尚在、然已成歷史之陳迹、又經公塚一區、即入馬六甲市矣、余此次由新加坡赴馬六甲、係乘友人自用汽車、其車裝飾既美、機關又極靈敏、故速度遠在營業車之上、而途中行程與所歷時間、亦與普通之車迥異、所有經過各埠狀況、及小埠名稱等、皆詢之友人、略知梗概而已、嗣經詳細調查、始得其一切詳情、惟此屬馬來聯邦範圍、當減諸本書第二部中、茲姑從略、

☞預　告☜

本書第二部馬來聯邦誌略計分六編第一編森美蘭第二編吉隆坡第三編大霹靂第四編彭亨第五編柔佛第六編吉礁現已脫稿不久付梓各埠僑胞如願以社團學校名人風景工場商店之各種像片惠賜者請即郵寄中國北平大興縣白米倉八號蘊興商行著者極表歡迎謹當編輯製版加入書內以垂永久而資紀念

再者第二部與第一部篇數式樣相同如學校社團大批訂購者請即示知以便加印

跋

余夙主張開發西北、以爲內地地窄人稠、生活之競爭甚烈、而西北一帶、沃野萬里、人烟稀少、地利未闢、實業不興、若移內地人民、以開發西北、則民生裕、國防固、一轉移間、而殖民之效可見、況自民國以來、國內戰爭、連年不已、所以不惜殺人流血、以賭一時之勝利者、其最終目的、無非爲爭地盤一事已也，爭得地盤、則其所屬之無恥官僚、無聊政客、無腦筋無宗旨之軍官士卒、皆得盤據其中、上焉者足以養妻子、

著者在蒙古時之攝影

殖產業、恣聲色、窮嗜慾、爲一時赫赫之偉人、下之亦可喫飯穿衣、不失爲有能力之好漢、故所謂地盤云者、即以萬民之脂膏、供此無數餓虎貪狼之啖噬者也、加以戰事所及、農丁爲之輟業、商旅爲之裹足、兵燹甫過、凶年隨之、曩日名都大邑、繁華富庶之區、今皆化爲蕭條冷落之地、於是富室降爲中人、平民流爲乞丐、餓莩徧野、羣盜滿山、舉國岌岌、皆以生計爲最大問題矣、夫內地方以人民生計爲憂、而西北一帶、則以地曠人稀爲慮、倘能乘此時期、實行移民殖邊之策、則事半而功倍、一舉而數利具、千載一時之機、孰逾於此、余既蓄此主張、爰於民國五年、躬赴察哈爾綏遠蒙古一帶、實地調查、見其土地之遼闊、農林礦產之豐饒、果得人而經理之、則安置數百萬貧民、誠非難事、惜以交通不便、內

地人士、不能悉其眞相、輒以貧瘠之荒壤視之、乃於張家口創設振興印刷局及大西北日報、冀假文字之宣傳、促起國人之注意、慘淡經營、進行不懈、既又以西北地方當局、貪私自利、不足與謀、更於十年春、創設進化通信社於北京、調查西北情形、報告於全國各報紙、及京內外之碩彥名流、復於其時、旅行京綏全路、由張家口而綏遠而包頭、觀其實業之前途、交通之現狀、用爲實行主張之準備、即籌集資金、就包頭領地試種、而於包頭開埠之舉、亦竭力爲之鼓吹、於是在包頭成立西北進化會、聯絡廣東旅包資本家、辦理各種拓殖公司、並返京與直魯豫三省議員、多方討論、試辦移民之計畫、與西北各商會聯絡、成立西北商會聯合會、促西北商業之發展、又担任京綏全路運輸社職務、以期西北交通之便利、是時全國明達之士、羣集視綫於西北問題、調查西北狀況者、絡繹於途、購地公司、紛紛成立、生氣蓬勃、大有一日千里之概、余方竊幸其主張之可達、而西北荒僻之區、不久將化農商富庶之地矣、不意國內戰起、時局丕變、西北所受之影響尤甚、於是資本家、趦趄不前、而西北發達之機、因之一挫、余見開發西北、尚非其時、當此改革之際、又不能停止此項工作、乃毅然親赴南洋實地調查、觀其開闢之次第、與其政治、法律、交通、警察、衛生、租稅、土地法、礦物法、一切設施、以備將來開發西北有所取法、一面考查華僑經營實業之方法經驗、到新首遇張君永福邱君菽園暢談西北情形、二君皆知之最詳、久有開發西北之意、至馬六甲晤沈鴻柏曾江水二君、皆願投資西北、以爲華僑之先導、至大霹靂晤梁燊南周文生二君、對於西北礦產、素有研究、梁君曾至關實地調查數次、一俟時局稍有轉機、即赴西北經營礦產、至檳榔嶼晤吳世榮林博愛二君、亦皆主張以開發西北、爲息止內爭之善策、又對於各埠報館學校、竭力宣傳、聞者無不贊成此種主張、而冀其有實現之一日、若以華僑充實之資本宏富之經驗、使之開發西北各種實業、如大霹靂人、則使之開闢西北礦產、荷屬之人、則使之開濬西北水利、新加坡人、則使之經營西北實業、其他各埠人、則使之經營種植事業、斯皆立能大著成效、而萬無失敗者也、惟是華僑雖有此志而以國內政局不寧、尚未敢舍其第二之故鄉、而冒然返國、今幸南北統一成功、建設之時期已至、政府果有確實之保障、使華僑之資本、不至損失、則余理想中之西北開發主義、或在最近的將來、即可實現、亦未可知耳、茲將大西北日報社發刊辭、進化通信社宣言、暨西北進化會緣起三稿、備錄於後、以供南洋華僑有志開發西北者省覽焉、大輿宋蘊璞跋

先總理曾題贈大西北日報自強不息四字
黎宋卿先生曾題贈進化通信社朝陽鳴鳳
四字幾易寒暑頓成遺墨爰影刊以資紀念

自強不息

孫文題

大西北日報發刊辭

觀夫比年以來、政治之窳敗、外交之險惡、財政之紊亂、武人之恣肆、民生之憔悴、殆已成爲不可救藥之時局矣、南北相持、擾擾數載、蜩螗沸羹、爲權利戰、假縱橫捭闔之勢、舉一切法律典章、悉爲弁髦、民命國權、皆可犧牲、但有以固吾地盤、保吾祿位、他此皆非所顧慮、南方之强者眼光如豆、不及黃河以北、而北方之强者、腕力太差、不及大江以南、只知中原逐鹿、罔恤塞上亡羊、馴至强鄰思逞、虎視耽耽、俄則煽蒙獨立、(此指往事言) 冀收漁人之利、更與日謀、協分滿蒙之地、英則入藏通商、獨擅貿易之權、派兵遣使、藉口藏番之亂、內憂未弭、而外患方長、此所以令覘國是者、嗒然若喪、而懍然不可終日也、

頃者、當局諸公、頗似有自覺之心、知非開發西北、不足保障東南、取消蒙古獨立、特設籌邊專使、舉凡軍政實業敎育交通事項、畀玆一人、專其責成、倘使輔佐得人、勿偷勿倦、毋躁毋鶩、計日程功、則十年之後、西北一隅、矞皇發展、殆未可限量、此徵諸民族歷史地理、勢有必然者也、

蒙回民族、素稱强悍、自唐宋以還、遼金元夏、以十數部落、崛起沙漠、卒能定霸創業、稱雄一世、如成吉思汗鐵木眞之榮譽、固已震爍歐亞、炳耀史冊矣、逮至今日、敎育不興、知識雖屬薄弱、而軀幹雄偉、視燕趙俠客、山東健兒、且又過之、若能加以敎練、養成勁旅、用以防邊、足固吾圉、以較內地之軍隊、尤能堅忍耐苦、勇敢善戰、且復省徵調頻繁、飛芻挽粟之勞、所謂十萬橫磨劍者、安知不出乎哥薩克隊上耶、

西北地勢、居高臨下、有建瓴之勢、在地理上、已取得優勝之位置、開闢至今、地利迄未宣洩、按進化之公例、循還之常軌、將必能開明發展、蔚爲天府、其墾牧林礦諸事業、後來未始不可敵東南之美富、況英日等國、於十數年來、派遣專家、結隊遊行、到處探查、旅客行踪、前後相望、在我之視爲甌脫者、人方垂涎津津、詫爲寶窟、如今猶不力圖振興、則我不自爲之、必有代我而爲之者、寧不償歟、

西北歷史之關係、秦漢以還、久已成爲重要問題、除始皇與武帝遠征而外、大致抱和平主義者爲多、而匈奴契丹回紇女眞之擾害中原、代不絕書、撥其原因、實非得已、蓋以氣候荒寒、土地磽瘠、困於謀生、一切需用、非仰叻中國不可、故邊疆互市、由來久也、前淸懷柔羈縻、每歲協邊費豨千萬、從未征一絲粟、徵一徭役、蒙藏各部、亦復愛戴無異、及入民國之初、外蒙一部、因執政措置失宜、致占脫輻、旋亦覺其不利、悔而內嚮、自今以往、猜嫌悉泯、同享樂利、務求爲實際之融洽、民族之結合、成輔車脣齒之勢、夫然後可以立足於世界競爭之漩渦中也、

綜以上之陳迹、與現狀觀之、西北之開發、已成爲目前之緊要關鍵、故甚望我執政者、勿貪近功而昧遠略、持以毅力、不可掉以輕心、則將來西北文明、實能造福於漢滿蒙回藏五大民族、利賴所及、寧有涯耶、

聞夫譚種族學者、謂中國民族、悉由西北高原而來、（即帕米爾）準此以談、則漢族與滿蒙回藏、其系出一統、故情本相通、迨後繁衍孳息、遂爾支分派別、以言語不同、禮俗互異、猶能團結、屬於一主權之下、蔚爲雄邦、則其民族之結合、非僅形式的、而貴乎精神的、欲圖精神上之結合、又必賴乎感情之聯絡、以久屈於羈縻束縛之民族、一新其心思智力、雍熙和洽、萃集於一堂、非有報紙爲之溝通媒介、其道末由、

善夫顧亭林先生之言曰、救民以事者達、而在上者之責也、救民以言者窮、而在下者之責也、今在上者、對於西北、已有具體之計畫、着着進行、所謂救民以事者也、若夫吾儕士人、自問尙不能忘情於斯世、更安能恝然於斯民、忍見我親愛之同胞、志氣蜷伏、生計困頓、知識固陋、日日震撼危疑於强隣之壓境、而不急起大聲疾呼、振奮圖强、以禦外侮乎、此本社同人等所日夕圖維而不敢自懈者、

本報經始於去年、蓽蕗襤縷、締造艱難、幸賴社會不棄、提携敎誨、至於今日、由是感奮、大加擴充、循舊有之基礎、發揮而光大之、志在通俗牖民、期於社會有所貢献、他日政治修明、實業發達、敎育興、而民殷富、永享和平之幸福、庶乎本報發刊之微意也夫、

進化通信社宣言

今之策國者、莫不注意於內地各省、而於西北一帶地方、往往淡漠視之、此誠大誤、夫西北一帶、外盡蒙部回疆、內包熱察綏三省、縱橫萬里、物產無窮、闢其地、足以殖民、訓其人、足以備邊、發達其農工牧礦諸實業、足以贍民而富國、其關係之重要如此、顧自清季以來、當局者因甌脫置之、化外視之、羈縻待之、以爲無足重輕、而號稱開通之士、亦以斥鹵不毛視其地、愚蠢無用視其人、以爲毫無顧盼之價值、而此萬里膏腴之地、遂如無主之棄物、舉而置諸荒涼曠漠之鄉、任人撫摩觀覽、而列強覬覦之心、由是生矣、且有俄人東據海參崴、西割伊犁、南邀外興安嶺、而外蒙之藩籬撤矣、日人得遼東半島、據南滿鐵路、而內蒙之門戶開矣、若美若英若法若德、遣教士、派工師、聯結其人民、調查其形勢物產、足跡絡繹不絕於途、而蒙回堂奧之間、盡爲外人窺視矣、循是不變、倘遇時機、則西北各處、岌岌乎可危矣、是故吾國人、方注意內地、而漠視西北、外人則以在內地經營已久、根蒂已深、不復措意、早羣集視綫於西北矣、我而甌脫置之、外人不惟不甌脫置之、方且鷹瞵虎視、思攫其地矣、我而化外視之、外人不惟不化外視之、方且言餂利誘、思撫其民矣、近日白俄之入據庫倫、蓋即其見端矣、自此事發生、我國上下、始知西化關係之重要、而外人注視之也、於是惶駭以謀之、奔走以救之、其結果、固不可逆料、然當其不知注意、縱無事不足喜、倘已知注意、則雖有事不足患也、蓋自俄人佔領外蒙、霹靂一聲、震驚全國、而經營西北之機運以啟、斯非不幸中之大幸乎、同人等夙抱開闢西北之志、嘗遊察綏蒙邊等處、見其形勢闊大、物產豐饒、實爲吾國一大寶庫、假使經營得法、則十年之後、豈復憂貧、徒以國人方注意內地、縱強聒之、亦漠然不爲動也、今幸時機已至、爰在京中組設進化通信社、舉西北一帶山川道里物產實業民情風化等事、就實地調查所得、逐日報告國人、俾瞭然西北之現狀、以爲經營締構之資料、庶免開門揖盜之譏、藉獲亡羊補牢之效、倘亦邦人君子暨諸同業、所樂於贊成者乎、

朝陽鳴鳳

黎元洪題

西北進化會緣起

中國之富源在西北、西北之巨埠爲包頭鎭、西通甘新、南鄰山陝、北隸蒙古、東達京津、商賈薈萃之地、而水陸四達之衢也、夫甘肅新疆皮毛玉石藥材煙草米粮牲畜之所從出也，內外蒙古百貨之所從入也、他若山陝京津、或爲輸出、或爲輸入、又莫不仰給於包頭、包頭赫然爲重鎭焉、故腹地有漢口、東北有哈爾濱、而西北則必云包頭、地勢然也、加以黃河兩岸、沃野千里、鑛脈聯亘、隨地生鹼、有泊皆鹽、幅圓之廣、天然之富、方之內地、殆難其比、然以如此之富源、而使之貨棄於地、利盡於天、竟與荒徼絕國無殊、是孰使之然哉、毋亦國人憚於險阻、耽於安逸、而自窒其生機也耶、本會同人有鑒於此、爰發宏願、親赴吾國西北一帶、實行踏勘、始以爲必盡斥鹵荒漠、無發展實業之餘地、及至入境問俗、始知前此所見之謬、論植物則陰山烏拉抗愛之榆樺、高聳參天、而麥蕎黍稷之適於耕種者、無論矣、論礦產、則阿爾泰之金、陰山賀蘭之煤、以至駝馬牛羊皮革藥材之屬、取之不盡、用之不竭、實爲吾國西北之無盡藏、西人有言、蒙古天然之富庶、較之內地、有過之無不及、特無人提倡經營、坐使地曠人稀、等於荒廢耳、美利堅荒洲也、檀香山孤島也、一經白人經營、頓成天府之國、今吾國西北一帶、既非荒徼絕域、又無殊族敵視、京綏一路、已抵包頭、銜接蘭州之黃河、順流三千餘里、舟車相接、水陸均便、將爲交通之巨埠、扼西北貿易之樞紐、誠發展西北實業之中心、移民實邊之捷徑也、同人等爰集同志、組織西北進化會總會設於包頭鎭、以爲經營西北之初步、導國民以先路、開拓殖之前驅、調劑內地之民生、即轉移國家之大計、凡有志於西北實業者、本會願盡地主之責、俾使之如願以償、囊括以去、無如同人能力薄弱、資本無多、心雖有餘、力有不逮、負此地利、即負我國人、用特大聲疾呼、昭告全國、嗟我兄弟、邦人諸友、與其困於微官薄宦、潦倒不堪、何若於此朝不保夕之軍閥官僚而外、另闢生機、別謀樂土之爲愈也、嗚呼、是在有心人之一轉移間耳、是爲緣起、

著者在綏遠包頭時之攝影

附錄本會簡章即祈

公鑒

西北進化會簡章

一　本會定名爲西北進化會

二　本會以發展西北實業啟導西北人民智識爲宗旨、

三　本會事務所設於綏遠包頭鎮

四　凡贊成本會宗旨者有會員三人以上之介紹、得爲本會會員、

五　本會設理事十一人、得推一人爲常務理事、名譽理事無定額、本會設置各股於左、

總務股、編輯股、交際股、會計股、調查股、每股設主任幹事一人、幹事若干人、

本會各職員由會員推舉之、

六　本會會期每年於夏季開大會一次、如有緊要事件發生、得開臨時會、但須會員二十人以上提議、經理事三人以上允許、召集之、

七　本會經費除發起人擔任籌集外、凡入會者須納會費一元、

八　本會辦事細則另定之、

九　本簡章、如有未盡事宜、得由大會提議修正之、

十　本簡章自呈准日實行、

編輯餘記

余蒞南洋、即蓄編輯南洋殖民地誌略志願、藉將南洋情形、介紹于國人、惟初蒞彼邦、人地既嫌生疏、語言尤感困難、調查費手、不言可知、幸經陳濟民賈文燕曾幾生邱菽園陳開國周君南謝文進李光前羅承德林獨步諸先生、作函介紹、調查所獲、于焉周備、私心甚感、茲書已編輯蕆事、爰將彼時介紹函件、各種材料徵集標準、學校一覽表格、彙刊于後、俾讀者知此書編輯之經過焉、

介紹函

敬啟者、南洋教育、近年來校舍之建築、學生之增加、日見蒸蒸、回憶創始之艱難、歷年之困苦、誠足表我僑胞、堅忍慷慨之精神、山海阻隔、各校難於聯絡、地居熱帶、教材又多不宜、友人朱君蘊璞、擬於游歷之便、徵集各校之沿革史、學生之作文尺牘成績、各埠之歷史交通商務風俗名勝

世界工商舞臺之人物

陳君濟民肖像

陳君濟民爲嘉庚先生長公子曾畢業於北京大學嫻數國文字富有世界工商業知識對於樹膠種植之改良製造之推新異常努力成效斐然將來博得樹膠大王之榮名可操左券余遊南洋蒙鼎力指導獲益良多本書告成受君之賜尤非淺鮮

人物考三種、以備學校之觀摩、以爲學生之參考、將來貢世、於教育前途、裨益匪淺、然欲有詳細之調查、非集思廣益、羣策羣力、難於完善、夙仰

先生博學多聞、熱心教育、務祈

鼎力贊助、惠賜

大著、暨學生成績、以便彙編、南洋教育、得有觀摩競進、想亦

仁人之所樂爲也、爲此介紹、並頌

道祺、

曾幾生　李光前
賈文燕　馬葭田
陳濟民　羅承德　仝啓
周君南　陳開國
謝文進　林獨步

南洋學校沿革史徵集標準

教育事業、日新月異、故欲改良進行、非有沿革史、不足以資參考、前人創始之艱難、歷年經營毅力、應興應革、何者爲箴規、何者爲借鏡、誠於學校中、有特殊之價値、南洋各校薈萃一編、不但互相觀摩鼓勵、亦能引起國人崇拜僑胞熱心教育之偉舉、謹將應徵標準列後、

（一）創辦時之事實、（二）歷年經過之大概情形、（三）最近之詳細狀況、（四）將來之預定計畫、（五）自開辦至最近之各種像片、（六）與學校最熱心之像片、

南洋各學校學生之作文尺牘成績應徵標準

敎育潮流、日趨實用、社會必需尺牘、爲先南洋爲種植工商社會、與各處情形不同、欲求尺牘之應用、以彙編各埠各學校之尺牘成績爲最宜、謹將應徵標準列後、

（一）尺牘共分五類、工業類、如招工開山修路建築栽樹打草及其他一切、商業類、如報告行情定貨付欵起運及其他一切、家書類、如家庭親戚往來書信及其他一切、普通類、如應酬規勸慶慰問候請託及其他一切、記事類、如參觀履行紀念等及其他一切、（二）尺牘事實、雖然假借姓名、地名、務求實在、以存眞象、而便觀摩、（三）每班限制五篇、願多者聽之、（四）關於工商類、最好調查本埠當時情形、

南洋各埠歷史交通商務名勝風俗人物考徵集標準

欲知南洋狀況、當有詳細之調查、日本關於南洋調查之書籍、知名者有五百餘種、近日尙源源出刋不已、我國關於南洋之調查遊記、雖有數十種、或因印刷困難、或因經濟爲艱、因陋就簡、殊鮮詳細、欲求完善、非羣策羣力、不能成功、謹將應徵標準列後、

（一）歷史、本埠何年開闢、歷年之大概情形、現今之詳細狀況、（二）交通、交通之沿革、東西南北各通何處、海路通何處、車價船費大概各若干、（三）商務、商店若干、出口大宗爲何、入口大宗爲何、最近之營業情形、（四）名勝、關於大山大川古建築廟宇寺院紀念物公園及其他名勝、（五）風俗、華人之風俗、土人之風俗、最善之風俗、應改良之風俗、（六）人物、此次人物、限於已故者、或爲最先到本埠之人、對於社會公益敎育有特別之成績者、而表揚之、（七）各種風景名勝人物像片、

徵求酬例

甲種每千字拾元、乙種每千字五元、丙種酌送書籍、學生成績酌送書籍、如不願受酬者、請將像片惠下、以便刋登、而留紀念、編輯與否、原稿恕不奉還、賜像片者、當以國內之名勝像片酬報、

南洋學校自　年　月　日至　年　月　日每年沿革一覽表

事/年月	職教員				編制	學生人數	畢業人數	經濟狀況				大事撮要	設備情形	附註	校址
	正總理	副總理	校長	教員				捐款收入	學費收入	經常費用	特別費用				
年　月															
年　月															
年　月															
年　月															
年　月															

新加坡勘誤表

頁數	行數	錯	正
二	十三	覇	羈
四	九	包	色
四	十一	包	色
七	十二	班	斑
七	十七	外海	海外
二〇	二	晤	悟
二一	十四	醫	醬
二九	三	効	效
三二	一	辦	辨
三三	五	棒	捧
三三	一九	編	徧
三四	一	詭	跪
四三	九	莊	裝
四三	一七	鎛	鏄
五三	二	數無	無數
五四	八	惟	性
五九	六	業營	營業
七九	一一	間	閒
八八	四	險	儉
八八	一四	鐘	鍾
九〇	七	官	宮
九〇	一六	羅	擢
九二	八	畫	晝
九七	三	梅	海
九八	五	任	仕
一〇七	一九	干	于
一二一	一六	詞	祠
一三六	一八	頴	穎
一三六	一九	素	索
一四八	一八	少	小
一四九	一六	成	或
一五四	二	擅	擅
一五九	九	信	倍
一六〇	一六	鐃	繞
一六〇	一七	砵	鉢
一六四	九	黙	黔
一七三	一〇	淘	洶

檳榔嶼勘誤表

頁數	行數	錯	正
六	四	士	土
一五	一〇	網	綱
一八	一二	亙	亘
一八	一五	島半	半島
三〇	一四	詢	洵
三五	八	林	材
三五	一三	精	情
四二	三	申	伸
四二	五	若	苦
四二	一二	曾	會
四二	一七	渴	輒
四四	五	同	日
四四	七	輒	召
四八	一九	衣	依
五二	一〇	頑	顏
五七	一	狹	挾
五九	五	塾	墊
六五	一三	振	賑
七一	四	振	賑
七一	四	滯	疾
七七	一五	云	示
八〇	七	帥	師
八〇	一二	歡	歟
八一	八	舘會	會舘
八四	一〇	復	後
八九	一三	咸	咸
九六	一二	募	暮
一〇〇	四	已亦	亦已
一〇三	一八	釣	鈎
一〇五	一七	掉	棹
一〇九	一四	渴	竭

馬六甲勘誤表

頁數	行數	錯	正
一	七	尤	猶
一	一三	致	至
三	一八	沾	沽
六	三	鋼	劍
四六	一八	平	則
四八	六	待	侍
五二	八	悟悟	怏怏
五七	二	籍	藉
五九	七	並	及
六六	五	斑	班

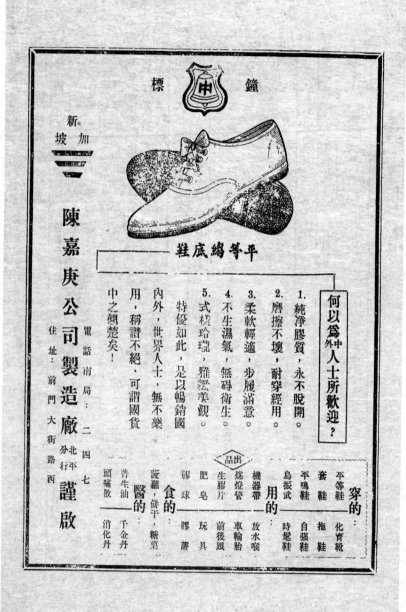

著者正在編輯中。內子忽於十八年七月患痢甚劇。其實夏秋間濕熱症本無足異。乃一日早起神識昏迷言語錯亂。四肢抽搐狀類顛癇。舉家惶惶莫知所措。亟延趙君樹屏至。甫診脉內子即瞪目相向曰汝何爲者。趙君曰症象反常且係孕婦。神經既亂。姑先用外治法以覘究竟。待吾深思之再爲立方非可以草率從事者。轉瞬間神識即清。先生更爲診視曰吾得之矣。此症厥陰衝逆也。症有本標治分先後。特設一法服之必效。視所立方則僅普通藥六七味耳。分劑亦只不重。若其他醫生出此方。必以爲病重藥輕無濟於事。

神妙絕倫之醫術。編輯中之大輔助。

著者之衞生顧問

世醫趙樹屏

以趙君學識經驗爲吾家所最崇拜。蓋先生爲北京醫會長趙雲翁之長公子。家學淵源。前清貢生更畢業於大學。著述甚多。學兼新舊。爲今日中醫界之明星。遂毅然服用。翌晨即愈泰半。用當通神於斯爲信。更爲易方病即霍然矣。予始得繼續工作。至十月間本書甫將脫稿。予所最終愛之幼子昌寬。復患外驚。亦賴趙公得以保全。予心既安。編輯遂得竣事。是樹屏先生不僅爲吾家之衞生顧問。而間接上於吾之著述助力不少矣。用特誌之以爲紀念焉。

南洋商報各埠代理處一覽表

本報爲閱報諸君謀便利各埠俱設有代理列明於下

陳嘉庚公司謙益棧

檳榔嶼　吉隆　馬六甲　芙蓉　實吊遠　峇株巴轄　怡保
太平　巃坡　安順　巴雙　巴力　江沙　庇朥　占卑　貫
武牙　緬甸　三發　巨港　馬辰

陳嘉庚公司

吉闌丹　吉德　沙那越　柔佛　關丹　三寶壟　巴東　大
亞齊　瑪壟　峇淡棉　萬隆　井里汶　泗水　亞沙漢　檳
港　望加錫　棉闌　仙那干　瓦城　小呂宋　梭羅　網咯
通扣　安南　巴城　仰光　物生　梧州　江門　廣州　香
港　佛山　澳門　海口　福州　汕頭　廈門　興化　泉州
福州　上海　天津　蕪湖　南京　杭州　無錫　潮州　先
達　南榜　敏建　鄭州　長沙　漢口　漳州　金賓　南昌
哥踏丁宜　大成纖　加影　豐美號　居巒　大豐　闔　沙那
越同興號　關丹　永興行　望加麗　長勝號　峇眼亞比　錦
茂興號

新加坡南洋華僑中學春季招生通告

一、本校定於年假期內招收各級插班生，其名額臨時酌定

二、凡投考初中一年級須有高級小學畢業文憑，投考二年級三年級須有中學修業書證，投考高中一年級須有初中畢業證書。

三、考試科目，除國文，英文，數學三主要科外，尚須依照投考年級之高低，加試本國史地，世界史地，科學常識等。

四、報名手續，報名時應繳下列各件，一、畢業或修業證書，二、操行證明書，三、四寸半身相片一張，四、報名費一元。

五、報名時期，自一月十五日至二月十五日，每日上午八時至十二時。

六、報名地點，武吉智馬律六七三號本校招生報名處。

七、試驗日期，二月廿一日至廿三日，過期不得備考。

八、試驗地點，本校大禮堂。

（附註）詳細情形，另有簡章載明，函索即寄。

民國十九年二月七日　南洋華僑中學招生委員會啟

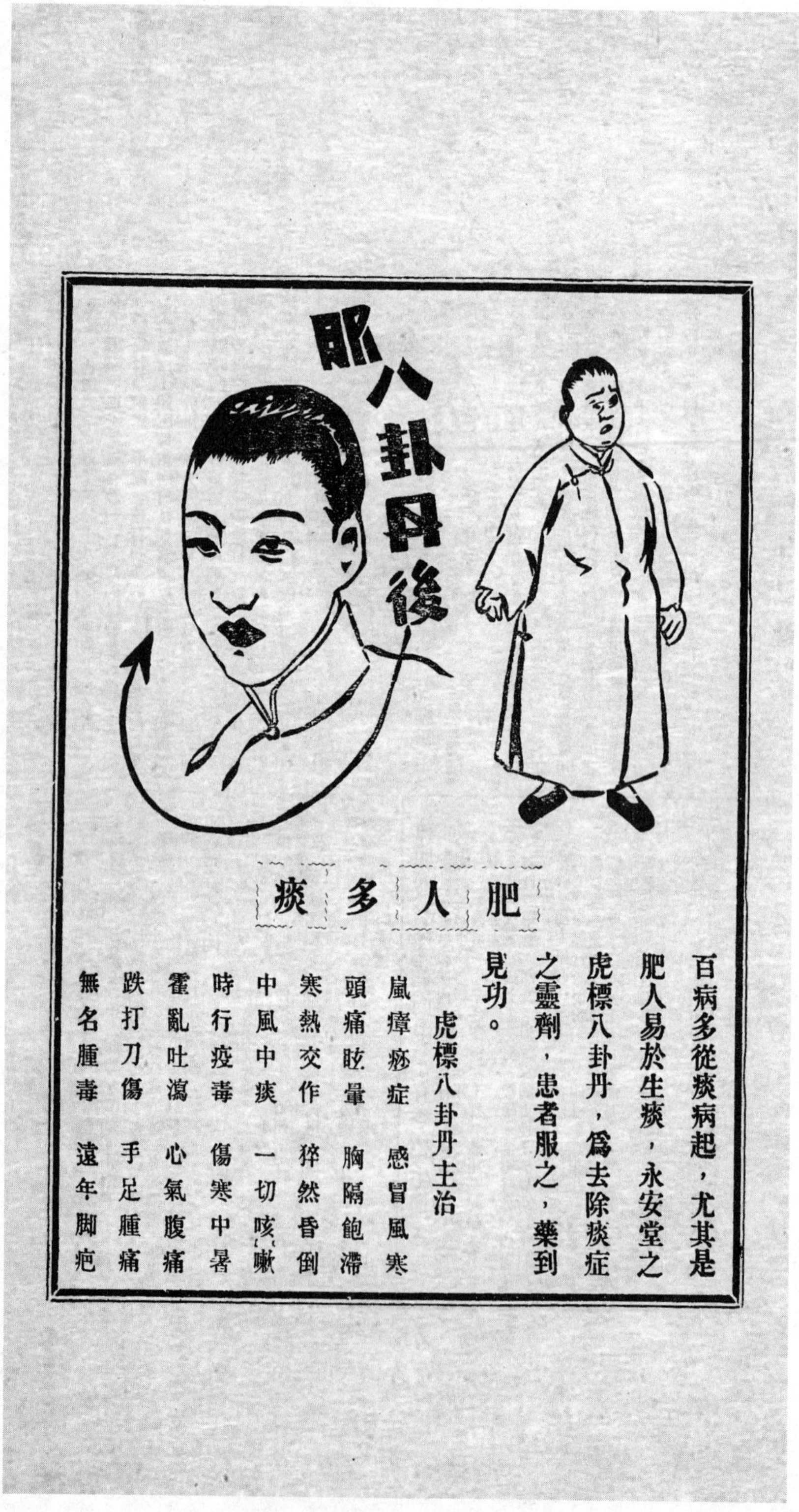
服八卦丹後
肥人多痰
百病多從痰病起，尤其是肥人易於生痰，永安堂之虎標八卦丹，爲去除痰症之靈劑，患者服之，藥到見功。
虎標八卦丹主治
嵐瘴痧症　感冒風寒
頭痛眩暈　胸隔飽滯
寒熱交作　猝然昏倒
中風中痰　一切咳嗽
時行疫毒　傷寒中暑
霍亂吐瀉　心氣腹痛
跌打刀傷　手足腫痛
無名腫毒　遠年脚疤

中華民國十九年一月出版

南洋英屬海峽殖民地誌略一册

每册定價洋平裝大洋七四元

外埠酌加郵費

著者　大興宋蘊璞

總發行　蘊興商行
北平大興縣白米倉八號
電話東局九百一十五號

印刷者　南洋蘊興公司

分售處　中國外國各大書店
南洋新加坡蘊興公司